天威不再的崩世史詩

帝王無道、將帥失策、民心離散、盜賊橫行……

解構大隋王朝由內而外崩壞的關鍵轉折點

盛世未竟的隋朝

群雄並起的崩世，一場虛榮與執迷

從雄圖萬里的大隋征戰，到民不聊生的百姓困境，揭曉帝國敗亡的真相

譚自安 著

目錄

目錄

第一章 傾國之力，隋煬帝兵發遼東；指揮失當，九路軍大敗而歸

1

楊廣這次把目光投向了高麗。

高麗在什麼地方，大家都懂，向來不是一個強國。由於南北朝時期，中原的幾個超級大國都把精力投放在中原大地上，很少有哪個老大把高麗當一回事，只有鮮卑的一些老大在被打得全面失敗無法在關外立足之後，才灰頭土臉地跑到東北那裡，暫借白山黑水作棲身之地。於是，高麗就獲得了一段很長的發展機遇。此時高麗控制的地區，遠比現在半島為大，遼東一帶的地區，都是他們的地盤。他們的東北邊是幅員遼闊的靺鞨，正北邊是室韋，西邊與契丹和大隋接壤。

其他幾股勢力都被大隋帝國打得認輸了，但高麗卻沒有認輸——雖然當年楊堅征高麗失敗之後，他們也怕楊堅再惱羞成怒又舉大兵前來，便妥協了，向大隋低頭。但所有的人都知道，這個低頭只是表面而

已。更讓楊廣生氣的是，他們有時還把這個不服暴露出來。

當年楊廣到啟民可汗的大帳時，高麗的使者也正好在那裡開展外交活動。啟民可汗不敢隱瞞，就向楊廣匯報，並帶這個使者來見楊廣。

楊廣沒有想到高麗使者居然也在這裡，他正拍著腦袋想著，如何處理這件事。

剛好裴矩也在現場。裴矩是一個很能迎合楊廣想法的人，更是一個在外交上十足的鷹派人士，向來主張誰不服就打誰。他看到楊廣正在沉吟之際，便進言：「陛下，高麗本來是箕子所封之地，向來是我們華夏神聖不可的領土，在漢晉時期，他們都是以郡縣的身分存在。現在居然不對我們稱臣，而別為異域，跟我們分庭抗禮。先帝老早就想把他們拿下，只是楊諒太不爭氣，還沒有打到敵人的地盤上，就先自己崩盤了。現在大隋國強民富，兵強馬壯，豈能放過高麗而不取、竟使原來的文明之邦淪為蠻荒之地。陛下可藉今天這個機會，讓高麗的使者親眼看到啟民舉國歸化大隋的場面，展現一下我們的強大，讓他們感到恐懼，再脅迫高麗派使者到首都入朝。」

楊廣一聽，馬上說好。他立即叫牛弘去向高麗使者宣旨：「朕以啟民誠心奉國，故親至其帳。明年當往涿郡，爾還日語高麗王：勿自疑懼，存育之禮，當如啟民。苟或不朝，將帥啟民往巡彼土。」

今天我到啟民可汗這裡，明年我就要到高麗那裡跟高元見面。

這時的高麗國王仍然是高元。高元在這段話畫上重點之後，再聯想到楊廣近來的行事風格，知道他這話可不是普通的嘴炮——你想想，連吐谷渾那樣的集團，他都親率大軍去打，西部那邊的環境要比這邊惡劣多了。高元怕了之後，心裡就很恨楊廣，對大隋的進貢就基本敷衍了事。

楊廣看到這個人越來越不敬重自己，終於咬著牙準備討伐高麗了。

他也知道，當年他老爸討伐高麗失敗，並不都是楊諒不成器——因為當時楊諒只是掛名統帥，而楊諒軍中還有高熲這樣的強者。而且之後，楊堅再也沒有發起過對高麗的戰爭，說明討伐高麗還是存在非常大的風險的，如果不做好準備，真的難以取得勝利。

楊廣下令天下的富人都出錢買軍馬，每匹價至十萬錢。國家這幾年給你們這麼好的政策，讓你們先變得富裕，你們也該報效一下國家。

然後下令大量製造兵器。這個人雖然一直在做表現文章，下令門市都統一裝修，用布纏住街樹，但對武器的驗收卻十分嚴格，一旦發現品質稍差的武器，就會追究到底，與之相關的品檢官員會被立即斬首。

在這個準備階段裡，楊廣仍然抓緊時間到處遊玩。

此時，他已經把大運河全部貫通。他馬上宣布，進行一次暢遊大運河。

大業七年二月，楊廣登上釣臺，來到楊子渡。

雖然是二月春風似剪刀，但楊廣卻熱情如火，在楊子渡那裡又擺設宴席，請文武百官過來大吃大喝。楊廣自成功上位以來，官員們雖然得到的賞賜不多，但經常有好吃好喝的，動不動就又收到國宴的請帖，吃得油光滿臉。

二月十九日，楊廣宣布從江都向涿郡開路。他登上龍舟，渡過黃河進入永濟渠。這時北方仍然十分寒冷，船伕們在冰冷的岸上拉著船，行進得十分艱難。列賓那幅作品便是縴夫們的真實寫照。

不光縴夫船伕們受苦，就是很多官員也好不到哪裡去。從江都到涿郡，數千里行程，航行速度又十分緩慢，所以楊廣還得在船上處理一些事務。當時，朝廷不少部門空編還有很多，必須盡快充實。他就要求選部、門下、內史、御史四司之官都在船前接受挑選。準備接受挑選的有三千多人，由於過程繁雜，公章又多，每天只能安排幾個人。沒有接到安排的就只好繼續跟著龍舟前進——當然，這些候補的官員是沒有資格在船上唱著歌、看著纖繩邐悠悠地前進的，而是在岸上跟著那些縴夫，踩著泥濘的路、冒著冰冷的風雪向前進——有人一直走了三千多里，還沒有得到錄用的通知。很多人在行走的途中，抗不住冰冷和飢餓，直接倒斃。史書的描述是：「其受選者三千餘人，或徒步隨船三千餘里，不得處分，凍餒疲頓，因而致死者什一二。」為了仕途，這些人真是拚了。

楊廣這次北上巡遊，並不是為了折磨這些候補官員，也不是純粹為了遊玩，而是為了征高麗。二月二十六日，他就釋出了討伐高麗的詔書，命令幽州總管元弘嗣到萊海口造船三百艘，而且一定要做到進度神速、品質優良，並要求各級官員都要到現場辦公督促。皇帝的這個命令一下達，各級官員更是層層加碼：皇帝要求十天完成，到最下一級官員那裡就必須六天完工。於是，工人們都得加班趕工拚命做，夜以繼日地泡在水裡，不能有片刻休息。很多人自腰部以下都生了蛆蟲，「死者什三四」。

2

四月十五日，楊廣的車駕終於來到了涿郡的臨朔宮。

往時，他巡遊都是以玩為主，尚且帶著大隊官員，此番北巡還有征高麗的目的，隨從隊伍就更龐大了。這一次，他還是很關心這些跟隨而來的各級官員。他到涿郡之後，就下了一個命令，要求涿郡幫九品以上的官員都安排住宅。你想想，即使是到現在，一個中小型城市要突然安置這麼多人，都還很困難，那時的涿郡要讓這些官員都有房子住，而且還是臨時住所，不把涿郡相關部門的官員累死才怪。

當然，最累的不是這些涿郡當地的官員，而是各地的眾多人民。楊廣對打高麗的難度是考慮得很充分的，而且他也很想一仗把高元打服，不要再像他老爸那樣，把臉丟到後世。楊廣是皇帝中最要臉的人。一個要臉的人，絕對不能做丟臉的事。為了保證這次軍事行動的勝利，他的確是捨得使出全力了，他向全國釋出戰爭動員令，詔徵全國的兵馬，無論遠近，都往涿郡狂奔。很多部隊都是從南方來的，比如從江淮以南征水手一萬人、弩手三萬人，嶺南排鑹手（一手持盾、一手持矛的兵士）三萬人。如果當時有條件透過衛星空拍，人們就會發現，整個畫面上到處都是人潮湧動、川流不息，而湧動的方向都直指涿郡，向楊廣的行宮急速靠攏。

五月，楊廣再釋出命令，要求河南、淮南、江南等地製造戎車五萬乘發送到高陽，以供部隊裝載衣甲幔幕等軍用物資。這時已經沒有多少多餘的役夫了，他就命令士兵們自己兼職車伕拉車。

七月，再發江淮以南民夫以及船隻運輸黎陽、洛口等各糧倉的糧食到涿郡。

於是，大運河有史以來最大規模的運輸畫面出現了：舳艫相次千餘里。而運載兵器鎧甲以及攻城器械的人來往於道上的常常達幾十萬人。大家擁擠於道，晝夜不停，再加上盛夏季節，路上不斷有人倒下，短時間內因此而死的人相互枕著，路上到處瀰漫著屍體的臭氣，全國上下，都被攻打高麗的壯舉騷擾得苦不堪言。

但楊廣並沒有看到這些苦難。

他只站在涿郡的城頭上，手搭涼蓬，看著從四面八方潮湧而來的人群：大道之上，車輪滾滾，人們川流不息，場面甚為壯觀。

他覺得只有這個場面才配得上他的偉大，只有偉大的皇帝，才能製造出這麼壯觀的場面。秦始皇製造不了，漢武帝製造不出，他的老爸一樣沒有這個能力。

可是老天爺卻一點也不配合。

就在楊廣舉全國之力，為征討高麗而緊鑼密鼓地做準備時，山東、河南突然出現N年不遇的大水災，片刻之間就淹沒了三十幾個郡。到十月時，黃河的克萊柱突然崩塌，一下就堵塞了河道，使河水逆流幾十里。

中國所有的皇帝都是有神論者，如果是別的皇帝看到出現了這麼嚴重的災情，就會很害怕，認為這是上天對其所作所為的警告。楊廣雖然也迷信鬼神，但他這時卻信心滿滿，覺得自己的偉大程度已經跟上天差不多了，對這些自然災害一點也不放在心上，更不把受災的民眾當一回事。現在他一心一意只想把所有的力量集結完畢，然後出兵討伐高麗，一把將高麗打倒在地，任他狂虐。至於天災人禍，什麼時候都有發生，你再怎麼救災也救不完，偉大的事業就必須有大量的犧牲，你要是把目光緊盯著那些老百姓的死活，你就注定無法成為一個偉大的皇帝。

僅僅是那些天災，已經讓很多人流離失所了，而楊廣的徵役就讓更多人苦難重重。離涿郡較近的州郡，所負擔的任務就更重了。他為了保證軍馬的供應，下令在山東置府，專門養軍馬以供軍隊使用。還在那裡徵發役夫運米，送到瀘河、懷遠兩鎮儲存。楊廣已經到了不惜一切代價的地步，要求這些運輸隊伍沒日沒夜地趕路，士卒們基本都跑在運輸的路上，完全是超負荷執行，以致很多運糧的牛還沒有返回，士卒已經死亡過半。因為大量的勞力都投入到支援前線的運動中，又都耽誤了農時，導致田地荒蕪。田地一丟荒，糧食當然就出現短缺，再加上天災，糧價當然就狂漲。東北邊境的情況最為嚴重，一斗米要幾百錢。

楊廣一看，又心生一計，一旦發現運來的米品質低劣的，就都要求老百姓出錢來買，價格跟優質米一樣。他看到送米的速度不夠快，便又徵發小車伕六十萬，兩人共推三石米支援前線。由於路途遙遠又艱難險阻，這三石米還不夠兩個車伕在路上的口糧，等他們到達瀘河、懷遠時，就只有人和車而沒有糧食了。他們知道，他們交不了糧食，官府是不會放過他們的，於是他們只好棄車而逃。

大隋的盛世就在這個時候出現了亂象。

官員們看到亂象已出，便都抓緊時間腐敗，利用手中的職權，上下其手，魚肉百姓。眾多人民的生活就更加困苦不堪，而國家的財政也進入枯竭的狀態。那些處於生死邊緣的老百姓，為了能繼續活下去，便開始像西晉末年那些流民一樣，自動自發，拿起凶器，變身為暴民，以搶劫為生。

3

於是，大隋的版圖上，到處是聚眾搶劫的犯罪集團，比較大規模的有這幾個犯罪集團：

一是王薄集團。你一看就知道這個集團的帶頭大哥就是王薄。王薄絕對是個底層人物，他之前的職業是打鐵，是個標準的鐵匠，靠為附近的農民打農具為生。如果沒有這些沉重的徭役，他這輩子就是會拿鐵錘、生火燒柴到自然死亡的那一天，即使掛掉了，歷史的頁面上都不會出現他的名字。可是楊廣不惜一切代價地準備發起征伐高麗的戰爭、讓全世界人民都知道他那「不服大隋者，雖遠必誅」的豪邁後，他看到老百姓們都已經被逼到了死角，他自己也陷入赤貧的狀態。於是，那張鐵匠臉也在布滿了絕望的神態之後，又添加了無比的憤怒——再這樣下去，只有死路一條，不如跟他拚了。他很快就聚集到了一群難民，依託長白山（在今中國山東鄒平、章丘一帶），開展搶劫活動。

王薄雖然出身鐵匠，看上去肌肉發達，四肢有力，但頭腦也不簡單。他理解到如果光這麼拿著武器靠破壞、搶劫生活，不用多久就會被朝廷的軍隊剿滅，想要繼續存活下去，必須不斷地壯大自己的力量。這個人不但會打鐵，而且還會編歌謠。他決定利用自己這個特長，進行宣傳，把饑民們都拉到自己的旗下，從而把造反事業做強做大。他先是自稱「知世郎」，說自己有先知先覺的本領，那雙眼睛向屋外一掃，就能清楚地知道天下大勢將向哪個方向變化，利用神祕方式讓大家把目光集中到他的身上，對他產生一種莫名的崇拜，然後創作歌謠到處傳唱：「要抗兵，要抗選，家家要把鐵器斂，斂起鐵來做成槍，昏君髒官殺個光。」這幾句歌詞，都很貼近人民生活（按他的教育程度，也只能創作貼近人民生活的歌詞），跟後來的

「降低貧富差距」有些相像，一下就讓大家有了目標，紛紛跑過來投奔他，跟他一起革命。王薄看到歌謠效果很好，便靈感大發，接著創作了著名的〈無向遼東浪死歌〉：

長白山前知世郎，純著紅羅錦背襠。
長槊侵天半，輪刀耀日光。
上山吃獐鹿，下山吃牛羊。
忽聞官軍至，提刀向前蕩。
譬如遼東死，斬頭何所傷。
又莫向遼東去，迢迢去路長。
老親倚閭望，少婦守空房。
有田不得耕，有事誰相將。
一去不知何日返，日上龍堆憶故鄉。
又莫向遼東去，從來行路難。
長河渡無舟，高山接雲端。
清霜衣苦薄，大雪骨欲剜。
日落寒山行不息，蔭冰臥雨摧心肝。
又莫向遼東去，夷兵似虎豺。
長劍碎我身，利鏃穿我腮。
性命只須臾，節俠誰悲哀。

功成大將受上賞，我獨何為死蒿萊！

這首歌謠的主題十分鮮明，直接號召大家拒絕出征高麗，不要去當楊家王朝的炮灰，號召大家都前來參加義軍，跟楊廣血戰到底，直接把楊廣當成打擊的目標，已經是赤裸裸的造反宣言，跟其他盜匪有著明顯的區別。

王薄靠著這些歌謠的傳唱，影響力不斷地擴大，饑民們都一路唱著這些動人的歌謠向他投奔而來，讓他的勢力迅速擴張。

除了王薄之外，平原郡的劉霸道集團也很具規模。劉霸道的出身比王薄又強很多，他是官宦子弟，家裡的很多動產和不動產，財力十分雄厚，但由於平原郡的東豆子那裡背靠大海，前面還環繞著大河，地形非常深遠險阻，是土匪們最理想的盤踞地點，自從高齊以來，群盜都跑來這裡當山大王，因此這裡的民風十分強悍。劉霸道顯然深受這裡民風的影響，性格也非常彪悍，也很講義氣、喜歡打抱不平，很有戰國那些公子的遺風，常在家裡養很多食客。這樣的人通常都深得人心。當楊廣為了征高麗，把全國鬧得雞犬不寧、盜匪遍地時，平原一帶的饑民們自然而然地想到這個及時雨，紛紛前來討一口飯吃。劉霸道看到前來討飯的人越來越多，家裡哪有這麼多糧食讓他們吃一口飯？最後，他也乾脆舉起造反的旗幟，宣布與楊家王朝徹底決裂。由於他的影響力巨大，他一宣布作亂，手下就聚齊了十多萬人。

劉霸道在作亂時，雖然起點很高，號召一下就有十多萬人，但這個人雖然性格強悍、有戰國公子遺風，但政治能力和軍事能力很有限，這麼一瞬間竄起之後，便再也沒有發展，在其後風起雲湧的大亂世中，再也沒有什麼精彩的表演。

4

接著登場的是一個歷史強者。

對，就是著名的竇建德。

竇建德的出身也很草根，他的祖上世代務農。身為農家子弟，他小時候就沒有像那些世家子弟，可以去投師門讀書識字學經典。他雖然沒有讀很多書，但在年輕時卻表現得很大氣，十分重然諾。有一次，他們村裡有人去世，由於事主家是低收入戶，無法辦理喪事。竇建德正在田裡工作，得知這個情況之後，長長地嘆了一口氣，然後放下手中的農活，趕回去幫那個人辦好喪事。大家知道這個善舉之後，對他都十分讚賞。由於他在當地很有名望，最後被舉為里長。可是他剛當基層公務員沒有多久，就犯了法，然後就主動丟掉這個鐵飯碗，逃到外地去躲避，從里長為成逃犯。不久，遇到大赦，竇建德這才又回到老家。他回家才幾天，他的老爸就掛掉了。當時前來參加他父親葬禮的有一千多人，大家都送給他很多祭儀，他「皆讓而不受」。

如此一來，他的人氣又大漲了一倍，再加上此人戰鬥能力高強，膽識過人，很快就成為那一帶的偶像人物。待到朝廷募人征高麗時，竇建德這樣的人當然必須被應徵入伍。他穿上軍裝之後，上級看到他的樣子，立刻就提拔他為二百人長。如果按照這個情況發展下去，竇建德也許會從基層軍官做起，靠自己奮勇殺敵，一步一步地往上爬，歷史上就會出現另一個竇建德。可是情節發展到這裡時，那個孫安祖又突然插上一腳。孫安祖跟竇建德是同鄉，也跟竇建德一樣，戰鬥能力高強，十分驍勇，於是也被挑選入伍。但這個人實在不願上前線，就以家裡被水淹沒、妻子餓死為藉口，拒絕去服兵役。

縣令知道後，勃然大怒，當眾舉起鞭子猛鞭孫安祖。孫安祖哪受得了這個鳥氣，當場奪過鞭子，然後兩眼凶光大盛，乾脆一不做二不休，把縣令當場殺掉。他殺了這個倒楣的縣太爺後，當然不會去投案自首，而是直接跑到老鄉竇建德那裡躲起來。竇建德也很夠義氣，冒著奇險收留了這個殺人犯。

因為是縣令被殺，官府當然不會放過孫安祖。他們一路追蹤而來，很快就追到了竇建德的家裡。

竇建德並沒有把這個殺人犯交出去。他很鎮靜地對孫安祖說：「老兄，對天下的形勢，我還是看透的了。文帝還活著時，綜合國力何等強大，他發百萬之眾以伐高麗，尚不能取勝。現在大水為災，百姓窮困，再加上前幾年以舉國之力西征，去的人都沒有回來。現在瘡痍未復，而皇上不知體恤百姓的飢苦，仍然要發大兵親自征討高麗，天下必定大亂。大丈夫不死，就應該趁著這個機會建功立業，怎麼能當一個逃犯呢？」

竇建德馬上召集鄉里那些混混幾百人，讓孫安祖帶著，進入高雞泊作盜匪。

孫安祖聽了竇建德那一番話後，也是大長志氣，覺得只當普通的首領，跟「建功立業」這四個字差得太遠了，便自稱將軍。

當時，那一帶還有兩股武裝勢力，一股以張金稱為首，一股以高士達為首。幾股勢力都很活躍。他們一活躍，當地的郡縣就十分頭痛。郡縣都認為竇建德跟這三股盜匪有著千絲萬縷的關係，必須把他們解決。這些郡縣的長官猜得沒有錯，但在處理時就束手無策了。他們並沒有直接去把竇建德抓起來，然後依法嚴懲，而是把他的家人全部抓到手，一個不留地殺無赦。

竇建德本來就已經有了堅定的造反之心，得知自己的家人都成官府的刀下之鬼之後，馬上率著手下兩百士兵去依附高士達，成為盜匪中的一員。

高士達任命他為司兵——也就是軍事主管。

竇建德很想把孫安祖也收攏過來。可是他才動這個念頭，孫安祖就死了。孫安祖並不是自己生病或者戰鬥死的，而是被他的合作夥伴張金稱殺掉。孫安祖手下的人看到自己的老大居然被張金稱殺死，都十分氣憤，覺得自己也不宜在這裡待下去了。他們馬上組團跑到竇建德那裡，成為竇建德的手下。竇建德一下就多了一萬多人，力量變得雄厚。竇建德雖然出身卑微，但他很有政治手腕。他當了軍事主管之後，深知軍心民心的重要性，在待人接物時，都能以誠相待，讓人看出他的誠懇。更可貴的是，他能跟手下的士兵同甘共苦、稱兄道弟，讓大家都很感動。大家紛紛圍繞在他的周圍，願意為他賣命。

5

王薄和竇建德這兩支武裝部隊是當時比較出名的，而那些不出名的還有很多。總之，凡是受不了楊廣征役的地區，都活躍著所謂的盜匪武裝。由於饑民眾多，「匪」源充足，很多集團都是上萬人的規模，臉上殺機一起，便大喊大叫著，攻陷城鎮。

楊廣萬萬沒有想到，還沒有跟高麗發生一丁點接觸，就出現了這麼多造反武裝。他當然很惱火。不過，很惱火的楊廣開始時並不重視這些「盜匪」，以為這些饑民沒有什麼遠大理想，更沒有什麼能力，要擺平他們難度並不大，因此只派都尉以及鷹揚郎將與地方郡縣互相配合，去追捕這些盜賊，要求他們對這些盜賊絕不輕饒，一定要做到隨捕隨殺，把他們殺怕了，當然就抱著腦袋回去，再也不敢出來鬧事了。

可是這幾個傢伙忙了一段時間，忙得焦頭爛額，盜匪卻越打越多。

而楊廣仍然不怎麼在意。

這時，他仍然把全部精力投放到征高麗的大事上。他認為，能干擾他征高麗的不是這些由饑民組成的「盜匪」們，而是還沒有徹底服他的西突厥。

前幾年，他西巡時，就派韋節去召西突厥的處羅可汗，叫處羅可汗到大斗拔谷拜見大隋皇帝。可是處羅可汗認為這會讓他喪失國格，就謝絕了他的邀請。楊廣看到處羅這麼不給面子，十分生氣。可是當時楊廣在那裡正遭受著惡劣天氣的折磨，手下死傷了很多，於是就只有生氣，而無法做出什麼動作，然後帶著一股怒火無可奈何的回長安。

在楊廣毫無辦法的時候，射匱出場了，射匱是都六可汗的兒子，也就是達頭可汗的孫子，這時也是一個部落的老大。射匱也很想像其他突厥可汗那樣，能娶到大隋一個溫柔美麗的公主當原配夫人。射匱馬上就派人去見主管西部事務的裴矩，把自己的這個良好願望告訴了裴矩大人。

裴矩一聽，腦子一轉，馬上思得一計，向楊廣啟奏：「處羅可汗拒絕來朝，是仗著他體量的龐大，讓我們不敢對他硬來。現在我有一計，可以把西突厥一分為二，從而削弱他們的實力。只要此計成功，此後我們制伏他們就很容易了。此計就著落在射匱的身上。他家世代都是可汗，一直是突厥西部的老大。近來聽說他已經沒有了什麼職務，成為處羅可汗的屬下，但他心裡對處羅可汗不服。現在他派人前來跟我們溝通，就是想讓我們成為他的外援。請陛下在接見他的使者時，一定要厚禮相待，並拜他為大可汗。這樣一來，西突厥立刻就會陷於分裂的局面。他們一分裂，我們再上下其手，最後他們兩邊都會依附於我們。」

這個詭計也是當年長孫晟分裂突厥的翻版。

楊廣雖然玩得很瘋狂，但他並不是一個蠻幹的人，看到裴矩的這個策略後，馬上對裴矩說：「公言是也。」他把這個任務交給他裴矩處理。

裴矩每天都跟射匱的使者見面、交談。雖然雙方談的都是一些無聊輕鬆的話題，但裴矩常在不經意間，對使者暗示，皇上很看重射匱，覺得射匱比處羅可汗強很多，西突厥的希望都寄託在射匱的身上，這讓使者很高興，對大隋朝廷的好感不斷地增強。

之後，楊廣才在仁風殿召見了射匱的使者。楊廣在跟射匱使者的會談中，不斷地說處羅不是好可汗，不但在突厥內部進行霸凌主義，控制射匱的發展，而且也不把天朝放在眼裡。所以，他想讓射匱來當大可汗。只要射匱服從朝廷的指揮，配合天朝發兵攻打處羅，等打趴處羅後，射匱就可以跟大隋公主完婚。大隋公主不是普通美女，她只能跟大可汗成親，哪能只當普通部落老大的正室夫人？

楊廣把這個意思跟使者說完之後，取出一支桃竹白羽箭賜給射匱，對他說：「這件事應該越快越好，要快得像射出的箭一樣。」

這個使者很高興地帶著楊廣的最高指示回去。他回去的時候，必須經過處羅的駐地。處羅這幾年來一直不怎麼管大隋，因此對各部落使者入朝的事都很關注。處羅可汗看到這個使者回來之後，把他叫過來審查一番。他很快就查出使者身上有一支楊廣送給射匱的白羽箭。處羅雖然不知道楊廣送白羽箭的意思，但他是個很喜歡箭的人，桃竹是江南的樹種，北方從沒有見過，這樣的箭在北方實屬稀罕的東西。稀罕就是珍貴。因此處羅可汗就想把這支箭占為己有。可是這個使者硬是不同意，說是皇上賜給射匱的，怎麼能留在這裡呢？可汗想要，等我把他交給我的上級後，可汗可以去跟我的上級要啊。

處羅也沒有辦法，只好把白羽箭交還使者。

使者見到射匱之後，把這一切都向射匱進行了詳盡的匯報。

射匱一聽，哈哈，能有大隋作堅強後盾，還怕什麼處羅？

他一興奮，馬上就做出決定，帶著有限的武裝去襲擊處羅。

處羅的力量本來比射匱強大無數倍。可是處羅長期以來只以東突厥為主要對手，他只防範著東邊的威脅，對射匱這樣一直被自己控制的力量並不放在心上。沒想到，東方還沒有動靜，射匱卻突然發難。他猝不及防之下，根本沒有時間發起抵抗，一時被打得滿地找牙，連老婆孩子都顧不上，拚了老命才衝了出來，帶著幾千騎向東跑路，半路上又被土匪打劫，弄得狼狽不堪。他最後進入高昌國境內，成了一個避難的東突厥領導者。

當然，他手下還有幾千騎兵，高昌國的國王也不敢把他驅逐出境，就把這件事向楊廣報告。

楊廣看到射匱居然這麼快就得手，心裡大喜，馬上執行第二步計畫。楊廣雖然很恨處羅，恨不得處羅馬上同時得無數種怪病死掉，但他知道如果此時他對處羅痛打落水狗，固然可以讓處羅的肉體消失，可是處羅的勢力一完蛋，射匱就會一支獨大，又會成為另一個處羅。所以，他必須讓處羅繼續活著——只有這樣，西突厥才會產生分裂，這才是大隋最大的利好。他派裴矩帶著處羅的老媽向氏來到玉門關晉昌城，清楚地告訴處羅，只要你入朝，大隋仍然是你的堅強後盾。

處羅可汗聽到這樣暖心的話，心頭一鬆，知道自己有救了，便於去年（大業七年）的十二月初八，來到臨朔宮朝見楊廣。

楊廣非常高興，跟朕玩，你小子還嫩得很啊。

楊廣把這個心情裝在心底，繼續大作表面文章，以最高的禮節接待了處羅可汗，然後設了豐盛的酒宴款待這個已經狼狽不堪、稜角被磨光的西突厥可汗。處羅可汗進入宴會時，對著楊廣大帝納頭便拜，然後誠恐誠惶地向楊廣道歉，說自己入朝太晚了，請皇上治罪。

楊廣當然不會治他的罪，而是好言慰勞了一番。就在這次宴會上，楊廣準備了天下山珍海味，安排了盛大的女子樂隊，場面華麗而壯觀，使人耳目一新。可是處羅可汗的臉從頭到尾都是「怏怏之色」，他能高興才怪！

到了這個時候，西突厥已經被楊廣完全徹底地控制住了。

為了更有效果地弱化西突厥的力量，大業八年正月，楊廣又把西突厥一分為三：令處羅的弟弟闕達設帶著一萬多人，居於會寧；命令特勒大奈帶一部分人駐在樓煩，其餘的就由處羅直轄。當然，他還是很照顧處羅的面子的，仍然給他一個特權，可以經常帶五百騎跟著他到處巡幸，然後賜號曷婆那可汗，時不時給他大量賞賜——當然所有人都知道，楊廣已經把處羅完全徹底地控制在自己的手中。處羅雖然是西突厥的大可汗，其實已經成為楊廣手中的人質。

西突厥這個潛在的麻煩就這樣被楊廣輕鬆化解掉了。

6

楊廣擺平了西突厥，解除了西顧之憂，覺得可以全心全意向高麗宣戰了。

此時全國的軍隊都已經在涿郡集結，一時旌旗蔽天、金甲耀日，好不威武。

楊廣看得熱血沸騰，信心滿滿地對庾質說：「高麗現在的人口總數還不如大隋的一個大州（有人推測當時高麗總人口為三百五十萬左右），現在我率這麼多精兵強將討伐他們，你說說，可以一戰而勝嗎？」從他的語氣完全可以看得出他內心的得意程度。

如果是虞世基之流在旁邊，一定會伸出大拇指，說只要皇上一聲令下，天朝大軍就可以輾壓過去，秒滅高麗沒有問題。

可是庾質卻說：「伐之可克，然臣竊有遇見，不願陛下親行。」

庾質之前是太史令，因為直言而被貶為合水令，到了這個時候，他仍然沒有改掉他直言的毛病，硬是把自己的擔憂說出來。

楊廣滿以為庾質被自己修理了，一定會認真汲取教訓，嘴裡會都是正中聖意的語言，正在那裡洗耳等待庾質的馬屁話，沒想到對方居然來了這麼一盆冷水，心頭火起，作色道：「朕今總兵至此，豈可未見賊而先自退邪？」

庾質並不照顧楊廣的心情，繼續說：「陛下親自出征，如果戰而不克，必損天威。如果陛下只留在此地，遙控指揮，命令猛將健卒，火速進軍，出其不意，必能攻無不克。軍機在於神速，稍微遲緩，就會無功。」

稍有點軍事常識的人聽到庾質的話，都知道他說的真有道理。這幾年來，中原王朝遠征，基本都是靠動作神速，出敵不意而取勝。楊素襲突厥如此，前番韋雲起打擊契丹也是如此。就是以前曹操打烏桓，司馬懿平遼東，又何嘗不是如此。對這些遠離中原地區的勢力，千里奔襲，才是取勝的不二法門。

楊廣這幾天以來，都在大張旗鼓地做討伐高麗的準備工作，全國動員都花了將近一年時間，把全國人民都弄得疲憊不堪，弄得大隋地盤上，都是盜匪相望，烽火連天。兵馬未行，後憂已經顯現。可是他卻全然不理，雙目灼灼，只是緊盯著高麗，到現在哪能半途而廢？

他聽了庾質的話，心頭十分不悅，對他說：「你既然害怕，就留在這裡，不用跟我出征了。」

楊廣的火氣還沒有降下來，耿詢又上書給他，勸他聽從庾質的建議，不要親自出征。

楊廣大怒，老子才剛剛罵完庾質，你又上來囉嗦，故意氣朕，命令左右：把耿詢斬了。幸虧何稠出面苦苦求情，耿詢這才撿回那條性命。

大家看到楊廣親征之意如此堅定，哪敢再勸？

大業八年正月初二，楊廣終於氣勢磅礴地下達了向高麗進攻的詔令：左十二軍出鏤方、長岑、溟海、蓋馬、建安、南蘇、遼東、玄菟、扶餘、朝鮮、沃沮、樂浪等道，右十二軍出黏蟬、含資、渾彌、臨屯、候城、提奚、蹋頓、肅慎、碣石、東、帶方、襄平等道，然後在平壤城會師。二十四軍共總一百一十三萬三千八百人，號稱二百萬，運送物資的後勤人員則是軍人的兩倍以上。數百萬軍人，齊聚涿郡，整裝待發，看上去的確無比威武而強悍。

楊廣更是志得意滿，臉上都是千古一帝的驕傲神態。

他來到桑乾河的南面，築起祭壇，祭祀土地，再在臨朔宮南祭禮上天，然後又在薊城北祭馬祖。

這些儀式完畢之後，楊廣這才升帳，向諸將發號施令：每軍大將、亞將各一人；騎兵四十隊，每人十人，十隊為一團；步兵八十隊，分為四個團，每團有偏將一人；每團的鎧甲、纓拂、旗幡顏色各異。楊廣這時已經是志在必得——他沒有辦法不志在必得，一百多萬大軍，做了一年多的準備工作，全國上下全面動員，哪能打不過一個高麗？高麗雖然也歷史悠久，但其軍事能力向來上不得檯面，多次被北方軍閥打得滿地找牙——就是南北時期的鮮卑武裝，都常常心情一不順暢就拿他們下刀，把他們猛揍一頓，讓鬱悶的心情一下得到釋放，現在他帶著一百多萬威武之師東進，高元那小子能頂得住幾下？只怕他大軍一到，很多棒子將軍就舉手投降求饒了，因此他特地在每軍裡設一個受降使者一名，其職責是，負責奉授詔書，慰勞巡撫，不受大將的控制，以便接受投降時處理得快捷一點。其他的輜重、散兵等也分為四團，由步兵挾路護送；軍隊的前進、停止或設營，都按楊廣事先規定的法度進行。

正月初三，第一軍率先出發，之後每日發一軍，前後相距四十里，一營接著一營前進，經過四十天才出發完畢，各軍首尾相繼，鼓角相聞，旌旗相連九百多里。楊廣的御營仍然保持著他那亙古未有的排場，御營共設有十二衛、三臺、九寺，分別隸屬內、外、前、後、左、右六軍，依次最後出發，又連綿八十里。

楊廣雖然是在親自部署、親自指揮，但他還是想讓另一個人當前線指揮官。

這個人就是兵部尚書段文振。

段文振是鮮卑段匹磾之後，不但戰鬥能力高強，而且非常有膽略，智商也很高，而且生性正直，通曉時務，遠比他的老祖段匹磾有能力，而且還深得楊廣的信任。他認為楊廣太過厚待突厥了，曾經力諫過楊廣。楊廣雖然沒有接納，但也沒有生氣。楊廣當時很寵信斛斯政，讓他專掌軍事。這個人是斛斯椿的孫子，也全面繼承了他爺爺的基因，為人精明能幹，但內心奸詐。段文振又多次向楊廣進諫，斛斯政是個險詐薄情的人，不可委以軍國大事。楊廣繼續不聽，但仍然沒有生氣——這對楊廣來說，簡直是奇蹟了。

楊廣雖然對段文振的進諫不理睬，但他仍然任命段文振為左侯衛大將軍，率軍出南蘇首，獨當一面。

如果按照楊廣的這個部署，也許征高麗之戰會是另一個結果。

楊廣好不容易用對了一個人，但卻出了一個大意外。

這個意外不是楊廣造成的，也不是敵人造成的，而是出在段文振的身上。段文振率部到了半路，突然生病，而且病情加劇得十分迅速，沒幾天就進入「病篤」的狀態。

段文振知道自己已經病得不可藥救了，但他仍然想救一下朝廷的大軍。他強撐病體，上表給楊廣，提出自己最後一個建議：「竊見遼東小丑，未服嚴刑，遠降六師，親勞萬乘。但夷狄多詐，深須防擬，口陳降款，毋宜遽受。水潦方降，不可淹遲。唯願嚴勒諸軍，星馳速發，水陸俱前，出其不意，則平壤孤城，勢可拔也。若傾其本根，餘城自克；如不時定，脫遇秋霖，深為艱阻，兵糧既竭，強敵在前，出後，遲疑不決，非上策也。臣不幸遘疾，命在須臾，恐不能效力戎行，為國殺賊，自知罪戾，有辜聖恩，所望陛下掃除小丑，指日凱旋，則臣雖死，亦瞑目矣。謹此上聞！」這個最後的建議，跟庾質之前的建議沒有什麼差別，就是常說的「兵貴神速」：出其不意拿平壤，其餘的就不足為慮了。

可以說，這是楊廣最後的機會，也是唯一的取勝之策。

然而，楊廣仍然不理，仍然按照自己的部署，一路浩浩蕩蕩而行，隊伍行進得十分壯觀。

段文振拖著病體拖到三月十二日，終於宣告不治。

楊廣雖然都不聽段文振的建議，但當他聽到段文振離世的消息時，仍然感到十分惋惜——畢竟老段對他們家一直忠心耿耿，跟當年段匹磾忠於司馬氏有得一比，而且他比段匹磾的能力強大很多，再說出師當中，半途折了一員大將，無論如何都不是一件好事。

他惋惜了段文振一陣之後，又把段文振的建議丟到一邊，繼續按照他的既定方針進行下去。三月十四日，他宣布部隊進入臨戰狀態。此時，隋兵已經來到遼水，楊廣命令各路部隊臨水為陣，只等他大手一揮，就千軍萬馬殺過河去。

楊廣心頭都是大軍滾滾向前的恢弘氣勢，卻沒有想到，大軍渡河歷來是一件十分艱難的事。

楊廣為了征高麗，高調動員了一年多，自己也在涿郡全心全意備戰了幾個月，動靜鬧得全地球人都知道了，高麗那邊當然也理解到這一戰將不可避免，因此也老早就做好準備。他們國力弱小，兵員不多，物資短缺，武器不先進，固然不敢先發制人，主動去進攻隋軍，但他們也有自己的優勢，就是守住險要，能打多久就打多久。此時，他們的大軍已經集結在遼水對面，做好阻擊楊廣的一切準備。

雙方在遼水結陣對峙。

高麗兵雖然不多，但他們死死地阻水拒守，隋兵一時之間也沒有辦法強渡過去。

本來囂張的楊廣，面向遼河眨著那雙眼睛，毫無辦法。他的軍事能力雖然不怎麼樣，但他也知道，被「擊其半渡」的後果是很嚴重的。當年曹操率大軍在赤壁那裡就被周瑜堵得寸步難行，後來苻堅的百萬大軍也被晉兵擋在淝水那裡無法前進，現在他又面臨這個局面。我們已經無法知道，當楊廣面對遼河的滾滾江水時，是否會聯想到曹操和苻堅。他是否想到，他個人的軍事能力比上述那兩位差了幾條街。

左屯衛大將軍麥鐵杖也是個強者。他看到己方一百多萬大軍就這樣被敵人隔河攔住，心裡非常不服，大聲對身邊的人說：「大丈夫一腔熱血，就是拿來疆場上拚殺的，怎麼能臥死在兒女手中？」他跑到楊廣面前，遞上戰書，請求讓他為前鋒，衝過遼河，開啟前進的道路。

楊廣當然答應。

麥鐵杖領令之後，對自己的兒子說：「我深受國恩，今天就是我應該為國犧牲之時。我死得光榮，你們就會富貴了。」

當然，楊廣也知道，麥鐵杖再怎麼不怕死，如果只是帶著一群敢死隊，公開透明地涉水而去，結果只會被對方射殺在水裡，連敵人臉上的表情都沒有看清，就成為魚蝦的速食了，必須在麥鐵杖衝上後以軍大繼之。他叫來建築大師宇文愷，命令他馬上造出三座橋來。

宇文愷帶著一隊建築工連夜把三座橋造出來，然後帶著這三座橋到送到岸邊往東架過去。沒想到，由於沒有實際對過尺寸，三座橋雖然都架了上去，卻比實際距離短了一截，橋頭離東岸還有一丈多遠。

宇文愷正要快速地把這個缺失補上，但已經來不及了——高麗兵已經大至，把衝過來的隋兵攔住。

隋兵就都跳進水裡，舉著兵器往岸上衝殺。但高麗兵居高臨下，奮力打擊。隋兵不但無人能登上東岸，反而被殺死無數，河面上漂滿了屍體。

楊廣一看，又傻眼了，就差一丈啊，怎麼就成了難以踰越的天塹了？這麼多人填過去，都可以填滿啊。是的，當年苻堅也曾豪橫地說過投鞭斷流的話，然而，最後斷的是自己的王朝。

這時，麥鐵杖出場了，他一躍進水中——當眾兵紛紛被打得後退之時，他帶著虎賁郎將錢世雄和孟叉兩人硬是一路拚命衝到岸上，殺進高麗兵的陣地中。三人的確英勇無匹，片刻之間，就深入敵陣，一下就看不到他們的身影。只不過一下，他們又返身衝殺回來，可是高麗兵還是死死地卡住岸邊，沒有讓其他隋兵上來。他們只好又殺進去，如此「十蕩十決」，把個人英雄主義表現得驚心動魄，可是後面的將士能力不足，雖然做出了巨大的犧牲，仍然沒有人爬到岸上，當他們的後盾。結果三人連撤回來的路都被堵住，被敵人一陣群毆，相繼光榮犧牲在對岸。

楊廣只好下令停止進攻。

楊廣叫何稠再把橋接好。這一次他們沒有節省材料，花了兩天時間，終於把橋接好。當然，如果高麗方的指揮官厲害，這個辦法仍然是沒有效的。可是高麗那邊也沒有什麼強者，只是在那裡眼睜睜地看著敵人把橋從西岸接到東岸，片刻之間就天塹變通途，一點應對的辦法都沒有。

隋朝大軍從橋上蜂擁而過，直接赴向高麗兵的陣地。

雙方力量本已懸殊，而隋軍近來又一直處於極度的憤怒狀態，滿腔仇恨正無處發洩，此時更是全力以赴，把高麗兵打得毫無還手之力，不過才半天，高麗兵在死傷萬人之後，宣布大敗，餘眾都遁入遼東城。

隋兵乘勝追擊，順勢圍住了遼東城。

楊廣哈哈大笑，下令車駕渡過遼水，親臨前線觀戰。當然，他還帶著曷沙那可汗及高昌王伯雅等西域老大，讓他們親眼目睹自己在戰場上約束千軍萬馬的指揮若定，讓他們看看當大隋敵人的下場，以便產生強大的心理威懾。

楊廣勝了一場，覺得連遼河天險都擋不住他的進攻。死守天險的高麗棒子兵都還被他打得滿地找牙、潰不成軍，前面他們還能對他如何？看來這戰爭很快就會結束——當然是以他的勝利而告終的。楊廣越想心頭越是興奮。他又突然想到，大隋畢竟是這個世界上唯一的超級大國，身為超級大國的偉大領袖，他必須有偉大的領袖的風範，必須講政治。講政治的人是不能光砍砍殺殺的，是還需要一點懷柔政策，讓敵人心服口服。

本來，現在他最應該做的是記住段文振的臨終建議，繞過遼東城，大軍直插半島，以迅雷不及掩耳之勢攻擊平壤。平壤一拿下，則高麗軍心民心齊渙散，勝利仍然被他穩穩獲得。可是他仍然堅持自己的做法，一步一步向前輾壓，席捲而進，全面收拾高麗。他的這個方案，連基本的軍事常識都已經違背了。因為步步為營而去，看起來很穩健，其實凶險異常——首先越向前，後勤保障的路線就越長，後勤供應將越來越困難。目前隋軍的戰鬥人員一百多萬，再加上後勤人員兩百多萬，多在遼東待一天，就多一分困難。一旦拖延到糧餉告急的那一天，就是他兵敗如山的那一刻。這樣的戰例，歷史上已經出現多次，但楊廣卻視而不見，其他屬下也許知道，但誰也不敢說。

一句話，他現在最重要的是時間，必須在糧草充足的情況結束戰爭。然而，現在他覺得最重要的不是時間，而是玩政治，是想辦法安撫遼東人民——安撫人民的做法沒有錯，但不必當著目前工作的重中之重來抓。他叫衛文升負責到處宣傳，從今天起，免除遼東十年傜役，而且還下了詔書，告誡諸將：「朕此次東征，弔民伐罪，並非為功名起見，諸將或不識朕意，輕兵襲擊，孤軍獨鬥，徒思為己立功，冀邀爵賞，實非大軍行法本旨。卿等進軍，但當分為三道，有所攻擊，必須三道相知，毋得輕進，猝致喪亡。並且軍事進止，概宣預先奏聞，靜待復報，如有專擅，就使有功，亦必加罪。」

前面到處宣傳免除十年傜役沒有錯，但後面告誡諸將的這個詔書，直接讓他往失敗的方向大步前進。你想想，在地形複雜地帶作戰，每戰都必須得到他的批覆才可以行動，如此僵化的指揮系統，能抓得住戰機、打得了勝仗嗎？

遼東城裡的高麗兵多次出來反擊，但都以失敗而告終。他們終於理解到，敵人真的太強大了，他們這些人馬出擊等於在找死，於是就「嬰城固守」，不到最後一刻，絕對不跟敵人進行肢體接觸。

楊廣看了一下遼東城，一點也不高級，比起他修築的那些城池，簡直不能稱為城牆，他覺得只要大軍全力進攻，每人踩上一腳就可以踏平此城。他下令全軍進攻。在這個時候，仍然很講政治，嚴令諸將：高麗若降，不得縱兵。一定要把大隋的仁義之師表演到位。

楊廣計劃好進攻任務後，心情很不錯，讓自己放了一次假，然後到處觀光。有一天，他發現兩隻鳥，高一丈多，白身紅足，無拘無束地在水中游泳，心裡非常高興，看來是好兆頭啊。他叫畫工把他畫下來，然後在那裡立碑讚頌。

他是可以放假休息了，但攻城的將士是不能休假的。他們按照楊廣的命令向遼東城發起猛攻。

7

經過大家一輪接著一輪的猛攻，遼東城果然被打得岌岌可危。

高麗守將眼看就要守不住了，便急忙派人出來說，你們別打了，我們投降。

前線諸將正攻得有聲有色，看到城牆已經被打下一大片，只要再加把勁，遼東城就可以穩穩地拿下。可是當他們看到城內有人舉著白旗出來時，立刻想到楊廣的交待，便急忙下令停止進攻，派人把情況向楊廣報告，請示他下一步的行動。

楊廣雖然在進行基礎建設時，抓時間抓得很緊，數十萬役夫被他牢牢地釘在工地上，日夜趕工直接累死，使得工期大幅縮短，可是在策劃打仗時動作很悠閒，得到前方報告後，在那裡舉重若輕、漫不經心地研究了一通之後，這才進行批覆。就在他跟前線將領一來一往之間，高麗守兵已經加班趕工完成了城防的加固工程。當楊廣宣布接受他們的投降時，他們已經站在剛剛修復的城牆上大聲說，當投降派太可恥了。我們又不投降了。我們再打吧。

楊廣大怒，只好又進攻。

城池又被打得到處出現缺口。高麗兵又舉著白旗出來，說我們又想通了，還是投降有前途。

隋軍前線將領跟楊廣又重複前次的過程，你請示我批覆，浪費了大量的時間。而高麗兵又趁著這個時間段，埋頭苦幹，又把所有的缺口堵住。隋軍再次攻打。高麗兵再次投降。

這個一樣的過程玩了一次又一次，玩得連高麗人都覺得不好意思了，楊廣還在那裡沒有覺悟，不斷地上當。即使是智商很低的人，到了這時也知道被高麗人玩了。楊廣的智商高得狠，在玩他哥哥時，什麼陰謀都玩出來。卻偏偏在這個時候，頭腦長期短路，被別人玩來玩去，而且那個動輒砍人腦袋的脾氣這時也超好，被連續騙了幾次，脾氣仍然沒有暴發的跡象。

後來，楊廣突然有了發現，就是發現他攻打遼東城已經一個多月了，還是沒有攻下。於是，他就決定親臨前線，究竟這個城池是什麼特殊材料製成的，能這麼禁得起他以傾國之兵的攻打。

六月十一日，楊廣來到遼東城南，睜著大眼，認真地察看了一下遼東城的情況，再看一下雙方的對力對比。只見遼東城並不宏大，城牆更是滿目瘡痍，那些剛剛補上缺口地方，連肉眼都看得出是急就出來的草包工程，而且城上的士兵也不怎麼密集，相比於城外的大隋部隊，簡直是螢火之光與皓月之明，只要城外的部隊，齊聲大叫，都可以把城牆叫倒啊，怎麼打到現在還沒有把這個危城攻下來？

楊廣十分憤怒，立刻把諸將叫來，對他們破口大罵：「這算什麼城牆？吹一口氣都可以倒下。你們居然打了這麼久。你們是不是以為自己官位很高、又仗著家世的顯赫，就可以暗中怠慢糊弄朕嗎？在京師的時候，你們怕我看到你們的腐敗，便都不願我親自出征。但我偏偏要來。我來到這裡，就是要親眼看看你們所作所為，只要讓我抓到證據，我就把你們殺得一個不留。今天你們怕死，不肯出戰，你們以為我就不敢殺你們嗎？」

他越罵越是聲色俱厲。雖然大家都知道，遼東城到今天仍未攻下，原因全在他那裡，但誰敢申辯半個字？他們都知道楊廣的脾氣，他雖然不斷下令無論如何都要接受高麗兵的投降，不斷地接受別人的糊弄，看上去寬大得要命，但在向大臣們下手時向來果斷狠毒，因此都封緊大嘴，對著他叩頭謝罪，表示他們覺悟不夠，沒有深刻領會皇上戰無不勝的軍事觀，導致戰鬥進展緩慢，對不起國家、對不起朝廷，更辜負了皇上的栽培。

楊廣就在離城西幾里的地方駐紮，指揮各軍繼續進攻。此時隋兵的銳氣已銼，人數雖然眾多，但戰鬥力已經大幅下跌，而高麗兵還在拚死守城，沒有讓楊廣占一絲一毫的便宜。

楊廣在出兵時，除了他親率的陸路大軍之外，還令來護兒和周法尚率江、淮水軍從水路進軍。這支水師也十分龐大，船隻連綿幾百里，在楊廣還沒有出發時，他們就已先出海，準備從海上直奔平壤。此時，來護兒的部隊已經進入賓水，距離平壤只有六十里。他們就在這裡碰上了高麗兵。雙方也沒開口，直接對砍，高麗兵被來護兒打得大敗。高麗兵在丟下一大片屍體之後，餘下的都退回平壤城，關起城門來堅守。

來護兒乘勝前進，準備強攻平壤，讓皇上有個大驚喜。

可是周法尚認為敵人已經有所準備，還是等各路大軍都到了，齊心協力進攻才有效。可是來護兒不聽，高麗棒子那個戰鬥力算什麼?你要是怕了就帶領後軍，我帶前鋒先行了。他對高麗兵真的不放在眼裡，挑選了四萬精甲，就向平壤狂奔而去。

當來護兒氣勢洶洶地來到平壤城下時，高麗兵出城迎戰。

來護兒一看，不由得哈哈大笑，你們要是躲在城裡，我還有點不好辦，現在居然過來跟我打野戰?你們也太不記取教訓了吧?剛剛被我打得路都看不到啊。

來護兒是當時有名的猛將，戰場經驗十分豐富，此時又是求戰心切，看到敵人過來，哪能不迎頭痛擊?

雙方一頓進攻，高麗兵果然如來護兒所料，很快就抵擋不住，退回城中。

來護兒下令追擊。

隋兵追到城門邊上，發現高麗兵只顧往城裡縱深抱頭而竄，連城門都沒有關閉。

如果來護兒的頭腦稍有點冷靜，憑著他豐富的戰鬥經驗，面對這個空洞洞的城門，一定會認真對待一下。可是他連續兩敗高麗兵，覺得高麗兵簡直是不堪一擊，其作戰能力完全可以跟業餘隊劃上等號，這樣的部隊能有什麼作為？能想出什麼陰謀詭計來？他這麼一想，就下令全軍衝進城去，拿下了平壤，他就是頭功啊。

當他們衝進城裡後，看到城裡真的很繁華，還看不到一個前來抵抗的高麗兵。他們都以為，棒子兵已經被他們打到怕得不敢出頭了。既然沒有敵人可打，我們就搶些半島的土特產回去吧。於是，大隋正規軍立刻變身進城的土匪，大力開展搶掠活動，隊形全部凌亂。

大家正搶得不亦樂乎，突然一聲胡哨響起，大街四周的房子到處冒出手持武器的高麗兵來，對著正搶掠的隋軍大砍大殺。

隋兵這時手裡只有金銀財寶，而沒有武器，哪能抵擋得住？

來護兒萬萬沒有想到，自己居然中了這個計。眼見敵人越來越多，自己的士兵不斷地被敵人砍殺，急忙鳴金收兵。此時，隋軍們已經無法相顧，在敵人的追殺之下，到處亂逃。

來護兒也沒有辦法了，帶著殘餘逃出城外。

高麗兵這次調度得很好，很快就追擊過來。來護兒只好拚命逃跑，當他逃到船邊時，身邊只剩下幾千人了。

幸虧還有周法尚。

周法尚看到來護兒狼狽逃來，急忙整軍迎住，把高麗兵擊敗。

來護兒萬萬沒有想到，自己居然敗得這樣難看，而且中的計實在是太膚淺了，只好縮了膽子，退到海邊，不敢再亂來了。

來護兒的水師就此喪失了戰鬥力。

當然，隋兵的主力仍然沒有受到什麼損失。

楊廣又進行一番部署，命宇文述率一支部隊出扶餘道，于仲文率一路兵馬出樂浪道，荊元恆出遼東道，薛世雄出沃沮道，辛世雄出玄菟道，張瑾出襄平道，趙孝才出碣石道，崔弘升出遂城道，衛文升出增道地。九路大軍一直壓下去，要求他們在鴨綠江邊會師。

宇文述等人從瀘河、懷遠鎮出發，為了減輕後勤壓力，每個士兵都帶足一百天的口糧，另外還有排甲、槍以及衣資，戎具、火幕等武器裝備，每人的負擔都在三石以上。揹著這麼多沉重的物資上路，大家都覺得難以承受。

宇文述怕大家偷工減料，半路丟掉東西，便下令軍中：「士卒有遺棄米粟者斬！」

可是大家實在是無法負重行軍，最後只好偷偷摸摸地在帳幕裡挖坑，把糧食埋掉。於是，隊伍才走到半路，糧食就已經吃完了。你想想，這樣的將軍能打勝仗嗎？

各路大軍終於勝利會師。

高麗兵剛看到隋兵浩浩蕩蕩而來，心理壓力無比巨大。可是經過幾次交手之後，突然發現，隋兵並不怎麼可怕，而且指揮官還很蠢，不斷地上他們那些幼稚的當，因此信心也大增。他們知道如果硬碰硬，一定是在找死，因此只玩智力遊戲。不過他們玩的智力遊戲一點也不深奧，就是史上已經使用過無數遍的詐降計。這個幼稚的計謀，之前高麗人已經多次用在楊廣的身上，居然屢試不爽，從來沒有失手過。他們現在又在宇文述和于仲文身上進行。

這一次，他們弄得像真的一樣：派出大臣乙支文德出馬，面見于仲文。乙支文德來到于仲文的大營裡，一邊鞠躬點頭地表達著他們投降的願望，一邊觀看著大隋軍營的虛實。

乙支文德是高麗朝中權位僅次於高元的大臣，因此楊廣事前就已經對于仲文祕密交待：如果碰到高元或者是乙支文德前來，必擒之。所以，于仲文看到乙支文德自報家門後，馬上就把他抓起來。

大家知道，楊廣此次出征，還特地設置了一個授降慰撫使之類的職務，專門負責受降、安撫事宜。而且這些人員都不受大將控制，完全可以按照自己的意志行事。現在于仲文軍裡的慰撫使就是尚書右丞劉士龍。劉士龍沒有得到楊廣的祕密交待，他只知道楊廣要求一定要善待對方來降的使者，現在看到乙支文德前來，居然被于仲文拘留，馬上記起自己的職責，堅決不讓于仲文把乙支文德關起來。

于仲文這時頭腦也有些混亂了，看到劉大人態度堅決，只好把乙支文德放走。過了一會，他又突然清醒，他有楊廣的祕密交待啊，完全可以便宜行事，不用理會劉士龍，便急派人去追趕乙文德，騙他說：

「你還有什麼要求，儘管再回來跟我們說。」

乙支文德本來就不是來投降的，現在看到于仲文的使者前來要請他回去，他當然不上這個當，頭也不回地渡過鴨綠江而去。

于仲文和宇文述看到乙支文德沒有回來，都怕楊廣追究他們的責任。而宇文述看到自己部隊的糧草已經告罄，再繼續在鴨綠江邊待下去，不用敵人前來攻打，自己就先崩潰了，就想先撤回去。可是于仲文不同意。因為他放了乙支文德，如果不立點功勞回去，楊廣能放過他嗎？所以，他決定派出精銳過江去追捕乙支文德。只有抓到這個高麗大臣，他才有活命的機會，可是宇文述卻堅決反對。最後于仲文生氣，吼道：「老大帶著十萬雄兵前來，卻不能打敗小賊，還有什麼臉去見皇上？而且我也知道這次出征是不會成功的。為什麼呢？我們翻開戰爭史看看就知道，古之良將之所以能夠成功，最主要原因就是軍中的決策權只掌握在一個人的手中。現在我們是各懷心思，哪能取得勝利？」

原來他們出征前，楊廣對諸將有過指示，他認為于仲文腦子好用，有計謀，因此要求各路將領在決策前都必須向于仲文匯報請示，並且服從他的排程。如此一來，于仲文就成了這路大軍的最高決策人。雖然宇文述是楊廣的紅人，但看到于仲文這麼說，也不敢不服從。

於是宇文述與諸將渡過鴨綠江，追擊乙支文德。

乙支文德進了隋兵的軍營後，發現隋兵雖然很多，但個個面有飢色。現在他們追來，臉上的飢色仍然很濃重。於是，他決定使用疲勞戰術，讓已經很餓了的隋兵更繼續累下去。他跟隋兵一接觸之後，立刻就敗走。

宇文述一天之內，七戰皆捷。

宇文述本來心裡滿滿的畏戰情緒一路打來，竟然取得這麼好的戰績，立刻變得興奮：原來敵人連紙老虎都不如。他立刻決定繼續擴大戰果，揮兵大進，渡過薩水，來到離平壤城僅三十里的地方，依山為營。

就在前幾天，來護兒也到這平壤城外，如果當時來護兒聽從周法尚的勸告，在這裡等主力部隊來到再開打，也許結局又將是另一個樣子。

乙支文德看到隋兵被自己成功地引誘到這裡，心裡很高興。這個人的確很狡猾，他並沒有帶著大軍出來對宇文述迎頭痛擊，而是又派使者前來，很低調地對宇文述說：「只要老大撤回去，我們一定讓高元去行在朝見大隋皇帝。」

明眼人都可以聽得出，這是乙支文德的糊弄。

但宇文述卻相信。

他不得不相信。他看到自己部隊都已經很累了，而平壤城卻十分堅固，不花費一定的時間是打不下的——至少以他的能力是難以攻下這個堅城的。與其餓著肚皮攻城而失敗，不如裝傻上當，然後藉此班師而回。如此一來，至少還可以全師而退。至於沒有取得最後的勝利，也不能怪他，這麼多路軍隊出來，有誰取得最後的勝利？而他在鴨綠江邊跟敵人一接觸，就一直壓著敵人打，取得了七戰七捷的戰績——這也是目前為止大隋軍取得的最好成績。

其他將領也沒有誰反對。

於是，宇文述下令：撤！

宇文述這次還是小心的，他在撤退時，結方陣而還，以防敵人襲擊。

乙支文德此時正高度關注隋兵的動向，看到宇文述果然結陣而還了。乙支文德哈哈大笑。他知道，宇文述不是因為被他糊弄而撤的，而是因為不敢再停下來了，必須趁著身上還有點力氣，趕快跑回去。目前隋軍的數量雖然還很龐大，但他們已經完全沒有戰鬥意志了，他們現在只想著盡快退回自己的地盤，以便能填飽肚皮。他由此斷定：宇文述全軍上下，士氣為零！儘管宇文述結著方陣而還，看上去戒備森嚴，但一群人心渙散的人，陣法再怎麼整齊也毫無用處。打仗靠的是勇氣、是拚勁，而不是某個陣法。

當宇文述膽顫心驚地結陣而還時，乙文德下令出擊。

高麗軍這時全軍出動，從四面八方向隋軍衝殺而來，宇文述只好咬牙苦戰，且戰且退。

大隊隋軍就這樣被高麗兵反覆衝鋒，一路狂砍而回。一直到七月二十四日，他們才退到薩水。但高麗兵仍然沒有消停，繼續衝殺。

宇文述部才渡過一半，高麗軍已經從背後殺出，把隋軍衝得亂成一團。

辛世雄帶著自己的部隊殿後，拚命抵抗，但仍然擋不住高麗軍的衝擊，不但沒有挽回狂瀾，反而光榮犧牲。諸軍看到辛世雄已經捐軀，更是人心惶惶，爭著跳河逃命，毫無章法。全軍上下，都在努力逃命，拚死跑路，只花了一天一夜就逃到了鴨綠江邊，行程共計四百多里。幸得守在此處的王仁恭殿後，截擊高麗兵。這時高麗兵也追得連刀都握不住了，不得不撤出了戰鬥。

還在海邊駐紮的來護兒看到主力部隊全面崩潰，便也稍無聲息地退回。

至此，楊廣發起的征伐高麗之戰，全面失敗，諸軍都打了敗仗，而且大多輸得連褲底都沒有了。當九軍渡過遼水時，共三十萬零五千人，等他們回到遼東城時，只剩下二千七百人，其他輜重物資更是全部丟盡。

楊廣一看，氣得臉色鐵青。他這幾天來雖然夜夜做夢，但從沒有夢過這樣的局面。雖然所有的人都知道，這個大敗是由他一手造成的，如果他聽從庾質的話，不親征高麗，又聽從段文振的臨終建議，出敵不意，奔襲平壤，他也許不會有這樣的大敗。可是他對這些取勝之策，向來不屑一顧，我行我素，自以為自己的戰鬥人員加後勤保障人都比高麗的人口眾多，完全可以取得輾壓性的勝利，於是在錯誤的路上不斷地深入下去，再加上他的軍事能力也很平庸，又緊緊抓著指揮棒不放，不斷地進行錯誤的戰鬥部署，他不失敗那就真的豈有此理了。但他卻絕對不主動承擔這些責任。他認為是諸將指揮不力，將士不夠拚命，這才讓他敗得這樣難看。他把責任都推到宇文述他們身上，把宇文述等人都套上枷鎖拘押，然後率領殘部班師。

他來的時候，數路大軍，浩浩蕩蕩，人流動如矯龍，場面史無前例的壯觀，現在他只能帶著一群殘兵敗將，滿臉怒容而回。

大業八年九月，楊廣帶著他的怒容帶著那幾個戴著枷鎖的將領回到了繁華的東都洛陽。楊廣回到東都不到一個月，大隋土木總程師宇文愷就死了。這個人設計並修建了兩個首都，還有無數個壯觀華美的宮殿，在土木方面的成就，史無前例。楊氏父子成就了他，而他為中國建築史上留下了眾多的建築珍品的同時，也為大隋的衰亡作出了貢獻，可以說他又是一個對歷史過程有影響的建築大師。

楊廣這時的憤怒仍然沒有平息。

他要是能平息才怪。動員了有史以來最為龐大的武裝力量，去討伐一個蕞爾小國高麗，居然鎩羽而歸，而且他還帶著西域幾個老大去看他的表演，結果這個臉就丟到了國外。這讓他的老臉怎麼能放得下？他必須處理一些人，以便推託責任。

很多人都以為，楊廣這次推卸責任式的處理責任人，一定要大開一番殺戒，個個都伸著頸脖，拭目以待——只待他這番殺戒一開，很多高位就會出現空缺，他們就可以順勢而上。

楊廣推卸責任是真的，但可能由於時間過了很久，他心頭的氣也有些消了，再加上這些人中有些是他的親信死黨，他還真離不開他們，所以他真沒有像大家所預測的那樣把一大批人拉下去，排頭砍去。

首先戰場第一責任人就是宇文述。如果他做好部署，不那麼不計後果地強迫士兵們負重行軍，就不會出現糧草短缺的問題——這個問題向來是大問題，很多大軍事家都因為這個問題大敗虧輸，然後他不那麼貪功，只是適可而止，沒有追到平壤，他們就不會大敗。如果就事論事，宇文述真的必須砍頭。可是楊廣向來寵信這個傢伙，而且他的兒子又是楊廣的女婿，所以楊廣沒有向他開刀，放過他一馬。放過了宇文述，楊廣也不好意思對別人狠下殺手了。當然，死罪可免，活罪還是要治一治的。楊廣把宇文述和另一個責任人于仲文免官為民。但那個劉士龍楊廣就不放過了。這個傢伙利用手中的職權，放過乙支文德，直接釀成大敗，哪能輕饒？於是，宣布斬劉士龍以謝天下。後來，諸將怕楊廣再追究下來，就都把罪責往于仲文身上推。楊廣只好放過其他人，把于仲文抓起來關在獄中。

于仲文本來以為被削職為民就萬事大吉了，沒想到又被諸將一陣揭發，各種黑鍋全由他來背，不由得覺得悲憤。在監獄裡一悲憤，往往就會悲憤出大病來。楊廣聽說他病情已經很重，就把他放了出來。他回到家沒幾天，就宣布醫治無效。

史上最隆重的一次征高麗之戰，就這樣結束。

高麗沒有被消滅，而大隋卻因此國力大衰，從盛世向下坡路高歌猛進。

第二章 再征高麗，山東民逼上梁山；錯失良機，楊玄感走投無路

1

楊廣從遼東回來後，心情超級鬱悶。他一直想不通，高麗一個蕞爾小國，武器不如大隋的精良，兵馬不如大隋的強悍，更不如大隋的眾多，那個高元更是曾經被自己嚇得膽子當場破裂過，一點也沒有大國領袖的風範……。不管從哪個方面去考量，大隋都不會輸啊，而且更不會輸得這麼慘。

看來只有天意了。

天意也不服！不把高麗打倒，他覺得這張臉真沒有地方擱置了，而且歷史也會記住這一筆——這一筆真的太濃重了，濃重得他一想就有痛哭的衝動。

他無數次都在夜裡咬著大牙，猛擂著豪華的龍床，得把這個臉賺回來，我就不信打不垮那個高麗。

消停了幾個月後，楊廣於大業九年正月，又發下詔書，徵天下兵集於涿郡。

而就在此時，老天一點也不配合，出現了大旱天氣，還造成瘟疫流行，很多人都病死，而崤山以東地區最為嚴重。這個傳統上稱為山東地區是出產精兵與兵糧地區。在這樣的情況下，只要有點腦子，就不會輕易言戰。但楊廣對這些事已經不放在心上。他現在心裡只考慮兩件事：一是打滅可惡的高麗，二是自己的幸福生活。

災區的告急文件雪片般地飛到他的辦公桌上，他看都不看，丟在一邊。底下的百姓都在睜著絕望的眼睛，等偉大的皇上派人去救災，幫他們加油。

楊廣在這個時期，的確派出很多官員下去。

如果你以為他派這些人下去，是為了察看災情、訪貧問苦，以便制定出科學而有效的抗災應急方案來，那就大錯特錯了。他並沒有派他們到慘不忍睹的災區去，而是讓他們到江淮以南各郡，深入基層，訪探民間美女，只要發現長得端莊美麗的女性，通通進獻天子。

楊廣就這樣一邊玩樂著，一邊著手再征高麗的前期工作。

楊廣汲取了前次渡河之戰的教訓——那時，麥鐵杖他們已經衝上了對岸，可是後續沒有跟上，致使麥鐵杖三個猛將被群毆至死，同時也錯失了一個戰機。楊廣想，如果當時有個敢死隊，能拚掉老命衝上去，局面一定就不一樣了。為了避免再出現這樣的情況，楊廣這次決定成立一個敢死隊。

他在下令天下兵集結到涿郡時，就專門篩選那些長得強壯的人為敢死隊。他稱這支部隊為驍果。他大概又汲取上次宇文述缺糧的教訓，便又重修遼東古城，專門用來貯備軍糧。只要糧草有了保證，就可以跟高麗打一場持久戰，到時看誰更能持久一些。

大業九年正月，他宣布大赦，然後命刑部尚書衛文升等人輔佐代王楊侑留守西京，恢復宇文述的職務，然後又準備北上，征伐高麗。

這一次，他仍然信心滿滿，對大家說：「高麗小虜，侮慢上國；今拔海移山，猶望克果，況此虜乎！」左光祿大夫郭榮仍然認為不可，對他說：「戎狄之國無禮，是臣子應該處理的事情，千鈞之弩，不會為小老鼠而發射，陛下何必親自征討這樣的小小敵寇呢？」又勸他不要親征高麗。高麗就是一個小國，不值得皇上親征啊。打個麻雀，何須大砲？

但楊廣能聽嗎？他要是聽得進去，他還是楊廣嗎？

楊廣又任命楊侗為東都留守，然後駕車向遼東而去。

這一次，他行動比上次迅速多了。三月初四就到了遼東。

而此時，大隋境內那些盜匪卻越來越多，原先那些盜匪還沒有來得及清剿，又出現了更多的盜賊。甚至至靈武的盜賊老大白瑜娑還裡通外國、勾結突厥，在隴右地區，到處破壞、搶劫，鬧得民不聊生、官也不聊生，大家都稱他為「奴賊」。而原來王薄等人的勢力更是越來越大，他的同行也越來越多，規模也越來越大。當時具規模的武裝力量主要有：孟讓、郭方預、張金稱、赦孝德、格謙、孫宣雅。這些人手下都有十萬之眾，在山東一帶，呼嘯縱橫。那些郡縣主官雖然也天天派兵去剿匪，可是這些郡縣長官貪腐很有本事，上前線卻毫無經驗，更無勇氣和能力，被朝廷逼迫，只好硬著頭皮帶著一群兵丁出戰，結果還沒有跟「盜賊」們開打，往往就已經「望風沮敗」。

但張須陀例外。

2

張須陀的身世並不顯赫，但戰鬥經驗十分豐富。他早年曾隨史萬歲征討過爨翫，後又隨楊素平定過楊諒之亂，積功累遷到開府之職。大業六年，他被任命為齊郡的郡丞。當時齊郡已經開始出現饑荒，糧食價格已經漲得讓鬼都害怕，張須陀決定開倉放糧，賑濟災民。但大家都對他說：「開倉放糧是大事，必須等皇帝下令。私自賑災會受到處罰的。」

張須陀卻說：「現在陛下還在遠方，派使者往來，至少需要一年時間。老百姓現在都到了朝不保夕的地步，已經容不得半點拖延。我如果因為這件事獲罪，雖死無恨。」於是，下令開倉賑災。楊廣絕對不是弱智人士，他得知這件事後，不但沒有怪罪張須陀，反而大肆地表揚了他。

當然，張須陀的這個行動，也只是救得一時之急，仍然阻擋不了饑民們的武裝暴動。而當時形勢最嚴重的又是齊郡。

王薄的活動半徑就在齊郡。山東很多支朝廷的軍隊都曾進剿過王薄，都被王薄打敗。大家看到王薄的旗幟，都掉頭就跑，只有張須陀敢追趕過去。他決心教訓王薄一次，為朝廷的軍隊賺回丟了多次的顏面。

王薄一路大破官軍之後，引軍南下，轉戰魯郡。

其他部隊都讓出道路，張須陀卻緊追不捨。追到泰山腳下時，終於追上了王薄。

王薄這幾天來，基本都取得勝利，覺得齊魯一帶的官軍真的完全沒有戰鬥力，只要他願意，就完全可以打個完美的勝仗。他看到張須陀居然追過來，不由得哈哈大笑，就憑你這點人馬，也敢前來叫板？送死還差不多。

王薄對張須陀一點也不放在心上，因此也沒有作更多的防備。張須陀一看，機會來了。馬上挑選精銳，突然向王薄發起攻擊。王薄一下就手忙腳亂、無法抵抗。張須陀率軍大砍大殺，取得斬首千級的戰績。

王薄這時候才知道輕敵真的要打敗仗。他收攏餘部後，渡過黃河，意圖與其他同行連成一片，共同抵禦朝廷的軍隊。張須陀率軍繼續追擊，在臨邑又追上王薄。此時的王薄軍已經被張須陀打怕了，毫無鬥志，再被張須陀大敗一陣，而且敗得比上次更慘：被斬首五千級，丟掉無數軍用物資。

王薄終於償到了慘敗的教訓。他知道張須陀的確是勁敵，如果繼續單獨跟他對抗下去，自己離最後的失敗就不遠了。他馬上跟孫宣雅和郝孝德等部聯合，出動一支足有十萬人的聯軍，一起向張須陀反赴。不把張須陀打死，他們就永無寧日。

此時，張須舵手下只有兩萬步騎。大家知道，全國的精銳都已經被楊廣抽去打高麗了，目前的武裝力量基本都是業餘團隊。張須陀就是帶著這樣的業餘團隊，向衝殺過來的十萬人迎將過去，一陣猛砍猛殺，居然把十萬「盜賊」聯軍殺得大敗。

另一支「盜賊」武裝在裴長才的帶領下，突然出現在張須陀面前。

張須陀剛剛經過一番大戰，沒有料到敵人來得這麼突然，而且人數足有兩萬之多。他的部隊剛剛休整，哪來得及展開戰鬥？此時，他身邊只有五個騎兵。張須陀的確是非常勇悍，居然帶著這五個騎兵與來敵大戰。裴長才大手一揮，把這幾個找死的傢伙往死裡打，我就不信兩萬人不能把他們踏成肉醬。眾多士兵蜂擁而來，把張須陀他們重重圍困，千萬般兵器都朝著張須陀他們身上攻擊。

張須陀身上已經受了幾處傷，但他卻是「勇氣彌厲」，繼續奮不顧身地拚命，「盜賊」們一時間居然無法把他們打死。

就在這時，城裡的部隊看到老大被兩萬人圍在核心，已經危在旦夕，便都披掛上馬，衝出城來，向敵人發起衝擊。

裴長才的部隊這時稍退下去。

張須陀這才渾身鮮血地脫離了險境，但他並沒有消停，帶著部隊繼續向敵人發起進攻。裴長才兵的銳氣已挫，被張須陀一陣痛擊，不得不撤回去。

張須陀拚了死命，這才把裴長才打跑，正想休整一下，可是又有消息傳來：郭方預等人已經攻陷北海，大掠而去。

張須陀知道如果不在這個時候把郭方預教訓一下，郭方預的勢力就會馬上壯大，他對大家說：「目前形勢逼人，我們必須馬上把郭方預打一打。」

但大家都面露難色，剛剛連續了幾場惡戰，怎麼又去打實力比裴長才更強悍的郭方預啊。

張須陀道：「現在郭方預一定覺得自己很強大，以為我們不敢去惹他。只要我們極速前進，對他來個突然襲擊，絕對能把他打敗。」

他說完之後，挑選精兵，狂奔而去。郭方預本來就沒有受到過軍事訓練，這幾天來其他幾個同行都被張須陀打得落花流水，唯獨自己一路打下來，大獲豐收，心裡非常得意，一點也沒有防備。張須陀部隊看到郭方預的部隊果然像張須陀說的一樣，鬆垮垮地在那裡自由自在，好像生活在一片和平幸福的世界裡一樣，個個大喜，舉起大刀，向敵人衝殺過去。

郭方預部隊這才大吃一驚，大家都爭相逃跑，大營瞬間亂成一團。郭方預從來沒有料到會遇上這樣的情況——既不知道敵人來了多少，更無法傳達命令發起戰鬥，結果自己也跟著大家一起荒亂。於是，大家就只好各自逃命了。

張須陀部隊一看，哈哈，跟業餘隊打真好，無不肆無忌憚，一陣左衝右殺，就把郭方成的部隊殺敗，而且戰績空前：斬數萬首級，前後獲輜重不可勝計。

張須陀在鎮壓這些「盜賊」表現得十分醒目，他手下也冒出一個十分生猛的強者。這個強者叫羅士信。羅士信也跟張須陀一樣，身世一點也不顯赫，小時候的經歷，史書也沒有記載。這時他才十四歲。這個人沒像其他強者那樣，拜過哪個名師、接受過很正規的教育、有過很感人的勵志故事，但也知道出名趁早的道理。這時他看到天下大亂，剛好是男子漢出來混的大好時機。他很看好張須陀，就直接跑到張須陀那裡，請求參軍。張須陀這時正需要大家踴躍投軍，可是看到羅士信才十四歲，哪是當兵的料？就拒絕了他，對他說：「你的身體連盔甲都套不上，怎麼能去打仗？現在當兵是要上前線殺敵的，你殺不了敵人，就馬上被敵人砍死。等你大一點了再來。」

羅士信大怒，當場取出兩副盔甲穿在身上，腰間懸掛著兩壺箭，身子一飛，就騎到馬上，一陣狂奔，再回到張須陀面前。

張須陀忍不住大叫：「好！」答應帶他出戰。

他們很快就與敵人相遇。「盜賊」才開始布陣，羅士信就兩腿一夾馬肚，單騎突出，衝到敵人陣前，手中的兵器一陣翻飛，連續刺倒幾個敵人。這個少年還在陣前進行了一個殘忍的表演：斬殺一人之後，把那顆首級拋到空中，待那顆腦袋滴著血水往下墜落時，他舉長矛接住，然後舉著那顆兀自滴血的腦袋在陣前殺氣騰騰地巡遊。雙方將士都不由得看得發呆了：這個少年真是天生的殺手。

那幫「盜賊」本來都是平民百姓，因為沒有活路才拿起菜刀革命的，突然看到這個少年如此殺人，本來就不大的膽子就更加縮水了，看到他跑過來，就都紛紛避讓，不敢在他那桿長矛的刺殺半徑內立足。如此一來，「盜賊」的陣地就鬆垮了下來，張須陀立刻下令衝擊。「盜賊」毫無懸念地被殺得「大潰」。羅士信更是勇氣百倍，一馬當先，追逐敵人。他每殺一人，就割下死者的鼻子，然後放進自己懷中，以「驗殺敵之數」。

當戰鬥結束後，他倒出一大堆大大小小的鼻子時，其他人都看得把頭扭轉過去，但張須陀卻讚嘆不已。從此之後，張須陀都把這個少年殺手帶在身邊。張須陀也是個猛將，基本都是每戰都衝在第一線，而羅士信每次都緊隨其後。兩人的事蹟很快就傳到楊廣的耳朵裡，他特地派使者前來慰問，並請畫家創作了一個作品。作品的內容就是張須陀和羅士信的戰鬥場面。

3

在張須陀疲於奔命地跟風起雲湧的「盜賊」武裝戰鬥時，楊廣繼續向高麗前進。

當年四月二十七日，楊廣的車駕渡過遼水。前次他在這裡被高麗軍卡得死死的，使得遼水成為他難以突破的瓶頸。但這一次，他渡得很順利，基本沒有受到什麼抵抗。

渡過遼水之後，楊廣本來有點緊繃的心情徹底放鬆了下來。大家知道，雖然隋唐之交，名將輩出，由於楊氏父子疑心太重，那些本來為他們服務的名將，都被他們處理了，他們又不信任別的將領，所以楊廣在征討高麗時，手下並沒有什麼強者。楊廣找來找去，覺得仍然是宇文述這樣的馬屁專家讓他放心，於是就在他準備討伐高麗時，又讓宇文述官復原職，讓他成為討高麗的首席大將。另外可以獨當一面的就是王仁恭。王仁恭也是官二代，他的父親王猛，曾官至鄀州刺史。他還很年輕時，就苦練武藝，弓馬嫻熟，然後從基層做起，先後當過楊俊的記室，後累遷至車騎將軍。後來，他曾隨楊素擊突厥，立了戰功，拜為開府。後又成為楊秀的手下，主持蜀王府的軍事。楊廣即位後，他又隨楊素平定楊諒之亂，戰鬥經驗十分豐富，是當時的名將，而且他對楊廣十分忠心。是以楊廣在這次出兵時，也讓他出馬。

楊廣休整了一天之後，就兵分三路繼續前進：一路由宇文述和楊義臣率領，直取平壤。另一路則由王仁恭率領出扶餘道。他自己則率主力繼續攻擊遼東城。

宇文述那一路還沒有碰到敵人，王仁恭這路就先跟高麗軍接上了火。王仁恭來到新城時，高麗兵數萬前來迎戰。前次高麗軍雖然大獲全勝，但都是因為隋軍指揮不當造成的。只要雙方公開在野外大戰，高麗兵的戰術戰法明顯不如隋軍。但這支高麗兵的指揮官並不了解，覺得上次楊廣的百萬大軍快被他們打得一點不剩了，現在這支隋朝的偏師能有什麼作為？所以，他們發現王仁恭的部隊出現後，二話不說，直接開打：早打早獲勝。

王仁恭並無懼色，他挑出一千多精銳騎兵，布好戰鬥隊形，然後大聲呼喝，衝向敵人，一陣猛打，就把高麗兵直接打倒。高麗兵一時兵敗如山，紛紛退回城中固守。

楊廣經過上次的失敗，雖然他把諸將大罵一頓，把大敗的黑鍋都甩到諸將的頭上，但他內心比誰都清楚，大敗的原因就在他那裡，是他把戰場指揮權都緊緊地捏在手裡，諸將的每一次行動都必須請示之後才能開展，不但把戰機耽誤了，還嚴重地挫傷了將領們的積極性，使得戰鬥越打越差。這次他決定汲取前次教訓，下了命令，在攻打遼東城時，諸將可以便宜從事。

大家接到命令之後，立刻對遼東城進入了全方位的進攻。

高麗兵的野戰能力雖然等級不高，但守城能力還是很強的。隨著戰鬥的展開，隋軍帶來的攻城器具飛樓、雲梯都從四面八方湧向遼東城牆，多路部隊，輪番進攻，晝夜不停。

楊廣看到將士們這麼賣力，各種攻城方法，不斷出現，士氣也十分高昂，心裡非常高興，以為這次一定能把遼東城拿下。沒想到，高麗兵卻守得十分嚴密，不管隋軍用什麼方法，他們都能奮力破解，使得隋軍二十天都在城外大喊大叫著保持攻城的態勢，而沒有一個士兵衝上城頭，雙方都死傷慘重。

楊廣突然記得本來不是有專門挑選敢死隊嗎？他把這些敢死隊稱為驍果。

於是，驍果們出場。他們祭出一種十五丈長的衝梯，赴向城牆。有個叫吳興沈的敢死隊員爬到衝梯的最頂端，直接跟城牆上的高麗兵面對面的砍殺。這個人不但不怕死，而且戰鬥能力非常高，自己一人站在衝梯頂端，跟一群高麗士兵對砍，卻全無懼色，大刀翻飛之下，連續砍死十多個敵人。城上的高麗兵看到他非常勇悍，集體上前圍攻他，長槍大棒齊上，結果把他打得落下衝梯。

高麗兵看到他被打落下去，都齊聲歡呼。

吳興沈的身手的確了得。他即使飛落而下，仍然沒有慌亂。在墜落的過程中，他一眼瞟見衝梯上有根繩子垂落下來，便伸手抓住。他抓到繩子之後，並沒有順著繩子往下滑撤出戰鬥，而是又沿繩而上，繼續戰鬥。

這一幕被楊廣看在眼裡，楊廣也看得血脈賁張，真是時勢造英雄，只有戰鬥才發現人才。

吳沈興雖然英勇，但後續人員沒有跟上，最終他除了這個精彩的表演之外，遼東城仍然沒有拿下來。楊廣馬上拜他為朝散大夫，讓他隨侍自己左右。

可以說，這次攻打遼東城，楊廣已經全面放權，將士們也很拚命，雖然還沒有拿下，但從這個形勢上看，拿下遼東城是遲早的事。

楊廣信心滿滿，讓將士們繼續拚命攻城，自己就在那裡坐等勝利的消息。

可是，這個勝利的消息還不知在哪裡，另一個消息卻傳來，而且是個十分讓楊廣抓狂的消息。

4

這個消息是楊玄感製造出來的。

大家知道，楊玄感是楊素的兒子，現在是禮部尚書，也是個驍勇善戰的人，而且愛讀書，喜歡社交，再加上出身顯赫之家，所以天下名士都跟他有來往——反正到他這裡，有吃有喝，還能沾上很多特權，為什麼不來？而這些名士當中，還真有一個歷史強者。這個強者就是大名鼎鼎的李密。

李密的出身也很顯赫。他的曾祖父李弼，曾是宇文泰的得力助手，名列西魏八柱國，李弼的兒子李耀雖然沒有李弼那麼厲害，但也是北周太保。李密的父親叫李寬，封大隋上柱國，雖然還號為名將，但比起他的爺爺，已經大不如前了。到了李密這一代時，李家比楊素家的差距就很大了。但李密還很小就有遠大的志向，以救世濟民為己任。而且他絕對不是志大才疏之輩，而是文武雙全，頭腦很靈光，十分擅長謀劃。他老爸去世後。他襲爵成為他老爸的繼承人。李家雖然比楊素家有所不如，但幾世為官，家財還是很豐富的。可是他硬是散發家產，救濟親朋好友，還像戰國那些公子一樣，收養了很多門客。只要他發現某個人很有能力，他就絕對不吝惜資財，一定要資助那個賢才，頗有及時雨之風。不久，他突然變得喜愛讀書——他大概預料這個天下一定會出亂了，因此把大量精力用在研究兵法上。只要兵書在手，他就會用心去讀，往往能大段地背誦兵書上的內容。再後來，他又師從國子助教包愷做學問，天天跑到包老師那裡聽他講《史記》和《漢書》，由於他求知欲超級旺盛，常常學得不知疲倦。那時，包愷手下有很多學生，那些學生的成績都遠遠比不上他。

這些學習經歷，使得他成為一個真正的文武雙全的人才。

那個時代，當個官N代真好，尤其是像他這樣前幾代都是朝廷的高層官員。楊氏父子雖然多疑成性，楊廣對封官許願更是像項羽一樣，小氣得要命，但他們還有個政策，就是兒子可以憑父蔭得到提拔，像楊玄感一樣，自己還很小的時候，就因為楊素的功勞而不斷地被提拔，等楊素死後，他就已經官至省部級正職了。李密在大業初年，也因為他老爸的父蔭成為左親衛府大都督、東宮千牛備身。千牛備身為正七品，為太子左、右內率的屬官，主要職責就是掌管千牛刀宿衛。

有一次，楊廣在儀衛中發現一個長得額銳角方、眼睛黑白明澈的少年，不由得心頭一動，回宮後就問宇文述：「剛才在左邊警衛隊裡站著的那位黑臉小屁孩是誰？」

宇文述答：「他是已故蒲山公李寬的兒子，叫李密。」

楊廣說：「我看他顧盼之間，神態非常，不要讓他在宮中當宿衛。」

當時李密跟宇文述也是好朋友。宇文述聽到楊廣這麼說之後，知道要是楊廣再看到李密還在警衛隊裡執行任務，李密就會非常不妙了，就對李密說：「老弟也是世家子弟，又天縱奇才，應該憑自己的才學去獲得富貴。宮廷警衛就是個小差事，一點也不能鍛練人。」暗示他裝病辭職。

李密本來就冰雪聰明，看到皇帝的第一心腹這麼說，馬上就醒悟，去醫院要了張證明，然後就辭職回家，專心去讀書做學問，以致人們從那以後很少看到他。有一次，他騎著一頭黃牛外出，牛背上蓋著一塊蒲草墊，牛角上還掛著那本《漢書》。他一隻手捏著牛繩，掌握方向，一隻手還翻著書本。半路上，正好碰著當朝首席大臣楊素。楊素看到這個少年這麼用功讀書，不由得「異之」，便把他請到家裡。兩人一聊，楊素「大悅」。

「大悅」後的楊素對他的兒子楊玄感等人說：「李密跟你們是同代人，可是他的見識氣度，都遠遠超越你們啊。你們應該跟這樣的人交朋友。」

從此，楊玄感就成了李密的好朋友。

李密也就經常到楊家來聊天，吃吃喝喝。楊玄感有時就拿李密開玩笑，說的話十分隨便，一點也不恭敬。李密就對他說：「身為好朋友，相互之間就要有話好好說，而且說的都是真心實意的實在話，不能當面阿諛奉承。如果兩軍陣前交戰，大喊大叫著衝向敵人，使敵人屈服，我差你太遠了。如果指揮天下豪傑，使他們各自施展大才，你就不如我了。現在你怎麼可以因為地位高就可以輕慢天下的名士呢？」

楊玄感也很有名士風度，被李密一頓板磚猛拍，並沒有生氣，而是哈哈大笑，表示佩服。

楊素當時風頭無兩，表現得也十分囂張，就連在朝宴當時，居然也忘乎所以，常常說出一些讓楊廣不舒服的話、做出一些明眼人都覺得是有失「臣禮」的舉動來。楊廣對他已經十分生氣，只是沒有表示出來。後來，楊素也察覺到了。察覺到這個的楊素，心裡也十分恐懼。恐懼沒幾天，他也就死掉了。楊素死了之後，楊廣對身邊的工作人員說：「使素不死，終當夷族。」

楊廣說這話時，只覺得狠狠地出了一口惡氣，沒想到就是這句話替自己埋下了一個大禍根。

因為他的這話很快就傳到楊玄感的耳朵裡。

你想想，楊玄感聽到這話之後，他還能心靜如水、還能忠心耿耿嗎？

楊玄感聽到後的第一反應就是：他們家累世顯貴，朝廷中的文武大臣很多人又都是他老爸提拔上來的，基本可以說是大隋天下楊家黨了。翻開歷史認真看看，這樣的家族結果都很慘，再結合楊廣這個性格，楊玄感覺就更不妙了。楊玄感在高層混過，知道如果透過自己的表現，以便讓楊廣對他放心，是根本不可能的事。現在朝政越來越亂，天下盜賊越來越多，而楊廣的猜忌之心越來越強，他們楊家的危險程度也就越來越高。他頓時感到形勢逼人，只有乘勢而起，做好造反的準備，才能把命運掌握在自己的手裡。於是，他跟他的兄弟們打了招呼，我們想活命下去，只有造反。

造反是需要機會的。

機會很快就出現。

5

這個機會就是楊廣第二次征高麗。當楊廣宣布這個決定時，楊玄感知道這就是他的機會。他馬上對楊廣說：「陛下，我家世受國恩，現在朝廷剛好是用人之際，請讓我上戰場。」

對於征高麗，很多朝臣都持不同意見，因此大家對楊廣的號召也就不怎麼熱烈響應，所以願隨楊廣出征的將領並不多。現在楊玄感突然踴躍出來請纓，令楊廣十分高興，當眾豎起拇指說：「將門必有將，相門必有相，固不虛也。」

楊廣徹底忘記了他對楊素說的那些話，也徹底忘記了他曾經嚴重地猜忌過楊素，更沒有想到，他的這些話以及對楊素的態度，對楊玄感造成什麼樣的影響，他只看到楊玄感表示決心的慷慨激昂，根本沒有想到這個慷慨激昂是楊玄感裝出來的。他覺得楊玄感十分可愛，「由是寵遇日隆，頗預朝政」，楊玄感靠裝了一下，就得到楊廣的無限信任，然後成為決策層中的大老。

楊廣這一次深刻地了解到，前次宇文述九軍大敗，並不是敗給敵人的刀槍劍戟，而是因為後勤問題沒有解決，如果這一次後勤工作沒有解決好，仍然打不好這場大戰，必須有個能力強又可靠的人掌管後勤。他現在覺得楊玄感最讓他放心，因此就把這個重擔交給了楊玄感，讓楊玄感在黎陽全面負責督運軍資。

楊玄感接受任務後，真是大喜過望。他馬上聯絡了兩個死黨：虎賁郎將王仲伯和汲郡贊治趙懷義，共同商量做大事。當楊廣的大軍出發之後，他們就故意遲滯漕運，不按時發運軍資，想讓渡過遼河正在遼東城苦戰的隋軍缺乏軍糧。大家都知道，處於激戰狀態的某一方，要是突然沒有了口糧，馬上就會後果不堪設想。

楊廣當然知道這個後果，他不斷地派人去催促楊玄感，趕快把軍糧送到前線。可是楊玄感卻一點也不急，對使者說，現在沿途「盜賊」太過猖獗，不得不小心，否則我們的運糧隊就會成為「盜賊」們的運輸隊。

楊玄感看到楊廣這麼焦急，知道前線已經很著急了，認為自己做大事的時機就在眼前。此時，他的兩個弟弟楊玄縱和楊萬石還在楊廣的軍中，他派人祕密過去，讓他的弟弟們偷偷地跑回來。他的弟弟們得到通知後，馬上就脫離職位往回跑。楊萬石跑到高陽，就被敵人抓住，送到涿郡砍頭。

到了這個時候，楊玄感就是想停下來都已經不可能了。

他必須作亂了。

當然，必須有個藉口。

在楊玄感這樣的人面前，找個藉口那是小意思了。楊玄感雖然知道，現在全國各地都在恨楊廣，山東諸郡到處是反賊，那些反賊都在高喊著打倒楊廣反動統治的口號。可是他現在卻不能喊這個口號，他仍然不敢把衝突直接指向楊廣。他的藉口是來護兒造反。

第一次征高麗時，來護兒帶著水師，這次他仍然像上次一樣，帶著一支龐大的艦隊，準備從東萊入海，直赴平壤。這一支部隊沒有受到楊廣的控制，是獨當一面的，完全可以拿來做文章。於是，楊玄感就派他的家奴冒充從東方來的使者，說來護兒已經造反，我們必須做好準備。

他把這個謠言四處傳播之後，就馬上進入黎陽，關閉城門，大張旗鼓地號召青壯男子當兵。沒有軍裝，就用帆布製成盔甲，還任命了一大批官員。而且這些體制都按照開皇年間的舊制辦。做完這一切之後，他向附近各郡釋出公告，命令他們都帶兵前來黎陽倉集結，準備應對來護兒叛軍的進攻。楊玄感雖然透過糊弄，賺到楊廣的信任，進入決策層，但畢竟時間太短，根本沒有在高層中形成自己的體系，此時進行作亂，馬上就出現了人手短缺的問題。為了解決這件事，他只好以運糧的名義，把各縣郡的官吏招來，然後從中選拔人才加以使用，他任命趙懷義為州刺史、任命東光縣尉元務本為黎州刺史、任命河內郡主簿唐為懷州刺史。這幾個縣級官員一下成為刺史，高興得做夢都還在笑，沒想到卻被楊玄感誤導了。

這時，治書侍御史游元來到黎陽，督促楊玄感盡快發糧。

楊玄感就做老游的說客：「楊廣暴虐，已經成為獨夫民賊。目前這個獨夫民賊已經陷入絕境，這就是老天要他滅亡的時候啊。現在我將親率義兵以誅無道，你意下如何？」

游元卻臉一翻，正色道：「令尊所受的國恩，近世以來，無人可比。你們兄弟也都官高顯爵，正應該為國盡節、為皇上盡忠，哪想到你們父親墳土未乾，你就親自策劃謀反之事。現在我只求一死，絕不從命。」

楊玄感大怒，把游元關起來，然後舉著大刀在游元的眼前晃呀晃，說你再頑固到底，我這大刀就不認得你了。游元就是不屈服。楊玄感只好把個這頑固到底的傢伙殺了。

楊玄感雖然對游元說，現在老天已經要滅亡楊廣這個獨夫民賊了，但他也知道，目前自己手下既沒有人才，也沒有兵員——造反是需要武裝力量的，他必須盡快組建自己的武裝力量。

他之前雖然不是領兵的將領，手下沒有子弟兵，但他負責運糧。運糧的車伕馬伕們都長得很健壯，完全可以把他們武裝起來，跟他去打仗——那些饑民都可以舉著大刀上戰場砍人啊。於是，他迅速從運夫當中，挑選出五千多人，再從丹陽、宣城的船伕裡挑出三千多人，全部武裝，然後殺三牲誓師，宣布打倒楊廣的反動統治，他大聲對這些人說：「主上無道，不以百姓為念，天下騷擾，死遼東者以萬計。今與君等起兵以救兆民之弊，何如？」

這些人都是最底層的人，被朝廷強迫過來當運夫車伕，累得半死，早就想跟敵人拚命了，聽到楊玄感這些話，都不由得大呼萬歲，表示跟楊玄感老大將革命進行到底。只有唐禕逃跑了。

楊玄感在準備舉事之前，就已經先派家僮到長安，請李密過來商量大事。李密經過這麼多天的趕路，這時也來到黎陽報到。同時來到的還有楊玄感的弟弟楊玄挺。

楊玄感向來佩服李密，看到老朋友來得正好，馬上覺得有了精神支柱，便讓李密當了謀主，問他「計將安出。」

李密對此事顯然進行過長考，馬上答道：「現在天子已經遠征遼東，離幽州都還有千里之遙，他南面有大海，北面有強胡，中間夾著一條大道。可以說，他的處境是極其險惡的。這真是作亂的大好機會。現在老大只要帶著兵馬出其不意，長驅入薊，據守臨渝關，扼住這條大道的咽喉，征伐高麗隋軍的歸路就被切斷。高麗軍知道後，一定會尾隨隋軍，一路追殺，讓隋兵麻煩不斷。不出一個月，隋軍的糧草就會斷絕，他們不是投降就是潰散。皇帝可不戰而擒之。」然後他幫這個策略畫出重點：「此上計也。」

楊玄感一聽，就追著問：「更言其次。」

李密說：「關中四塞，天府之國。現在皇上雖然派衛文升在那裡當留守，但此人不足為慮。現在老大可以率眾鼓行而西，經過城池都不要攻打，只抓緊時間直取長安，然後收其豪傑，撫其士民，據險而守。天子雖然從遼東回來，但根本已失，我們還是可以慢慢進取，最後也會成功。」

李密說到最後，口氣已經很勉強了。

楊玄感仍然問：「更言其次。」這個人看的書很多，知道謀士們每次提出的策略都有三個方案，也就是所謂的「上、中、下」三策。現在李密只說出了兩策，一定還有一策。

李密果然說出了第三策：「馬上挑選精銳，晝夜兼程，去襲取東都，以號令四方。但由於唐禕已經逃出，提前通知了對方。他們做好固守的準備。如果我們引兵攻打，百日不克，天下之兵就會從四面八方趕到，結果如何，我就不敢說了。」他在這裡把後果說得很嚴重了。

可是楊玄感卻搖搖頭，說：「不是這樣啊。現在文武百官的家人都在東都。如果我們搶先拿下東都，就足以擾亂百官們的情緒，造成大面積的恐慌。再說，如果奔襲長安，半途遇到城池而不攻取，何以顯示我軍之威？哈哈，老兄說的下策，剛好是我的上策。」

很多讀者看到這裡的時候，都不得不佩服李密的智商，又不得不對楊玄感產生非常大的遺憾。這個人是楊素的兒子，靠著老爹很快就爬上了高位，自己的名聲也十分響亮，很多人都以為他也是個大英雄，哪想到，本來也是個志大才疏的執絝子弟。硬是把好好的上策，當成下策，而把下策當成上策。在他信心滿滿地把做出這個調整時，李密也沒有再說什麼了，別人更無法說出什麼來。

於是，楊玄感在主動權牢牢掌握在手的情況下，硬是選擇了一條往死裡狂奔的大道。他做出決策之後，馬上派他的弟弟楊玄挺為先鋒，引兵攻打洛陽。

洛陽是大隋的東都，而且由於這幾年來，楊廣並不怎麼在長安辦公，每次出巡，都是從洛陽出發，因此東都在楊廣的心目中已經超越了長安。楊廣對洛陽的建設也是下了重本，使得東都不但比別的城池繁華，而且規模也比其他城池巨大，防守當然也比別的地方堅固。

楊玄挺的先鋒部隊很快就來到河內城外。按照楊玄感的預計，他突然出擊，河內一定毫無準備，被他打了措手不及。沒想到，現在駐守河內的剛好是前幾天從他那裡逃出的唐禕。

李密的預測，十分精準！

唐禕果然像李密預料的那樣，早已進行了固守的準備工作。楊玄挺猛攻一輪之後，毫無效果，不由得傻了眼：哥哥不是說敵人都沒有防備嗎？沒有防備都打不過啊。

唐禕還派人通知了留守東都的楊侗和樊子蓋，告訴他們楊玄感已經大舉前來，正被他擋在河內，讓他們做迎戰的準備。

如果是別人，看到情節跟李密的預測完全沒有差別，馬上就會清醒過來，迅速調整策略，可是楊玄感卻沒有這個觀念，仍然堅持自己的「上計」。此時，唐禕已經號召一批剛被召集來的民眾，死死地擋住臨清關，把楊玄感硬生生地卡住。

楊玄感無法過關，只好改變路線，從涿郡南渡過河。

這一帶的老百姓都被征伐高麗的事逼得苦不堪言，連饑民領袖們登高一呼，根本不用做什麼宣傳鼓動工作，他們都還扛著家具當武器，跑過去跟他們一起革命。現在看到楊玄感打過來，而且是打著打倒楊廣反動統治的旗號過來，不但有槍有刀，還有糧食，便都跑過來投奔——革命成不成功，那是以後的事，當了楊玄感的兵，至少眼前還可以吃幾口飯，一時之間，「從之者如市」。

楊玄感一看，哈哈，自己這可是大得人心啊。得人心者得天下。只要有人民的擁護，有革命群眾跟自己去奮鬥，打哪裡都是上策。他更認為自己的決策是完全正確的，拿下洛陽是沒有問題的，只要拿下洛陽，勝利就已經向他招手。於是，他派他的另一個弟弟楊積善帶三千兵從偃師南沿著洛水從西面進軍，派楊玄挺從白司馬坂越過邙山從南面進軍，自己帶著三千多人接著跟進，兩軍相差十里，互為照應。

前期進展還是很順利的。

楊玄感現在的部隊雖然不多，但他知道這一帶的朝廷的軍隊更不多。為了嚇唬敵人，他稱自己的部隊為「大軍」，揚言要以優勢的兵力輾壓楊廣的反動軍隊。其實，由於他起事倉促，這些兵都是剛剛招進來的，連統一的軍裝都沒有，手裡的裝備除了一把單刀之外，沒有別的武器，連弓箭和鎧甲都沒有，跟那些饑民武裝沒有什麼兩樣。

楊廣安排的那幾個東都留守也不把楊玄感的武裝放在眼裡，看到他們大喊大叫衝過來，便派河南令達奚善意帶五千精兵前來迎戰，還派裴弘策帶八千人去抵擋楊玄挺，完全是一副拒敵人於國門之外的打法。

楊玄感的部隊雖然喊打喊殺的聲音很大，隊伍也顯得熙熙嚷嚷，其實就是一群烏合之眾。如果放在往時，達奚善意的部隊完全可以把楊玄感的部隊一衝而垮。

達奚善意也這樣認為。

他接受任務後，還是很積極進取的，帶著部隊在漢王寺那裡紮營，以逸待勞，坐等敵人前來送死。

第二天，楊積善的部隊果然來了。

達奚善意哈哈大笑，下令衝鋒。沒想到，他的部隊雖然號稱精銳，軍容雖然整齊，武器也很先進，但士兵們對楊廣的意見太大，實在不願意為他去戰鬥。於是，在達奚善意下達作戰命令時，他們都丟下兵器，脫離戰場。

達奚善意這才傻了眼，就是打死他也不會想到會出現這樣的情況。

楊積善就這樣不戰而勝，朝廷的軍隊的那些裝備全部成了他的戰利品。他的部隊這才披上鎧甲，拿到一批像樣的武器，看上去有點軍容了。

裴弘策那一路比達奚善意稍好一點，他還跟楊玄挺打了一仗，這才宣布大敗而逃。

楊玄挺一樣獲得了大批的戰利品，他笑呵呵地在那裡盤點著這些戰利品，也不急著追趕敵人。

裴弘策抱著那顆腦袋跑了四里路，看到敵人居然沒有乘勝追擊，這才鬆了口氣，停下逃跑的腳步，收拾散兵，結陣以待。

裴弘策結陣之後，看到前面又是塵土飛揚，原來楊玄挺的部隊在換裝之後，又隆重而來。

裴弘策心情一緊，握著滿手的汗水，正準備下令接戰。可是楊玄挺卻突然下令放慢步伐，別跑得太急了，敵人就在前面。

楊玄挺的部隊慢慢地前進，等離裴弘策的陣地不遠之後，下令停止前進，都坐下休息，別急著戰鬥。

裴弘策正緊縮著心情不知如何是好，突然看到對方都坐在地板上閒聊，好像他們來到這裡不是為了打仗，而是為了晒太陽一樣，一時也有點愣住了，不知這個楊玄挺在耍什麼把戲。

楊玄挺這次休息，坐了很久，坐得連裴弘策都覺得現場已經處於和平時期了，心情也隨之放鬆下來。

楊玄挺要的就是這個效果，他突然下令全軍起立，殺向敵人。

裴弘策這時候才知道楊玄挺真的太狡猾了，這個休息原來是麻痺戰術啊。自己怎麼能上這個當呢？到了這時才知道自己上了大當，就只好被敵人一頓爆揍了。

裴弘策連敗兩場，敗得連他自己都沒有信心了。楊玄挺卻越打越有信心、越打越上手，當天他連續發起了五次戰鬥，每次都把裴弘策打得大敗。楊玄挺就這樣一路打過去，一直打到洛陽的太陽門。裴弘策最後只帶著十幾騎跑進宮城，其餘的部隊全都向楊玄挺投降。

楊玄感看到自己的部隊節節勝利，覺得自己上策的實現已然在望，心情異常澎湃。他也來到上春門，動員自己的部下，開了幾次誓師大會，每次大會都會慷慨激昂地對大家說：「我身為上柱國，家累鉅萬金，至於富貴，無所求也。今不顧滅族者，但為天下解倒懸之急耳！」我本來就已經有著無窮無盡的富貴，根本不需要做冒奇險去從事這個造反事業，現在帶頭作亂，完全是為了兄弟們能吃一口飯，是為了勞苦大眾赴湯蹈火的，是為了解救勞苦大眾而努力奮鬥的。

「勞苦大眾」向來不明真相，覺得他說的真對啊。現在楊家可是除了皇家之後的第二家庭啊，他們的權力就比皇帝小那麼一點點。現在他們居然拋卻這個富貴來當大家的帶頭大哥，如果大家不踴躍，真對不起楊玄感了，因此他們都表示跟著楊老大將造反事業進行到底。附近的老百姓也被感化了，紛紛拿牛肉和酒水來獻給敬愛的楊玄感老大，適齡青年更是排著長長地隊伍前來報名參軍——每天前來投軍的不下一千多人。

楊玄感看到自己的隊伍壯大得都讓他有點措手不及，不由得哈哈大笑，這樣的號召力，不管在哪裡都不怕。幸虧沒有向幽州和長安狂奔，像去做賊一樣，跑得氣喘吁吁、狼狽不堪。照這樣下去，不用幾天，手下就是幾十萬雄兵，到時楊廣就是帶著他的主力回來，又何懼哉。

當然，楊玄感並沒有到得意忘形的地步，他也知道，只有在最快的時間內拿下洛陽，他的事業才能有保證。他也知道，洛陽也不是很快就能拿下的，必須政治與軍事相結合，方才取得預期的成功。在開戰之前，他先來一輪政治攻勢。

他請來韋福嗣，讓他寫一封信給洛陽軍事最高長官樊子蓋。在這封信裡，他歷數了楊廣的各種罪惡，把楊廣描繪成一個暴君與庸君的合體，十多年來，已經把大隋禍害得慘不忍睹了，如果讓他繼續當皇帝下去，眾多人民就沒有活路了，大隋天下就會陷於苦難的深淵。為了挽救大隋，更為了挽救天下黎民，他這才決定高舉革命的偉大旗幟，以武力來廢除暴君，再立一個明君。希望樊將軍「勿拘小禮，自貽伊戚。」

楊玄感寫這封信，也不是一時衝動，故意去嚇唬一下樊子蓋的，而是有點依據的。因為樊子蓋本來不是京官，是楊廣去征高麗時，才把他調到東都主持東都軍事的。他才到洛陽沒有幾天，跟一幫京官正處於敏感的磨合期。那些京官向來瞧不起外地的官員，當然看樊子蓋也不怎麼順眼，對他的話，愛聽不聽。那些掌握軍權的軍官，也多自行其是，從來不向他匯報請示工作，好像東都沒有他樊子蓋這個人物一樣。

這讓樊子蓋很鬱悶。

很鬱悶的樊子蓋咬著牙，覺得不拿某個大老來開刀，他這個東都軍事首腦就只有屁用了。

他很快就確定了下刀的目標。

這個目標就是裴弘策。

裴弘策現在的官位跟他一樣，但因為他是被指定東都軍事第一責任人，裴弘策才成為他的下屬。前番裴弘策率兵出戰，在兵力占優勢、裝備精良的情況下，打了一大堆敗仗，直到打得全軍覆沒，這才回到城中。這就幫樊子蓋送去了一個大藉口。但樊子蓋仍然沒有辦他。

樊子蓋沒有辦他，並不是樊子蓋怕辦他，而是樊子蓋覺得時機還沒有成熟。現在楊玄感大軍圍城，樊子蓋便又派裴弘策去迎戰，說是可以戴罪立功，不然皇上問起來，真不好交待啊。

裴弘策不是笨蛋，對自己很有自知之明——在一切都占優勢的情況，尚且敗得一塌糊塗，現在敵人處於優勢，還硬著頭皮去打仗，那不是等於送死？

他堅決不去。

樊子蓋等的就是他的這句話、要的就是他這個強硬的拒絕態度，現在他果然全部做了出來。樊子蓋早就準備好的怒火終於噴發出來，大喝一聲：「大敵當前，不服軍令，畏敵如虎，動搖軍心，軍法從事。」他手一揮，幾個大力士過來，把裴弘策按住。

裴弘策萬萬沒想到這傢伙居然向自己開刀，正想掙扎著大喊大叫，但樊子蓋哪給他機會？那幾個武士動作強硬而且迅捷，幾下就把他拉下去，一刀砍去，那顆還在張著大嘴的腦袋已經血淋淋地滾在地上。

樊子蓋剛剛斬完裴弘策，國子祭酒楊汪還在那裡繼續狂傲。這個人覺得自己是教育部的，是管大學生的，沒有去打仗的責任，跟你這個軍頭毫無關聯，就繼續不理樊子蓋的指示。樊子蓋大怒，現在是什麼時候？賊兵包圍，危在旦夕，整個東都執行的就是先軍政策，一切服從於軍事，一切服從於戰鬥，保城衛國，是所有人的責任，你敢藐視老子，老子一樣敢殺你。他當場喝令，來人，把這位也拉下去斬了。

楊汪看到樊子蓋真的要砍他，那副狂傲之態，瞬間消失，撲通一聲，跪了下來，那顆裝滿學問的腦袋，不斷地叩著堅硬的地板，直至地板上血跡斑斑，求饒之聲，由高到低，聽上去就要氣絕當場似的。

樊子蓋這才放他一馬。

其他人看到這個情況，臉上的態度立刻煥然一新，在面對樊子蓋時，都飛快地刷上畏懼的神態。

樊子蓋一看，不由得在心裡冷笑，這幫腐敗分子，只有見了棺材才掉淚。他靠裴弘策的鮮血，樹起自己的權威，終於可以在洛陽城內令行禁止，所有的人都得按自己的指示執行了。

楊玄感之前只知道，樊子蓋在城裡沒有威信，大家對他都不在乎，所以就寫了那封信給他，希望他開城放他進去。沒想到，老樊臨危之際，突然來個鐵腕治軍，鎮住一幫囂張的東都官僚，並以最快速度部署了城防。當楊玄感那封信送到他手中時，他只是輕輕地冷笑一聲，丟到火盆裡去，化為一股清煙。

楊玄感看到對方沒有回應，覺得不給樊子蓋一點顏色看，他還以為自己不敢打仗。於是「盡銳攻城」，可是樊子蓋還真不是蓋的，帶著士兵們把城頭穩穩守住，不管楊玄感用什麼辦法進攻，他都能來招拆招，盡數化解，把楊玄感的進攻死死擋住。

楊玄感這時仍然信心滿滿。因為現在城外的民心仍然在他那裡。很多東都官員因為看到裴弘策被砍，都不敢再進城去跟樊子蓋一起守城。包括韓擒虎的兒子韓世、楊雄的兒子楊恭道、虞世基之子虞柔、來護兒之子來淵、裴蘊之子裴爽等這些大家族的二代，都投奔了楊玄感，這讓楊玄感的底氣更加堅挺。楊玄感都對他們委以重任，將他們視為最親密的同袍。

楊玄感這時也知道要拿下洛陽是需要時間的，在這個時期，朝廷的軍隊會從很多地方衝殺過來。他必須為此做好準備工作。這時，他手下已經有五萬多兵力，他就發五千兵去守慈道，發五千去伊闕道，再派韓世帶三千去圍滎陽，派顧覺帶五千去取虎牢。

顧覺這一路比較順利，他才到牢虎，虎牢就開門投降。這再一次證明，楊廣真的已經大失人心。同時，又一次堅定了楊玄感執行「上策」的信心。他任命顧覺為鄭州刺史，鎮守虎牢。

很多人看到楊玄感這個部署，覺得他還是很嚴謹的，還是有點策略眼光的。但這只是看到了事物的表面。如果光從這個分派來看，他還是比較冷靜的，分派還是不錯的。其實，從他的這個部署看，剛好是要在洛陽長期作戰的部署，而這也剛好是李密最為擔心的事。如果短期內不能拿下洛陽，就會陷於屯兵堅城之下進退失據的局面，只要楊廣率領的主力回來，楊玄感馬上就無路可走。

當然，現在洛陽這裡，主動權似乎仍然牢牢地控制在楊玄感的手裡。

當時，駐守長安的楊侑派衛文升率四萬部隊前來救東都。作為首支出發援救洛陽的部隊，衛文升的行動還是很迅速的。他來到華陰時，下令把楊素的陵墓挖了大洞，然後放火燒掉楊素的屍骨，向大家表明，自己誓與楊玄感硬碰硬到底。

他做完這件事之後，馬上擊鼓進軍，出崤谷、澠池，一路急行軍，直插東都城北。

楊玄感攻城雖然沒有效果，但手下的兵馬還是很多的，正想找人打仗，看到衛文升隆重前來，馬上就率兵迎戰。

衛文升也不是亂來的人，看到楊玄感氣勢洶洶而來，並沒有跟他全力對決，而是且戰且走，最後在金谷屯駐下來。楊玄感對他又無可奈何。

楊玄感已經進入沒有辦法的時期：他對洛陽城的樊子蓋沒有辦法，對金谷裡的衛文升也沒有辦法。這意味著他的危險期將至。

6

與此同時，楊廣對遼東城的進攻已經進入最後關頭。

前段時間，他對遼東城也是久攻不拔。他看到將士們無論怎麼拚命，無論丟下多少屍體，都不能登上遼東城，也知道這樣打下去，除了消耗士兵們的生命之外，真的沒有別收穫了，就下令製造了一百多萬只布袋，每個布袋裡都填滿泥土，準備用這些土袋子鋪成一條寬三十步、與城牆等高的像脊梁一樣的坡道，以便讓士兵們從坡道上攻進城頭。然後他還製造八輪樓車。這些樓車都高於城牆，置於魚梁道兩旁，以便士兵們在樓上，居高臨下，射殺城頭的高麗軍。

這一番操作，果然讓高麗軍很被動，面對高高在上的樓車，他們一到城頭就成為敵人的靶子，曾經堅固無比的遼東城立刻陷於「危蹙」之境。

楊廣一看，心頭大喜，哈哈，攻破遼東，指日可待！不玩點高科技，還真不好拿下這城。

在楊廣準備慶祝偉大勝利時，後方一道雞毛信送到他的眼前。這個雞毛信的關鍵詞就是：楊玄感已經造反！

楊廣看完，彷彿被雷擊一樣，當場臉色鐵青、手足無措，把一副突然受到晴天霹靂的表情展現在大家面前。他可以想到其他人造反，但萬萬沒有想到楊玄感會造反。更要命的是，現在楊玄感負責為他運送糧草，全軍的命脈已經被他死死卡住——難怪這幾天，他老是不把糧草運送過來，老是說土匪太多，路上不安全。原來土匪不是別人，而是他楊玄感啊！

楊廣越想越害怕，最後抹著滿頭的大汗，頹然坐在那裡，臉上都是慘白如紙的神色。

他知道他再這樣害怕下去也不是辦法。他強迫自己的心情平靜下來，然後派人去把蘇威叫來。

當他派人去請蘇威時，心裡暗叫僥倖不已，幸虧還有蘇威啊。不知他是否還會想到：如果那幾個大隋開國老一輩革命家還活著，他能為這些問題煩惱嗎？也許，連這個問題都不會出現。

楊廣從來不會這樣去想，以前不會，現在不會，將來仍然不會。

他看到蘇威進來之後，一邊抹著汗一邊把楊玄感造反的事向老蘇通報，然後一臉焦急地問：「此兒聰明，得無為患？」

蘇威不愧是過來人，對楊玄感看得很準，聽了楊廣的提問，馬上回答：「陛下太看得起楊玄感了，他是聰明人嗎？能明辨是非、預測成敗的人才算聰明人。楊玄感向來為人粗疏，並無多大見識，因此他的作亂，實在不足為慮。只是他這麼一弄，將成為國家動亂的導火線，這才最值得擔憂的。」

雖然蘇威這話說得很道理，但楊廣的心理壓力一點也沒有放鬆下來。接著另一個消息又傳來：那些大隋世家的子弟都投靠到楊玄感那裡，跟楊玄感一起，高舉打倒他的偉大旗幟。他心裡的害怕就更上一層樓了。大家萬萬沒有想到，曾經睥睨天下、不可一世、年復一年地大徵勞役，把老百姓的性命當草芥一樣的楊廣，抗壓性居然這麼脆弱。

很多暴君在沒事時，不可一世，膽子大得好像天塌下來都不怕，可當處於險境時，他們比誰都先崩潰。

其實不止東都那些功臣二代投靠了楊玄感，就是楊廣身邊的紅人斛斯政也都在暗中幫著楊玄感。楊玄感準備造反時，曾暗中派人跟他取得聯絡，和他一起謀劃過。楊玄感弟弟楊玄縱準備從楊廣的身邊逃走時，就得到斛斯政的幫助。

楊廣這時恨楊玄感恨得要吐血來，他大喊大叫，必須嚴懲楊玄感，必須嚴懲所有楊玄感的同黨。

斛斯政一聽，心裡就慌了。他知道楊廣整人的話向來是算數的。他怕自己逃不脫楊廣的掌心，乾脆連夜出逃，跑到高麗那邊，當漢奸算了。

楊廣又一次沒有想到，自己待斛斯政這麼好，一直讓他當自己身邊的幕僚，可是他居然甘心去當漢奸。他恨不得把這傢伙抓到手，然後像踩死一隻螞蟻一樣，放在腳底踩來踩去，把他踩得稀巴爛。但現在他已經拿斛斯政沒有辦法了。他得抓緊時間回去打楊玄感，救他的江山，也是救他的命。

楊廣這一次很果斷，決定放著眼看就要拿下的遼東城，率領全軍回師東都，消滅楊玄感。他做得也很嚴謹：祕密把諸將召來，讓他們各自率兵回朝。由於時間急迫，所有的軍用物資，都不用帶走，那些攻城器具在軍營裡堆積如山，甚至營壘、帳幕也必須「安堵不動」，大家輕裝而去。

楊廣雖然極力掩飾，一切力求保密，但將士們看到這個情況後，也知道有些事已經不妙了，心裡都變得慌亂，部隊才一行動，各路兵馬就分離渙散難以約束。

這種兵荒馬亂的情景當然瞞不過遼東城裡的高麗兵。

他們察覺到隋軍已經撤出，心裡都想不通，這城他們都已經守不住了，只要對方再加一把勁，不用半天功夫，就可以衝進來把他們大砍大殺了，現在怎麼會突然要掉頭而去？這可不是楊廣的風格啊。是不是有什麼奸計？

於是，陰謀論占了上風。他們不敢直追而來，只是在城上猛擂戰鼓，看情況再說。

到了第二天中午，戰鼓都擂得累了的高麗兵看看城外的情形，似乎這個陰謀是有點過慮了，但他們仍然擔心，便派出幾支偵察兵去觀察。雖然這些偵察兵看到敵人已經越走越遠，而且跑得隊形很混亂，跟敗兵跑路沒有什麼兩樣，但他們仍然在高度懷疑，隋兵逃跑是假裝的。

兩天之後，高麗兵沒有看到其他情況發生，便派出幾千人出城，尾追隋軍而去。

他們很快就看到了隋兵。如果這時他們放膽過去，對隋軍來個衝擊，已經心頭無比凌亂的隋軍，在被他們衝擊之後，馬上就會進入大亂的狀態，然後自相殘殺，最後必定會演變為淝水之戰的前秦兵，只怕楊廣都難以全身而退，歷史又會是另一番模樣了。可是高麗兵由於人數太少，再加上被圍困了這麼多天，軍中又沒有天才將領，膽子早已縮水，只透過簡單的人口數量進行對比，覺得對方的人數實在太多，自己的力量太過弱小，最好不惹事為妙。他們不但不敢衝擊，而且還不敢逼近，保持著八九十里的距離，一路跟蹤。他們一直追到遼水，看到楊廣的御營已經渡過，這才敢逼過去。當他們逼近隋軍的後軍時，發現隋軍的主力已經全部渡河，還有幾萬人在後面，他們這才鼓起勇氣，衝過去包抄襲擊，最後只將幾千老弱的隋軍就地殲滅。

楊廣的主力僥倖躲過一劫。

楊廣終於回到涿郡。

到了涿郡的楊廣，又想起那個庾質來。

當第二次征高麗時，他又問了庾質：「這一次，你看情況如何？」

庾質初心不改，說：「我還是堅持我的觀點：陛下如果繼續親征，勞費太大。」

7

楊廣一聽就發火，說：「我親征如果都不成功，派別人去，只有更不成功。」

楊廣回來時，又把庾質叫來。

這一次，他沒有大動肝火了，而是放下了身段，對庾質說：「你以前反對我親征，就是因為擔心出現現在的這個麻煩。我現在再問你，楊玄感能成功嗎？」

他這次說得很誠懇，他已經不得不誠懇了。

一個向來我行我素、向來不聽人勸諫、向來殘暴的君主突然變得誠懇，說明其內心已經充滿了無比的恐懼。

庾質卻很冷靜地回答：「楊玄感的地位和勢力看起來好像很高很強大，但他是官場的暴發戶，名望還沒有累積，根基一點也不牢。他想藉著民眾的勞苦來僥倖成功。現在天下一統，大局還牢牢地掌握在陛下的手中，哪能這麼容易動搖？」

楊廣這時對庾質已經不得不佩服了，聽到他這麼一說，看來楊玄感事件真的不會很嚴重，心情這才悄悄舒緩，開始部署對楊玄感的行動。

這時，大隋的主力部隊還在他手上，這支部隊雖然從遼東狼狽而回，一路丟三落四，但並沒有受到什麼損失，到了和平地帶，稍一整頓，又變成威武之師了。況且他們經歷過數月的遼東之戰，戰鬥經驗遠比楊玄感手下那些剛集結起來、人心還渙散的烏合之眾豐富多了。楊廣派陳稜去攻打黎陽——這是楊玄感舉事的策源地，又是軍用物資的重地，拿下黎陽，對楊玄感會造成非常大的心理壓力，而朝廷的軍隊馬上就有了足夠的糧草，能非常大地鼓舞軍心士氣。再派宇文述、屈突通親自拿著他的命令，乘驛站的傳車，要求各地發兵討伐楊玄感。

這時，那個來護兒率著他的水軍還在東萊，正準備出海，聽說楊玄感已經在後方發起軍事政變，而且還到處造謠自己已經造反，連自己留在後方的兒子都成為加入他的集團，他當然嚥不下這口氣，便決定不再入海，率兵返回平叛。可是諸將都認為，老大是奉命去打高麗的，只宜按照計畫登船下海，然後乘風破浪前進，哪能擅自撤兵？皇上的性格你比我們更了解，到時他怪罪下來，誰也擔當不起，所以我們不能執行你的命令。

來護兒厲聲大喝：「洛陽被圍，是心腹之患；高麗在那只是挑釁一下朝廷而已，最多只能算是疥癬之疾，能打則打，打了也沒有多大用處。我們必須站在全域性的角度去衡量這兩件事，必須清楚輕重緩急的重要性。既然各位都害怕，那麼我向大家保證，如果朝廷真的怪罪下來，那專擅的罪名由我本人承擔，跟你們沒有一丁點關係。現在我宣布，抗拒我命令的人，依軍法審判。」

他宣布這個命令之後，當天就下令部隊回師救東都，同時派他的兩個兒子來弘和來整去向楊廣報告。

當兩人來到涿郡時，楊廣也剛好狼狽回到這裡。他得知來護兒的決定後，大喜過望，馬上寫了一道璽書給來護兒，對來護兒的決定大肆地表揚了一番：「公旋師之時，是朕敕公之日，君臣意合，遠同符契。」

就在這個時候，楊玄感仍然沒有感受到危險已經步步逼近，他仍然跟衛文升大戰。這個人生得力大無窮，戰鬥能力在當世少有匹敵，每次作戰，他都親自舞著長矛，衝殺在第一線，而且一邊衝殺一邊呼叫叱吒，氣勢逼人。在他面前，敵人無不震駭。大家都把他當作項羽。

再加上這個人還善於做士兵們的說客，很得軍心，士氣一直高昂，一上戰場，都敢為他拚命，每次都把衛文升擊敗，使得他的聲威大震。大家都很看漲他的行情，便都過來投奔他。他的隊伍已經發展到十萬之眾，而衛文升的部隊卻越打越少，再加上帶來的乾糧十分有限，已經到難以為繼的地步，只好不斷地敗退，最後退到邙山的南面，仍然擺脫不了楊玄感的追擊——楊玄感既然攻不進洛陽，正好拿他來出氣，哪能放過他？他不得不與楊玄感決戰。楊玄感看到衛文升步步敗退，心裡大爽，一日之內，發起十多次戰鬥，想把衛文升一口氣打死。沒想到，戰場上的變化，真是誰也無法預測。激戰當中，楊玄感的弟弟楊玄挺居然被一支流矢打中，當場光榮犧牲。

楊玄挺也是打仗的一個好手，向來是楊玄感軍的標竿，這時突然光榮犧牲，對楊玄感部隊士氣的影響很大。楊玄感只好叫停了無休無止的進攻，稍稍退了下來。他這時只想稍加休整，再回過頭去，把衛文升全部殲滅，一點也沒有想到，這就成為他命運的轉捩點。

他只顧跟衛文升鬥來鬥去，目光沒有看得更遠一點，全然沒有看到，楊廣的大軍已經順利撤回，來護兒的部隊也已經急奔而來，其他地方的勤王部隊也陸續抵達……當楊玄感還在自己的「上計」裡發暈的時候，遠在餘杭的劉元進也進行舉事，響應楊玄感。劉元進只是個屁民，但這個人長相有點特別，兩隻手卻明顯比別人長，手臂垂下來，不用彎腰就可以摸到膝蓋下面，這個相貌特徵，很多讀者都是熟悉的，因為劉備就是這樣。按照那些面相專家的說法，劉備就是靠這個成為蜀漢的先主。現在劉元進也想靠這個開拓自己的事業。他雖然出身不富不貴，好像從小也沒有過高級的理想，但他那雙眼睛還是很會看形勢的。他看到楊廣徵三吳之兵去征高麗時，三吳的那些士兵都很有意見，說：「以前國家還處於太平盛世，我們父兄輩出征高麗的人都還有大半沒有回來，現在國家都折磨成這個樣子了，我們又要被徵召去打高麗，這不是要讓我們全部死絕是什麼？」他們說過這些話之後，當然不願去送死，紛紛離開家鄉，逃避兵疫。劉元進看到這個形勢，再看看自己那兩條大猩猩一樣的手臂，覺得自己再不出來作亂，真的浪費了這雙劉備手臂。當地方郡縣派出捕快去到處追捕這些逃跑的壯丁時，劉元進宣布舉事。

那些正無處可逃的壯丁知道後，都紛紛跑到劉元進那裡，表示跟他將造反進行到底，他手下馬上就有了幾萬人。

當然，劉元進的這支隊伍離楊玄感還有很長一段距離，根本幫不了楊玄感什麼忙。

楊玄感雖然對李密很好，但已經沒有過去那麼好了。他現在已經把韋福嗣當成自己頭號謀主，視為第一親信，什麼事都跟韋福嗣商量，而李密已經不那麼重要了。

楊玄感為什麼不信任李密，很多人都想不通，我想主要原因應該是李密不贊成他的這個「上策」，讓他很不開心，他打到現在，似乎又很順手，因此就覺得李密也沒有什麼了不起，反而這個韋福嗣文才很好，又順著他的心，讓他的心情很爽，覺得這才是最好的參謀長。他光照顧自己的心情，卻從沒有認真觀察過韋福嗣跟他商量的過程。雖然韋福嗣看上去頭腦很靈活，但每次跟楊玄感商量大事時，基本都是模稜兩可，含糊其詞。這樣的人能當謀主嗎？

有一次，楊玄感讓韋福嗣起草一通文告，韋福嗣堅決拒絕。

李密一看就知道韋福嗣內心是不肯為楊玄感服務的，是不會成為他們的同志的，急忙對楊玄感說：「老大，韋福嗣本來跟我們不是一路的，是不得不加入我們的隊伍。他現在的言行，分明是在觀望。其內心的奸詐，顯而易見。老大才剛剛起事，就有奸人在身邊。如果老大再聽從他的判斷，只會誤了大事。請馬上把他斬首。」

你想想，楊玄感能聽得進這樣的話嗎？他聽了李密的建議，抬眼直視著這個老朋友，像看一個外星人一樣，說：「何至於此？」

他現在正超級信任韋福嗣，李密卻連一點把柄都沒有拿出來——他嘴裡說的那個把柄，跟莫須有沒有什麼區別，他能信李密的話嗎？他只認為這是因為李密不甘心失寵而進的讒言，他不把李密狠狠地責罵一通，已經是看在老朋友的面子上了。

李密這時候才知道楊玄感真不是做大事的人，連這點看人的眼光都沒有，知道自己再多嘴，也沒有什麼用了。他退了出來後，對他的親信說：「老大熱衷於謀反大業，卻沒有取勝的打算，我們這些人都將跟他一起完蛋了。」

這時，從來護兒那裡逃出來的李子雄也來到楊玄感軍中。這個人得罪了楊廣，被楊廣罰到來護兒軍中效力以贖罪，最後楊廣又對他產生懷疑，派人去把他抓起來，他知道要是被楊廣抓住，只有死路一條了，就操起大刀把抓他的人殺了，然後投奔楊玄感，是一個反對楊廣最堅決的人。他覺得楊玄感光這麼造反一點也不徹底。楊玄感問他如何才算徹底？

他說：「只有建號稱帝，跟楊廣勢不兩立，才算徹底。」

楊玄感一聽，不由得心頭一動——他造反一定已經多次想到這一步了，只是什麼時候走到這一步，還沒有定下來而已。這時聽到李子雄的話，心頭就波動了。不過，他又認為，茲事體大，不能冒然而行，就又去徵詢李密的意見——從這件事上看，他仍然認為李密的智商高於韋福嗣，比韋福嗣對他更負責，只是因為李密不同意他的「上計」，就不願老看到李密在自己的面前晃動。現在到關鍵時刻，他覺得李密才是最可靠的。你想想，一個想改天換地的人，就這個見識、這樣任用人才，他能成功嗎？

李密雖然已經不看好他，但對他仍然很負責，對他說：「當年陳勝準備稱王時，張耳就勸他不要著急。他立刻就疏遠了張耳；曹操要求九錫待遇時，荀彧規勸而見疏。現在我也想對老大說內心話，一樣怕落得張耳、荀彧的下場。可是阿諛奉承老大，我又不想做。自從我們起兵以來，到現在雖然屢次取勝，但卻沒有取得什麼影響深遠的戰績，郡縣一級的官員都無人響應。現在東都的防衛力量還十分強悍，我們急切之間，根本無法攻進去，而敵人各地的援軍越來越多，我們的情況也將越來越不樂觀。當此情形之下，老大唯有帶著將士們，奮力拚殺，早日平定關中。可是現在老大卻急於稱帝，這將讓人覺得老大是個心胸十分狹隘的人。」

楊玄感聽了之後，也覺得自己真的太淺薄了，就不好意思地笑了笑，沒有再提稱帝之事。

楊玄感即使不稱帝，也已經挽救不了自己。而李密除了反對他稱帝之外，也沒有其他良策，幫他解決已經赴面而來的困境。

此時，屈突通的部隊已經進至河陽，在那裡駐紮，隨即瞅住機會向楊玄感發起進攻，宇文述的部隊也已經跟了上來。

楊玄感一看，真的覺得大勢有點不妙了，他問李子雄：「形勢變化真的太快了，我該採取什麼措施？」李子雄說：「老大，屈突通精通軍事、很會打仗。如果讓他渡河過來，後果就不好預測了。我們必須分兵拒之，不讓他渡河過來。屈突過不了河，樊子蓋和衛文升就會失去援助。」

你一看這個建議，就知道是個等級一點也不高的建議。敵人大軍壓境，已經對你成夾擊之勢，兩邊一配合，你能兩邊防禦嗎？即使一時可以防得住，但你能在這裡堅持多久？而在這個時間裡，朝廷的軍隊就會不斷集結，到時你又將如何？

楊玄感根本沒有想到這麼遠，聽李子雄這麼一說，馬上「然之」，然後調整部署，準備按李子雄的方案去實施。可是他的部隊還沒有開發，那邊樊子蓋一看，就識破了他的想法，馬上派兵出來襲擾，弄得楊玄感的部隊無法前去執行任務。

於是，屈突通順利渡河，在破陵屯住下來，向楊玄感虎視眈眈，做出隨即進攻的姿態。

楊玄感內心一緊，只好把部隊分成兩個部分，東拒屈突通，西抗衛文升。

至此，李密之前擔心的完全成為現實，最壞結果已經顯而易見。

楊玄感的形勢就此急轉直下，士氣也跟著一路低落。

他此時已經處於三面包抄的險境。

樊子蓋分明知道楊玄感的處境已經處於艱難的境地，完全可以欺負他一輪。他前些日子被楊玄感圍困，只能躲在城裡，不敢出戰，把縮頭烏龜做得十分到位，心裡無比窩火。現在看到楊玄感如此狼狽，哪能放過報復的機會？他把全部兵力帶上，開啟城門，向楊玄感的部隊發起進攻。

楊玄感被他打得灰頭土臉。樊子蓋連續進攻，連續取得勝利。

楊玄感覺得再這樣下去，他馬上就要完蛋，急忙把幾個死黨召集進來，商量著如何度過這個難關。這個難關真的太難了，請大家絞盡腦汁想出最好的辦法來。

又是李子雄第一個發言，他說：「現在東都援軍已經陸續抵達，我軍屢戰屢敗，如果再留在此地，跟等死沒有什麼差別。現在唯一的活路，就是直入關中，開永豐倉以賑百姓，收取民心，則三輔可指麾而定。我們在那裡站穩腳跟之後，再東面而爭天下，一樣也可以成就霸業。」

這個方案，又回到了李密之前的「中策」，只是到現在才實施，其難度已經不可同日而語。

楊玄感到了這個時候，也只好同意這麼做。但還有個大難題，由於連遭敗績，士氣低落，如果突然宣布西逃，只怕部隊才一動就會全部潰散。

李密說：「現在弘化留守元弘嗣在隴左掌握著強兵，我們可以編造個謠言，說他已經謀反，派使者前來迎接老大。大家聽到之後，就會跟著我們大步入關而不會有別的想法了。」

這一次楊玄感採納了李密的計策，把大家成功地糊弄了一次。正在這時，有一群人冒了出來，是華陰楊氏的族人。

8

華陰楊氏也就是名滿天下的弘農楊氏。

這些楊氏冒出來是做什麼的？

他們要當楊玄感的嚮導。

是的，你沒有看錯，他們前來當楊玄感的嚮導。現在楊玄感被敵人三面圍困，幾乎無路可走。如果沒有嚮導，還真的走不出去。如果是別人來當嚮導，那是什麼問題都沒有。可是現在卻是華陰楊氏諸人——不是某個人，而是諸人，也就是集體出來了。這就有話題可聊了。

大家都知道，楊堅向來自稱是弘農楊氏的後裔，他掐了一陣手指之後，告訴大家，他是楊震的第十四世孫。

那他為什麼不在華陰長大，而是生長在鮮卑人的核心地帶武川？

他又笑著告訴你：楊震的八世孫楊鉉老早就來到了北方，發展了他們這一系。那時，楊鉉是北平太守呢。不信你去網路上搜尋看一看（誰敢去查？）。他接著數下來：楊鉉之子是元壽公。元壽公後來當了武川鎮的司馬，從此我們就成了光榮的武川人。元壽的兒子就是太原太守楊惠嘏，楊惠嘏再生平原太守楊烈，楊烈的兒子叫楊禎，楊禎的兒子就是我敬愛的老父親楊忠大人了。

那為什麼以前你們不姓楊，而姓普六茹？如果不是你姓過普六茹，我們還真不知道天下還有這麼個古怪的姓啊。這無疑是鮮卑人的姓。丟掉自己祖宗的姓，意味著背叛祖宗啊。別人背叛一下，那是情有可原，可是關西夫子的後人，怎麼能做出這樣的事來？

楊堅又笑了，說：「那是因為我爹跟隨宇文化及革命，立了大功，北周朝廷賜姓普六茹。皇帝之命，不得不從。」

這個仍然是可疑的，你爹立了那麼大的功勞，為什麼不賜姓宇文，而是找了如此生僻的姓來給你？難道是為了想推廣這個姓？但誰也不敢問了。

楊堅自以為這一套說辭很嚴謹。可是後來的史家看完了《北史‧隋本紀》，又去翻看《新唐書‧宰相世系表》裡的記載：震字伯起，太尉。五子：牧、里、秉、讓、奉。牧字孟信，荊州刺史、富波侯。二子：統、馥。十世孫孕，孕六世孫渠，渠生鉉，燕北平郡守。大家一看，楊震一共生有五個兒子，長子楊牧生楊統，楊統再生馥，楊馥的十世孫叫楊孕，楊孕的六世孫叫楊渠，楊渠的兒子叫楊鉉。在這裡楊鉉大人就成了楊震先生的第十四世孫，而楊堅就成了十九世孫，與楊堅先生本來的說法相差有點遠。這些資料都是當時的官方記載，而且離楊堅的時代也很近，居然出現了這樣的誤差，不得不讓人覺得可疑。

這些質疑在隋唐時，沒有多少人提出，直到清朝之後，那些史學家才慢慢察覺有些邏輯真的連不上。最先質疑的是清代的沈炳震。之後，歷史學家陳寅恪也嚴重質疑。陳寅恪認為，楊忠不是華陰楊氏，而是山東楊氏。他的依據是，楊忠如果是出自弘農楊氏這樣天下第一望族，絕對不會娶一個山東美女為妻。這個美女出身寒門，家族一點也不顯赫，山東又屬於北齊的地盤，因此楊堅從小就沒見過母族親戚，只知他的外公姓呂，別的就一概不得而知。平齊之後，他就到處尋訪，但由於他母族親戚實在太過普通，他費了很大的力氣，也找不到自己的母族親戚。楊堅一直對自己沒有找到母族親戚而耿耿於懷，直到他登基之後，仍然到處尋找——堂堂關西夫子光榮的後代，居然沒有母族親戚，那就太不完整了。終於在開皇初年，河南郡的官員上報：有男子呂永吉，自稱其姑字苦桃，嫁給了楊姓的人。別的消息就沒有了。

楊堅一聽，立刻大喜過望。因為他母親的小名就叫「苦桃」。他派人去進行嚴格的驗證——至於用什麼辦法去嚴格驗證，我們就不知道了。總之，嚴格驗證之後，他就確認呂永吉就是自己的舅舅，他的外祖父叫呂雙周。他滿臉笑容地追贈外祖父呂雙周為齊郡公，外祖母姚氏為齊敬公夫人，算是了結了一樁心頭大事。

由此事可知，楊堅的外祖父家族，實在是標準的寒門，寒得連個痕跡都找不到。陳寅恪再從楊堅的母系推測，認為楊忠原本很可能就是山東人。至於他為什麼說是弘農楊氏，個中原由大家都懂的。

還有人一口咬定楊堅就是鮮卑人，依據是，武川是當時北方的重鎮，是北魏首都（平城）的門戶，向來都是由鮮卑貴族擔任軍事主管的，怎麼會讓楊家這樣的中原望族去當司馬？當時，北魏對漢人是很警惕的。由此可知，普六茹是楊堅本來的真姓，倒不是後來楊姓是自己套上去的。而楊素才是真正的華陰楊氏的後人，他的族譜來歷，非常清晰，不像普六茹堅那樣，從楊震的兒子直接跳到八九世孫，中間地帶都按了空格鍵。而這些懷疑者更重要的依據是：當楊玄感無路可逃時，向來沒有什麼事的華陰楊氏的族人們，都集體出來當楊素兒子的嚮導，而沒有站在楊廣的陣營裡，充分說明了華陰楊氏就不承認楊堅跟他們是同宗的——充當楊玄感嚮導，等於是向楊廣公開叫板的行動，是冒著被滅族的奇險。

歷史總是有懸疑的，真相究竟如何，已不得而知。

我們接著往下說。

楊玄感在他族人的帶領下，帶著部隊順利地突出重圍，向西狂奔，他一路都在宣稱：「我已破東都，現在來取關西。」

宇文述等軍看到他突圍而去，也率軍跟了過來。

楊玄感來到弘農宮時，又有一群人冒出來。

這些人雖然都頂著弘農兩個字，但他們跟弘農楊氏沒有什麼關係。他們是當地的一些豪強代表。也不知他們是受了某些人的指使，還是他們覺得受夠了楊廣的殘暴統治，把楊玄感當成他們的大救星，看到楊玄感大軍前來，便都到他的面前齊齊跪下，向他請願，說：「現在弘農宮中已經空虛，而且還積壓了很多糧食，很容易拿下。」

楊玄感一聽，這樣的便宜當然不能放過啊。

在楊玄感決定攻打弘農宮時，弘農太守楊智積也召集他的部下進行戰鬥動員：「楊玄感的大軍就要到來。他的意圖就是要霸占關西。其計若成，則難克之。我們應該想辦法把他牽制在這裡，讓他不得西進，不出十天，他就可以成擒了。」

楊智積還沒有想到把楊玄感引來攻城的辦法，楊玄感就已經來到城下了。楊智積大喜，登上城頭，放開嗓門，對楊玄感破口大罵，罵得楊玄感怒火中燒，當場部署部隊攻城，一定要抓住楊智積，把他砍成肉醬。

李密一看，這怎麼得了？現在我們是狂奔向西，擺脫追兵，哪能在這裡浪費時間？難道你不知道攻堅的困難嗎？他馬上勸楊玄感：「老大，我們一直是在糊弄眾多官兵向潼關撤退的。我們必須在謊言被曝光之前完成這個任務，到達關西，這就需要我們用最快的速度跑步前進。而且後面追兵馬上就到，哪能在這裡停留下來？如果前進不能據守潼關，後退又無處可守，再加上我們的謊言一經破產，眾多士兵就會四散而逃，我們還有下一步嗎？」

李密這話，已經把形勢分析得十分透徹了，也把後果說得萬分嚴峻了，如果楊玄感稍微有點頭腦，就會完全聽進耳裡，然後下令部隊全速前進，讓楊智積在城頭罵得嗓門生火也沒有屁用。可是楊玄感卻不聽李密的話。於是，楊玄感最後的機會就在他的萬丈怒火中逝去。

楊玄感不信他拿不下這個城，洛陽是新城，是當代建築大師宇文愷設計施工，堅固不可摧，所以他才沒有拿下，現在這個城，他可以很快就拿下。

楊玄感發起總攻之後，就下令用火燒掉城門。他看到城門被他燒得劈啪作響，只要再過片刻，他就可以從城門裡殺將進去，占領弘農。

他的臉上已經浮現出勝利的笑容。

沒想到，他高興得實在太早了。

楊智積的兵力雖然很少，但他的腦子還是很靈光的。他看到城門著火之後，立刻派人從城裡搬來大量易燃物，都堆到城門那裡，讓火燒得更旺更猛烈。他在城頭那裡哈哈大笑，你以為就你會放火？我比你更會放火啊。

楊玄感站在那裡觀看，只等火滅，就大手一揮，全軍殺進城中。沒想到，他足足等了三天三夜，大火還在那裡熊熊燃燒，把他的大軍死死擋住。他這時候才知道，真的不能在很短的時間內拿下弘農。他這時候才知道，他真的浪費了三天的時間。這三天對他而言，是非常寶貴的三天。當他下令全軍放棄弘農城時，政府大軍已經蜂擁而來。

楊智積的目的已經順利達到。

就在這三天，宇文述、衛文升、來護兒、屈突通等人都已經出現在楊玄感的身後。

楊玄感拚命狂跑，宇文述更是拚命追擊。

楊玄感來到閿鄉時，終於被蜂擁而來的政府追上了。

雙方在皇天原那裡面對面。

楊玄感終於不得不面對殘酷的現實了。

他登上臨豆，擺出決戰的姿態。

此時，他部隊的人數還是很多，陣地連綿五十餘里。

可是敵人比他更多。

更要命的是，當士兵們看到朝廷的軍隊大舉壓境時，就理解到楊老大說什麼要進關西開闢根據地是可恥的謊言，其實就是在逃命。

在這樣的情況下，楊玄感還能打勝仗就真的豈有此理了。

朝廷的軍隊從四面八方向楊玄感部發起攻擊。

楊玄感被打得大敗。

楊玄感再次收拾殘兵，繼續抵抗。

八月初一，他在董杜原列陣，與追擊過來的政府再戰，結果敗得更加徹底。朝廷的軍隊一頓狂砍，瞬間就把他的部隊打得潰不成軍。他只好帶著最後十餘騎逃出來，急奔上洛。但來護兒他們能放過他嗎？

一大隊朝廷的騎兵在楊玄感的身後狂追。

他們很快就追上了楊玄感。

楊玄感知道自己已經跑不掉了。他突然拔轉馬頭，對追來的騎兵們大聲喝罵。

這個人生得勇武，被稱為當代項羽，神威自在，這時圓睜怒目，喝聲如雷，那些追兵無不心生懼意，大駭之下，都抱頭而去。但楊玄感身邊也沒有什麼人了。

當楊玄感來到葭蘆戍時，其他人員都已經不見蹤影，身邊就只剩下他的弟弟楊積善，在秋天的陽光下，對影成四人。

他站在荒原上，枯草在秋風中搖擺，發出生硬的聲響。他轉頭望著四處原野，頓覺天下之大，已經沒有他的容身之處。可是這能怪誰呢？本來他已經緊緊握著主動權，但卻硬是不聽李密的謀畫，即使處境已經嚴峻到連傻子都理解到是最後的機會了，他仍然堅持自己的錯誤，最後把事業徹底斷送、順便也把自己的性命斷送。

楊玄感還是有點英雄氣概的，但這個英雄氣概並不足以讓他成為一個劃時代的英雄——甚至是連個梟雄都不是，他戰鬥能力冠絕一時，善於團結士兵，在戰場上叱吒風雲，但卻完全沒有策略眼光，基本是憑情緒做決斷——這樣的人，是無法主持大事的，充其量只能是一員在前線衝鋒陷陣的猛將。如果他投靠得人，不失為一時名將。

當然他的失敗，除了他自身缺乏策略眼光、沒有掌握歷史機會的能力之外，也還有其他原因。一是這個人靠著老爹爬上高位，聲望不是自己培養出來的，號召力顯然還很弱，前期工作又幾乎沒有，突然起事，連個幫手都找不到。二是他也自重身分。當時北方到處是進行暴動的武裝力量，但他並沒有跟這些勢力團結，進行整合，而是在那裡一個人努力，很快就陷於孤立無援的境地，等待他的就只有失敗了。

楊玄感當然不甘心失敗，但失敗向來沒有誰是甘心的。

所有的失敗者都不得不面對失敗。

楊玄感在心裡感慨之後，終於面對失敗了，他必須對自己的性命作一個交待。

他對他的弟弟楊積善說：「我不能受人戮辱，汝可殺我！」這是他最後的遺言。

楊積善點點頭，然後抽刀把哥哥砍死。

他看到哥哥倒地之後，知道自己也無法逃過一劫了，就大刀一橫，抹自己的脖子。沒想到，這一刀的力度不夠，他倒地之後，居然不死，結果為追兵所獲，然後連同他哥哥的首級一起送到楊廣的行在。楊廣對楊玄感非常痛恨，下令把楊玄感的屍體拉到鬧市車裂，陳屍三天之後，再將屍首剁碎焚燒。

楊玄感的另一個弟弟楊玄獎本來是義陽太守，得知哥哥舉事之後，也準備去投奔。沒想到這個人行事一點也不謹慎，還沒有出發，就被郡丞周旋玉一刀殺掉。還有一個弟弟叫楊仁行，官拜朝請大夫，沒有什麼實權，也沒有做出什麼事來，但因為是楊玄感的弟弟，也被拉下去砍了腦袋。

第三章 李密囧途，死裡逃生；戰將立功，反而受死

1

楊玄感玩完了，結果跟李密的預測一樣，也跟蘇威以及庾質的預測沒有差別。他鬧出的動靜很大，但結束得也很快，倏然而起，倏然而敗。不過，他完蛋之後，還有幾個勢力繼續打著他的旗號，還在戰鬥。一個是梁郡的韓相國——這個人敢取這樣的名字，看來野心早就有了。在楊玄感圍攻東都時，他覺得實現遠大理想的時刻到了，馬上就響應。這個人的號召力依舊驚人，一個月之內，手下就聚集了十萬人。楊玄感任命他為河南道元帥。

他率著這十萬人去投奔楊玄感。只是楊玄感失敗得太過迅速，他才剛剛踏進襄城，楊玄感就已經死了。

當時，楊玄感是這支十萬部隊的精神支柱。現在精神支柱一倒，部眾們的精神就跟著崩潰，然後就各

自散開，結果就只剩下韓相國光棍一條了。韓相國很快就被抓獲，傳首東都。

這支規模還算龐大的隊伍就這樣消失了。

另外一支就是餘杭的劉元進，他還在那裡繼續革命。

楊廣一時也拿他沒有辦法。楊廣這幾年來，對底層的造反並不怎麼重視，他在心底裡極端鄙視這些底層人的本事，覺得這些饑民跟下水溝裡的泥鰍沒有什麼差別，掀不起什麼浪花，因此才在北方很多饑民作亂時，仍然把全國的資源集中，去打高麗。如果楊玄感不是楊素的兒子，不是專門管理黎陽的大倉，他還真的不會撤兵回來。

楊廣滅了楊玄感之後，覺得心腹大患已除，心裡非常暢快。當然，他還是要肅清一下楊玄感的餘毒的。大家還記得那個元弘嗣吧？楊玄感就是透過造謠他要造反並請楊玄感去關西，糊弄手下士兵跟他西向潼關的。這時元弘嗣手下的力量還是很雄厚的。由於有了這個謠言，再加上他又是斛斯政的親戚，於是他也被牽連，被當成楊玄感的叛亂成員，列入肅清的名單。

於是，一個歷史的強者就此浮出歷史的水面。

這個人就是李淵。

大家已經知道，李淵是李虎的孫子、李昞的兒子，他的老媽也一樣很厲害——是獨孤皇后的姐姐。他跟楊廣是表兄弟之間的關係，完全可以套上皇親國戚這四個字。李淵生於北周天和元年（西元 566 年），出生地是長安。他七歲時，他老爸就去世了。如果他出生於一般百姓家，老爸一掛，他就只有苦不堪言了，但他生於皇親國戚的家裡，老爸一宣布駕鶴西去，他立刻就襲其父的爵位為唐國公，繼續享受著貴族的幸福生活。雖然他家的顯赫程度並不比楊素低太多，但由於他父親早死，沒有在有生之年為大隋打拚，立下很多功勞讓他享受——楊素立的功太多，使得楊玄感根本不用去做什麼，就可以靠父親的功勞不斷得到提拔。從這方面看，靠爸真的太重要了。雖然他的爵位很高，但職務的升遷卻很慢，他的起點是千牛備身——就是皇帝的禁衛武官。不過，這個人性格很好，為人灑脫，對人也很寬容，跟人交朋友從不論出身，無論貴賤，都跟他聊得來。

楊堅代周後，李淵繼續當他的千牛備身。由於他的姨母皇后很喜歡他，常常對他讚美有加，楊堅也就跟著很看重他。不久，就讓他轉任譙、岐、隴三州刺史，終於讓他成為方鎮強者。

很多歷史強者一到某個時期，總會遇上那些眼神非常尖銳的大師。李淵在當這三個州的刺史時，也碰到一個叫史世良的大師。據說這個大師的眼光非常好。他看到李淵之後，就對李淵說：「公骨法非常，必為人主，願自愛，勿忘鄙言。」直接說他的骨法跟別人不同，似乎李淵身上的骨頭所含的成分很特殊一樣。而且這些成分是可以讓他成為「人主」的。李淵當然也是個很迷信的人，聽到這句話後，也覺得自己真的不平常，心裡也很自負——其實就是內心世界已經有了野心。當然，那時他是否真的很有野心，誰也不知道，他更不會說出來——他要是敢說出來，這個世界還有李淵這個人嗎？我估計這也是他後來編造出來的，說我當年就已經雄心壯志、要推翻隋朝的反動統治、然後建立一個繁榮昌盛的大唐帝國，這話說出口，那是非常勵志的，是很有號召力的。

楊廣即位後，李淵先後任滎陽、樓煩兩郡太守，之後再任殿內少監、衛尉少卿。楊廣第二次征高麗時，叫李淵在懷遠鎮督運糧草。因為楊玄感事件，楊廣被迫回師，於是李淵的任務也就結束了。當楊廣決定拿下元弘嗣時，就叫李淵前去執行這個任務。李淵拿下元弘嗣之後，就代元弘嗣成為弘化的留守，而且還兼知關右諸軍事，成為關西首長。我們無法斷定李淵當三州刺史時是否有其他想法，但這時他一定已經看出了天下大勢，理解到楊廣真的已經走到了末路，他必須有所準備。他馬上把關中當成自己的基地來建設，大力結交天下豪傑——這可是組建自己團隊的工作。

李淵的這些動靜做得太過公開透明，馬上就引起楊廣的警覺。史世良關於李淵骨法是特殊材料製成的話，也已經傳到楊廣的耳裡，讓楊廣已經不自在了。他也偷偷地觀察了這個表兄弟的面貌，越看越覺得真的有點特別，只是沒有抓到什麼把柄，而李淵手中又沒有什麼實力，也只好將信將疑地聽其言、觀其言，再作結論了。

不久，楊廣徵召李淵去他的行在，向他述職。但李淵身上有病，無法成行。當時，李淵的外甥女王氏正好在李廣的身邊，楊廣就問王氏：「你的舅舅怎麼到現在還沒有到？」

王氏回答：「我舅舅生病，無法前來了。」

楊廣接著問：「可得死否？」這病能要他的命嗎？

王氏一看，皇上這話可不是在開玩笑，而是真情流露，是真的希望她的舅舅死去，看來他真的把舅舅當成最大的威脅了。

王氏偷偷地把楊廣的這些話告訴了李淵。李淵這時候才知道，很多事只能偷偷地做，不能做得太醒目了。他從小在宮中長大，深知一旦被皇帝懷疑，後果的嚴重是極為嚴重。他心裡馬上就無比的恐懼，不但什麼也不敢做了，而且還裝得很墮落很頹廢，整日無控制的飲酒、還公開透明地收受賄賂，透過自汙來自保，居然騙過了楊廣。

李淵不敢再開展什麼工作，但朱燮和管崇卻沒有那麼多顧慮了。朱燮是吳郡的平民，管陵是晉陵的原住居民。他們看到這個天下已經進入大亂的前期，覺得此時不出來作亂更待何時？朱燮本來是個道人，後來覺得當道人生活太過寡淡，不如當俗人的好玩，就還了俗。這個人雖然沒有功名，也不出身世家，但在當道人期間，並沒有好好地研究道家經典、好好研究丹爐的火候，而是用心去讀那些經史的書，還順便看了一些兵法，頗有些軍事知識。然後他就成了崑山縣的博士，算是領到了一份微薄的薪資。

朱燮當然不滿足於當一個縣的博士。他看到很多人都已經出來作亂了，便決定也出來搏一搏，說不定能搏出一個遠大前程來。這個人身材很小，又是在縣裡當差，沒有別的資源，手下只有幾十個學生，於是他就動員這些學生跟他做。這些學生也都是熱血青年，被他一鼓動，個個都高喊口號，跟他去打土豪。他帶著這幾十號學生軍來後，那些被勞役逼得半死不活的民工也都跑出來，加入他的隊伍。

那個管崇不但長得高大，而且是個大帥哥，向來抱負不凡，之前在常熟過著隱居的生活。他當然不是要把這個隱士當到自然死亡的那一天。他在隱居期間，最常掛在自己嘴邊的話就是，我老管有王者之相，不信你們認真地看看我的相貌。很多人看了看他的相貌，真的很帥，很有大人物的樣子，於是都信他。在他宣布作亂時，大量的流民都來依附他，成為他的手下。

於是，他就跟朱燮一起，率著一大群人在江東做起打家劫舍的工作來。

這兩人作亂的地點，離江都並不遠。江都也是楊廣的活動中心之一，萬萬不能讓這群土匪破壞了。當時，楊廣還在涿郡，聞報之後，就急忙派趙六兒帶著一萬多去屯駐揚子，分為五營，防備南面的這群人。

管崇看到大部隊來了，一點也不害怕。趙六兒的部隊才剛剛來到指定地點，還沒有來得及部署，管崇就派他手下大將陸顗帶著部隊連夜渡江而來，對趙六兒突襲，連破其二營，搶走了大量的軍用物資而去。管崇這一仗，很快就在當地引起轟動效應——跟著他是有前途的，於是很多人都跑過來投奔他。沒幾天，他手下就有十萬之眾。

2

當這些造反勢力越來越壯大的時候，楊廣並沒有去認真思考，為什麼會出現這樣的情況。他總以為，只有對楊玄感這樣的人嚴加治罪，才能殺一儆百，才能有效地嚇住那些有想法的人。這時，他仍然沒有用心去對付那些「盜賊」，而是下令繼續肅清楊玄感餘黨。他抓到這些餘黨後，就成立了專案組，專案組的主要成員有：大理卿鄭善果、御史大夫裴蘊、刑部侍郎骨儀、留守樊子蓋，由他們專門審理案子。你一定會覺得這個專案中那個骨儀有些奇怪吧？中國怎麼會有這樣的姓呢？告訴你，他還真不是中國人，而是天竺來的胡人。

成立了這個專案組之後，楊廣就特地交代裴蘊：「楊玄感之所以能一呼百應，一下就可以有十萬人跟隨，這究竟是為什麼呢？我一直在思考這個問題。現在終於想清楚了，這是因為天下人太多的原因。所以，天下人不必多，人一多就相聚為盜，就會讓國家社會亂了套。如果不把這些人殺乾淨，就不能達到懲戒後人的效果。」當你聽到這樣的話時，不知心裡有何感想？

這個專案組的成員，都是當時有名的酷吏。尤其是那個樊子蓋，向來殘酷無情，動不動就拿人開刀。裴蘊向大家傳達了楊廣的最新指示後，幾個人無不歡欣鼓舞，放手去做，只要是被列為楊玄感集團分子的，無不受到無情打擊、殘酷鎮壓，只幾天時間就殺了三萬多人。這些人所有的家產，都被全盤沒收。其中一大半跟楊玄感沒有一絲一毫的關係，都是受冤而死的。但你能怪誰？你要怪，就只有怪你生在這個時代。這個時代需要你充當冤死鬼。除了殺死這麼多人外，還有六千多人被流放遠方——這是受苦受難的遠方而不是詩的遠方。

專案組還沒有結束。他們繼續深挖，最後他們突然想到，楊玄感曾經開倉放糧，賑濟過飢餓的百姓，於是就把那些接受過賑濟糧的百姓通通抓來，然後在東都城南挖了大坑，把他們全部推下去活埋。

真正算得上楊玄感集團核心分子的應該是李密、楊積善以及韋福嗣等人。不過，韋福嗣並不是楊玄感的忠實支持者，他之所以成為楊玄感的高層，是因為楊玄感喜歡他，讓他取代李密成為頭號謀主，其實他內心並不擁護楊玄感，只是在表面敷衍而已。因此，當楊玄感西逃時，他沒有跟著跑，而是找了機會逃了出來，向官府投案自首。當時，朝廷的軍隊為了瓦解楊玄感部隊，出了政策：凡自首的人都不追究。因此韋福嗣鬆了一大口氣，覺得自己的策略還是對的。沒想到，沒幾天，樊子蓋在清理楊玄感的文書時，發現很多文件都是由韋福嗣起草的，就把這些文件送給楊廣看。

楊廣一看，心頭大怒，你要是不真心造反，能把文章寫得這麼犀利？能說出這些大逆不道的話來？馬上下令把這個人捆起來，送到行在。

於是，韋福嗣的投案自首，就變成了自投羅網。

李密在楊玄感最後不聽他的話時，就知道大勢已去，馬上潛逃出來，但還是被抓獲了，然後押送東都。樊子蓋把李密、韋福嗣、楊積善以及王仲伯等十幾個首要分子都鎖送高陽。

李密知道，只要他們到了高陽，就會馬上被處決得很慘很難看。他不願就此死去，一邊被押解著一邊想辦法逃脫出去。他很快就想出一個辦法。

他叫王仲伯把所有的金子都拿出來，展覽在押送他們的使者的面前，然後可憐兮兮地對那個使者說：「我們一到行在，必死無疑。這些金子對於我們來說，已經沒有什麼用了。所以，我們決定死後，全留給大人。就有一個要求：我們死後，請大人把我們的屍體埋一埋。剩下的金子都送給大人，算是我們報答大人的大德了。」

使者看到這麼多金子放在前面，黃燦燦的十分耀眼，而且這些金子不久就屬於自己了，他開心得不得了，當場許下了諾言：你們死後，一切後事，我全包了。你們放心地死去吧。

他心裡裝了那一堆沉甸甸的金子，對這一群首要分子的看管也就鬆懈了下來。

於是，李密的第一步成功了。

接著，李密邁出第二步。每到一地，李密都請人買來酒菜，大吃大喝，而且常常弄得徹夜不眠，喧鬧一片。使者因為心裡裝著別人的金子，當然也不好意思制止——反正他們都差不多死了，就讓他們醉生夢死一段時間吧，我也算是很有人情味。

他們來到魏郡石梁驛時，李密又大擺酒席，請看守人員也跟著大吃大喝，說你們天天押送我們，十分辛苦。這算是我們慰勞一下你們。請放心吃吧，我們都是將死之人。這些錢留著也沒有用。我們也算認識一場。來啊，乾杯。

看守人員這幾天來，看著他們大吃大喝，眼睛早就瞪得很大，口水回吞得川流不息。現在看到他們請客，馬上毫不客氣地參與了聚餐。於是，李密他們毫不客氣地把這些看守全部灌醉，每個人都東倒西歪。

李密看著他們不省人事地倒在那裡，馬上就笑了。他迅速實行第三步驟：挖牆成洞，然後從洞中逃出。他在逃離時，還請韋福嗣一起逃跑。韋福嗣卻不為所動，對他說：「我無罪。天子最多只會當面罵我一頓，要是逃出去再被抓就死定了。」於是，李密就只好自己逃出去了。

韋福嗣想得很美。當他見到楊廣時，楊廣端著那張臉，看了他一下，然後丟出他之前為楊玄感起草的文件，什麼話也不說，直接叫大理寺把他帶出去。

宇文述知道楊廣一定不會放過這些人，於是奏道：「這些凶逆之徒，全國人民都恨不得食其肉、寢其皮。若不對他們處以重刑，對不起全國人民，更無以警戒後人。」

楊廣說：「就交給你辦吧。」

當年的十二月，宇文述把這些人都帶到野外，綁在木格上，用車輪套住他們的脖子。然後把九品以上的文武官員都叫來。這些官員到場之後，宇文述讓他們都拿起兵器，去亂刀砍殺這些大逆不道的犯人。一陣忙碌之後，那些犯人的身上有的射滿了箭，有的被砍得支離破碎，但這些支離破碎的身體仍然慘不忍睹地卡在車輪上。

楊積善和韋福嗣兩人是重大要犯，死了之後，還要車裂，然後焚而揚之。楊積善在接到判決書，仍然不想死，對楊廣說：「楊玄感是我殺死的。我是有功的……」從這句話中，我們可以看出，楊積善當初自殺未遂，並不是他自盡能力不優、自殺經驗不豐富、致使大刀砍不到位，而是因為他心裡怕死，下手時力度當然就打了折扣。

楊廣聽了他的話後，只是淡淡地說：「楊積善不過一隻梟而已。」他為什麼把楊積善稱為了梟？傳說梟是個吃掉母親的動物，是最不孝的動物。楊廣這話的意思就是，楊積善殺自己的哥哥，跟那隻吃掉自己母親的梟還有什麼區別？他說過這話之後，就下令改楊積善的姓為梟姓。

3

楊廣雖然很殘忍，但還是很有學問的，即使在處理楊積善時，還能夾帶著典故。他也相信自己的學問跟他的地位一樣，是天下第一的。他覺得他寫的文章也是獨一無二的，誰要是超過他，他就恨誰，甚至想辦法把超過他的人砍掉。薛道衡之死，雖然是因為楊廣恨他只歌頌楊堅而不歌頌他，但最主要原因還是楊廣妒嫉老薛的才華，覺得老薛寫的詩比自己好。薛道衡死後，他怒氣沖沖地說：「你還能寫『空梁落燕泥』這樣的詩句嗎？」

王胄也是個才子，同時也是楊玄感的死黨。這個人也是寫得一手好詩，而且好得讓楊廣都眼紅。楊廣曾作過一首〈白馬篇〉：

白馬金具裝，橫行遼水傍。

問是誰家子?宿衛羽林郎。
文犀六屬鎧，寶劍七星光。
山虛弓響徹，地迥角聲長。
宛河推勇氣，隴蜀擅威強。
輪臺受降虜，高闕翦名王。
射熊入飛觀，校獵下長楊。
英名欺衛霍，智策蔑平良。
島夷時失禮，卉服犯邊疆。
徵兵集薊北，輕騎出漁陽。
集軍隨日暈，挑戰逐星芒。
陣移龍勢動，營開虎翼張。
衝冠入死地，攘臂越金湯。
塵飛戰鼓急，風交征旆揚。
轉門平華地，追奔掃帶方。
本持身許國，況復武力彰。
會令千載後，流譽滿旂常。

全詩氣勢雄渾，大家氣象，躍然紙上，讓楊廣很自得，覺得完全可以秒殺天下的詩作了。沒想到，沒幾天，王胄先生突然放出同名詩篇來：

白馬黃金鞍，蹀躞柳城前。
問此何鄉客，長安惡少年。
結髮從戎事，馳名振朔邊。
良弓控繁弱，利劍揮龍泉。
披林扼凋虎，仰手接飛鳶。
前年破沙漠，昔歲取祁連。
折衝摧右校，搴旗殪左賢。
昆彌還謝力，慶忌本推儇。
海外平遐險，來庭識負褰。
三韓勞薄伐，六事指幽燕。
良家選河右，猛將征西山。
浮雲屯羽騎，蔽日引長旃。
自矜有餘勇，應募忽爭先。
王師已得雋，夷首失求全。
鼓行徇玉檢，乘勝蕩朝鮮。
志勇期功立，寧憚微軀捐。
不羡山河賞，誰希竹素傳。

楊廣拿到手上，吟誦了幾遍，不管從哪個角度衡量，他都覺得這首詩比他的那首白馬篇強了很多，心裡實在不服氣，你一個著作郎怎麼能把詩寫得這麼好？楊廣有時也像陳後主那樣，一有心情就舉行詩會。在一次宮廷詩會上，楊廣先寫了一首〈燕歌行〉，然後命令作陪的大臣們跟著和詩。大臣們搖頭晃腦了一陣子後，把作業交過來。楊廣一看，不由得哈哈大笑，你們的作業離朕的要求還是很有差距。以後好好努力，以朕為榜樣，迎頭趕上。他哈哈大笑的聲音還沒有收住，就看到了王胄的作業。他那雙眼睛一掃過去，笑容馬上凝住，王胄你這傢伙，又把詩寫得這麼好，你是不是專門來把我比下去的？你既然敢挑釁我，我就敢找機會做掉你。

不知王胄是不是已經理解到楊廣對他的憤怒，還是別的原因，在楊玄感舉事時，他毅然積極參與，終於把自己變成了楊玄感的死黨，剛好幫楊廣送去了一個理由。楊廣當然把他砍掉。王胄死後，楊廣還在念念不忘王胄的那些詩作，最後咬牙道：「『庭草無人隨意綠』復能作此語邪！」「庭草無人隨意綠」剛好是王胄先生的佳句。他雖然知道王胄和薛道衡的詩寫得比他好，但這兩人都被他做掉了。所以，他又得意地認為，天下還活著的才子，如果有排行榜，他一定會排第一。他完全可以憑著才學，看不起天下的文士。他曾對大家說：「天下的人都以為我繼承了老爸的事業，才可以君臨天下。其實就是讓我和天下士大夫比才學，我也該作天子。」這個人的話跟笑話沒有什麼差別，有史以來，有誰是透過比才學來成為皇帝的？

他不但不喜歡別人的才學比他高，更不喜歡大臣們的進諫。他直接對虞世南說：「我最不愛聽別人的勸諫，如果是達官貴人想靠進諫以求名，我就更加不能容忍。如果是卑賤人士，我還可以寬容一下，但絕對不能讓他有出頭之日。你記住我這句話吧。」你想想，國事都已經至此，萬事都進入困難之際，楊廣居然還發表這樣的言論。就在不久之前，他都還在為沒有聽從庾質的勸諫而後悔。

4

這個時候，不但山東一帶亂民如螞蟻、江東的南匪（楊廣稱劉元進、朱燮、管崇的武裝為南匪）還很活躍，而隴右、西域一帶也不讓楊廣放心。當然，西域那裡，有裴矩為他分擔，一時也沒有做出什麼事來。裴矩繼續分化瓦解政策不動搖，還是得到很好的效果——那裡雖然還在亂，但都是他們各部落在亂，而沒有替大隋造成什麼麻煩。楊廣很高興，直到現在，他仍然沒有把各地的亂子放在第一位，沒有派出得力大將去進行「剿匪」工作。而那些「盜賊」更是趁此機會，不斷地發展壯大。

「南匪」三大廠之一劉元進，本來是響應楊玄感而舉事的，他宣布作亂之後，就帶著他的部眾準備渡江去跟楊玄感會師。可是他還沒有上船，楊玄感就已經失敗。劉元進正準備進行再一次選擇前進的路線時，朱燮和管崇卻出來迎接他，推舉他為盟主。他毫不謙讓地接受了兩人的推舉。三人聯手之後，力量得以整合，比以前就更有戰鬥力了。他們迅速攻占吳郡。劉元進這時信心大增，迫不及待地宣布稱帝，任朱燮和管崇為尚書僕射，還任命了百官，做得有模有樣。周邊幾個郡的豪傑也都看好他們，紛紛扛著凶器衝進衙門，把地方官員都抓起來，響應劉元進。

楊廣看到這個沒有水準的傢伙居然也敢稱帝，心頭無比惱火，知道如果只再派趙六兒之類的飯桶去，是擺不平這群「南匪」的。他派左屯衛大將軍吐萬緒和光祿大夫魚俱羅率兵前去討伐劉元進。

之前，吐萬緒這三個字出現的頻率不多，但他絕對是一位資深大老。他的父親吐萬通曾當過郢州刺史。他也在北周朝廷任過職，而且還當過宇文氏朝廷撫軍將軍，起點很高。楊堅代周時，吐萬緒很配合楊堅的行動，因此大隋建立後，他就被委以襄州總管的重任。之後，改任青州總管。這個人雖然是個鮮卑人，但理政能力不俗，在青州任上，頗有政聲。一年之後，突厥犯境，楊堅因為他是鮮卑人，作戰經驗豐富，又很有謀略，就調他任朔州總管，鎮守邊境。這是吐萬緒的故鄉，他在這裡當領導者，更是得心應手，突厥一時不敢亂來。

楊堅決定發起滅陳之戰時，就把吐萬緒改任徐州總管。他到任之後，深刻領會楊堅的意圖，大力修治攻城戰具。開皇八年，隋兵大舉南伐，吐萬緒被任為行軍總管，駐紮江北，為全軍後應。由於南陳太過脆弱不經打擊，吐萬緒還沒有來得及發揮，陳後主就已經投降了。於是，楊堅任命他為夏州總管。由於他曾當過徐州、夏州等地的總管，因此與主持前南陳地區全面工作的楊廣很親近。楊廣對他也很有好感，在奪得太子之位後，馬上就讓他擔任東宮左虞侯率，成為自己的親信。楊廣即位之後，最怕的就是他的弟弟楊諒。為了防範楊諒反叛，楊廣派吐萬緒任晉、絳二州刺史——其目的是：如果楊諒反叛，這兩個州至少可以抵擋一陣子，爭取一下時間。楊廣要求吐萬緒快馬前去赴任。可是他還沒出關中，楊諒就宣布起兵，並且毀斷了黃河橋梁，使得吐萬緒無法前進。楊廣只好下詔吐萬緒率軍接受楊素的控制，共同討伐楊諒。在平定楊諒之戰中，吐萬緒立了功勞，被提拔為左武侯將軍。到大業初年，他受任光祿卿。

這個人雖然緊跟楊廣，向來以楊廣的親信面目出現在大眾面前，但他還是比較正直的。當年賀若弼受誣陷時，曾特地去請吐萬緒作證。

當時，所有的人都知道，誣陷賀若弼的真正操盤手剛好是楊廣，誰為賀若弼辯解誰就會麻煩無比。但吐萬緒並不懼怕，如實為賀若弼澄清事實。

楊廣大怒，你既然站在賀若弼的立場上，你就是站在朕的對立面。你就別當這個官了。直接把吐萬緒的官免掉。

不過，楊廣也知道吐萬緒並不是真心反對他，兩年之後，又任他為東平太守——雖然職務比之前低了很多，但畢竟又被任用了。這一次，吐萬緒很珍惜楊廣給他的機會。大業六年，楊廣遊幸江都路過東平，吐萬緒老早就站在路邊恭敬地迎駕。

楊廣看到老吐這次表現得很規矩謹慎，心裡一高興，就召他上了龍舟——這可是很多人做夢都想撈到的待遇啊。吐萬緒一看，知道皇上已經原諒他了，便乘機跪在地上，向楊廣講述了自己的種種往事，說明自已內心是永遠忠於皇帝、忠於朝廷、忠於國家的。

楊廣看到在自己面前大力表忠，龍顏大悅，朕需要的就是這樣的忠臣，馬上就提拔他為金紫光祿大夫、太守如故，於是他又成為楊廣的心腹。

楊廣第一次征高麗時，吐萬緒又不失時機地出來表現，強烈請求當先鋒官。楊廣就令他率馬步數萬從蓋馬道進軍。全軍失敗、撤軍而回之後，楊廣就讓吐萬緒留守懷遠，進位左光祿大夫，這充分說明楊廣對他的信任。當楊廣決定狠狠地打擊劉元進時，第一時間就想到了吐萬緒，讓他與魚俱羅一起，去對付稱帝的「南匪」老大劉元進。

魚俱羅的出身就沒有吐萬緒的顯赫了，這個人是平民出身，但身長八尺，臂力過人，聲若洪鐘，甚是威猛，一看就是上戰場的好手。他也不願辜負他的這副身手，在二十歲那年，投入軍中，在禁軍中效力。這樣的人一上戰場，那是如魚得水，立的功都比別人多。沒幾年，他就因功累遷至大都督。後來，他隨楊廣參加了滅陳之戰，由此而得到楊廣的信任，以功拜開府。

開皇十年，江南發生高智慧的亂子時，楊堅派楊素掛師出征。楊素知道魚俱羅戰鬥能力了得，善於衝鋒陷陣，就請他跟自己一起出征。魚俱羅果然在征戰中，不斷立功，也不斷地得到提拔，先是被授開府、接著受封高唐縣公、最後成為疊州總管。在他官運亨通的時候，他的母親卻去世了。他只好按當時的傳統辭職回家為老媽守孝。可是他才走到扶風，突厥人又入侵大隋邊境，楊堅命楊素帶兵討伐。楊素也正好率兵路過扶風。兩人在那裡相遇時，楊素很高興，決定又邀魚俱羅一起上戰場。楊素上奏給楊堅，請求朝廷派魚俱羅出征。於是，魚俱羅便又跟楊素上了前線。

大軍正在前進，突然在毫無預警的情況下與突厥軍相遇。

大家都有些愕然。魚俱羅卻一點也不愕然，大喝一聲，帶著身邊的幾名騎兵，舞起長槍就向敵人衝過去。這個人奮起神威，怒目圓睜，長槍如風，所向披靡。大家向陣地上一看，只見他一桿長槍出神入化，左衝右突，往來如飛，比傳說中的趙子龍還要精彩，把敵人打得大敗，立下了首功。他也因此而升任柱國、拜授豐州總管，專門負責對付突厥。突厥人不知道他的厲害，經常入侵豐州，開展打劫活動。但每次他們出動，都被魚俱羅全部殲滅，而且殲滅得片甲不留。開始時，突厥人以為是自己輕敵所至。可是後來不再輕敵了，仍然是片甲不回，這時候才知道不是自己無能，而是魚俱羅太厲害了。從此以後，他們對魚俱羅都無比恐懼，不但不敢前來挑戰，而且連在塞上牧馬的膽量都沒有了。這樣的戰將，楊堅父子沒有辦法不喜歡。

魚俱羅還有一個弟弟叫魚贊，跟楊廣的交情很不錯。楊廣還當藩王時，魚贊就是楊廣的親信，靠著楊廣的提攜，多次升遷，也當上了大都督。楊廣即位後，拜魚贊為車騎將軍。魚贊雖然沒有哥哥上戰場的英雄氣概，但卻生性凶殘，仗著自己是皇上的親信，向來不把部下當人看，心血來潮，就拿部下來虐待一番。他經常叫左右幫他煮肉，如果火候掌握不到位，他就用竹籤刺瞎對方的眼睛。誰溫酒時溫度不合適，他就割對方的舌頭。這些事做得多了，當然會有人告到楊廣那裡。楊廣聽說之後，也覺得這個人的殘忍超出了天際，但因為他是自己的親信，不想親自處理他，就對左右說：「弟弟都如此殘忍，哥哥想來也不會弱到哪裡去。」他說過之後，就把魚俱羅召來，把他狠狠地罵了一通。

魚俱羅那些天把突厥打得落花流水，以為皇上召見，一定會大肆地表揚他，沒想到回來卻被劈頭蓋臉地一頓大罵，心裡十分憤怒。可是你有什麼辦法？誰叫你有這樣的皇上，誰又叫你有這樣的弟弟？

楊廣罵完魚俱羅之後，就把魚贊放出來，讓魚俱羅領回去：你也是懂事的人，該怎麼處理，你看著辦。

魚贊在虐待別人時，下手很不計後果，但他畢竟在朝廷中混了多年，知道楊廣既然這樣對待他了，他不死是不行的。他回到家裡後，第一時間就找來毒藥，結束了自己的性命。

楊廣聞知後，怕魚俱羅心生怨氣，會聯絡突厥人共同侵擾邊境，那麻煩就大了。他馬上把魚俱羅調離豐州，轉任安州刺史。一年之後，又調趙郡太守。

魚俱羅因為這個凶殘的弟弟，被折磨來折磨去，就想著如何討好楊廣。有一次，楊廣徵召魚俱羅回朝，魚俱羅就想趁著這個機會，博取一下楊廣的好感，帶了很多土產向東都出發——楊廣巡遊時，不是很喜歡土產嗎？魚俱羅的這個做法很合楊廣的口味。可是他卻走錯了一步，他到了東都之後，多次去老朋友梁伯隱那裡聊天。楊廣最大的特點就是多疑，兩個很能帶兵的將軍天天在一起，他不起疑才是怪事。魚俱羅見到楊廣之後，把他帶來的土產獻給楊廣，可是楊廣謝絕了。

魚俱羅也不以為意，既然皇上不要，那就分給大臣們吧。

他才把這些土產分送完畢，那邊御史們就已經把彈劾他的奏章送到楊廣面前，說他以郡將的身分結交朝中大臣，這是違反朝廷規定的。

楊廣馬上大怒，把魚俱羅和梁伯隱一起開除。他讓大家清楚，在他的這個天下，誰都不能組小團體。

當然，楊廣把魚俱羅再次免官，並不是真的要把他打入冷宮，永不錄用。他知道魚俱羅只是個武將，在朝廷並沒有什麼根基，處分他一下，一來是讓他清楚你只能老實地去打仗守邊關，不要在大臣之間亂走動，二來也是給那些想組小團體的人一次警示。所以沒幾天，他又啟用被打倒了兩次的魚俱羅，讓他以白衣身分權作將軍、率兵去討伐越嶲郡的蠻族之亂。

接著楊廣又叫他魚俱羅隨他第二次征高麗。

班師之後，楊廣就讓魚俱羅擔任吐萬緒的副手去打劉元進。

現在不光劉元進他們很熱鬧，東方很多地方都在高舉旗幟，跟朝廷對抗。雖然楊廣也到處派人去滅火，但這些火已經熊熊燒起，萬難赴滅。除了吐萬緒這支滅火隊外，楊廣還分派右候衛將軍馮孝慈去攻打張金稱，但只打一仗就被張金稱打死。

吐萬緒和魚俱羅很快就來到前線。

劉元進這段時期以來，事業很順利，幾乎是指到哪裡就可以打到那裡，心情很爽快，覺得朝廷那些將領不過如此。他這時正賣力地進攻丹陽，迎面卻碰到了隆重而來的吐萬緒大軍。

他不知道吐萬緒的厲害，根本不理老吐，只是用心去圍攻丹陽——等拿下丹陽之後，再回過頭來收拾不知好歹的吐萬緒。

吐萬緒馬上向他發起攻擊。劉元進被打了史無前例的大敗仗，這時候才知道碰上高手，馬上解丹陽之圍而去。

吐萬緒繼續推進至曲阿。

劉元進吃了一次虧，也不敢太驕傲，做好防禦工事，跟吐萬緒對抗。

雙方相持百餘日，誰也沒有動誰。

劉元進覺得自己這個辦法很好，大家就在這裡耗著，看誰有耐心。哈哈，老子是這裡的地頭蛇，可以跟你這麼四目相對到地球爆炸的那一天呢。

劉元進放心地躲在營壘裡，以為只要自己掛免戰牌，吐萬緒就會無奈而退走。

吐萬緒這麼跟他對壘，其實就是要等對方的警惕性放鬆下來。他看到「南匪」們果然逐漸放鬆。

終於到進攻的最佳時機。

他下令全軍發起總攻……

劉元進這時候才知道，老吐那把年紀真不是白長的。劉元進又被打了猝不及防，部眾立刻處於大潰的狀態。劉元進根本無法再發起抵抗。朝廷的軍隊衝入大營，一番砍殺，使得劉元進部「死者萬計」，劉元進本人則拚掉老命，乘夜突圍而去。

此時，朱爕和管崇都駐紮在毗陵。這兩人本來都以為，劉老大完全可以將敵人打敗，因此都在這裡觀望，並沒有去援救。他們手裡的部隊也很龐大，連營百多里，聲勢還是很足的。

可是吐萬緒一點也沒有懼色，帶著部隊直接殺上來，把這兩大廠又狠狠地教訓了一頓。

三大廠都領教到了吐萬緒的厲害，再也不敢跟他面對面了，便繼續退，一直退到黃山。

吐萬緒冷冷一笑，不管你退到哪裡，老子都不放過。他帶著大軍又包抄過來，將黃山圍住。

黃山雖然有險可守，可是沒有糧草可用。

三大廠看到吐萬緒圍了過來，斷絕了他們的糧草來源，不用幾天，他們就會在這個風景如畫的大山裡被凍死餓死。本來以為可以憑險據守，不料卻走進了一條死胡同。他們當然不願在大山裡餓死凍死，只好又衝殺了過來。

雙方在黃山腳下進行了一場激戰。

結果，劉元進和身材矮小的朱爕憑本事衝出重圍、逃過一劫，而大帥哥管崇卻在陣前被敵人一刀斬首，三大廠只剩下兩大廠了。

這一次，吐萬緒和魚俱羅不但把「南匪」三分之一大廠砍死在現場，而且還俘獲了三萬多人，可說是大獲全勝，更可以說是沉重的打擊這群「南匪」。吐萬緒和魚俱羅自從跟這股「南匪」交手以來，每戰必捷，把兩人的作戰能力彰顯得很到位。可是由於大隋在楊廣的折磨之下，整個國家已經陷於難以自拔的末期階段，老百姓對楊氏王朝已經徹底失望，因此都奮不顧身地投入造反事業，即使「南匪」們一敗再敗，仍然阻擋不了他們投奔「南匪」的決心，路上到處是扛著武器去暴動的人群。因此，劉元進他們才剛剛被打得身無分文，轉眼之間，手下又聚集了一大群「匪徒」，而且聲勢比以前更大壯觀浩大。

劉元進雖然聲勢復振，但也知道吐萬緒和魚俱羅是萬萬不好惹的，就帶著他的部眾退守建安。

楊廣在行在那裡，聽說吐萬緒在前線天天打勝仗，不禁心花怒放，下令吐萬緒再接再厲，務必把劉元進打到徹底滅亡為止。

吐萬緒接到楊廣這個熱情澎湃的命令，心頭叫苦不迭。他雖然打了一連串的勝仗，一路把「南匪」三大廠像趕鴨子一樣，趕來趕去，可是這些「匪徒」卻真的像那首詩寫的那樣：「發如韭，割復生；頭如雞，割復鳴。」硬是消滅不了。他們打到現在，從來沒有休息過，眾多指戰員都已經累到站著都要打瞌睡，哪能再打下去？於是，他把這個情況向楊廣匯報，請求讓他中場暫停休整一下，待來年春天，再大打一場。楊廣接到這消息後，心裡非常不高興，打勝仗還會打累？你這是不想執行朕的命令而已。

魚俱羅也認為，這些南匪不是一年半載可以擺平的，因此也想休息一段時間。他的兒子們這時都在東都，也很想念在前方拚殺的老爸，他們看到天下越來越亂，都擔心以後道路隔絕，父子難有再見之日，心裡好不鬱悶。正好東都又鬧了饑荒，糧價漲得比風還快。魚俱羅也想為自己做點準備，就派家奴用船把米運到東都賣，賺到錢後，再買來財貨，然後又偷偷地接回自己的幾個兒子。楊廣雖然重用魚俱羅，但對他又非常不放心，因此都派人偷偷地監控他。魚俱羅的這些作為，很快就傳進了楊廣的耳朵裡。本來，魚俱羅的這些行為，就是發點國難財，其他想法是真的沒有。可是楊廣卻怕他有異心，就派使者去對魚俱羅展開調查。使者到位之後，詳細調查，認真盤問，既沒有調查出有異心的證據，更沒有盤問出別的圖謀。楊廣看到這些使者連一點罪證都找不到，仍然不相信，一定是魚俱羅把證據隱藏得太深了。他下令大理司直梁敬過去把魚俱羅抓起來，送到東都。

幾乎所有的人都想不通，經過反覆調查，都沒有查出魚俱羅的什麼事來，而且魚俱羅又剛剛打了很多勝仗，為什麼還要抓他？難道楊廣真的越來越糊塗了？

其實，楊廣並沒有糊塗。他對魚俱羅的懷疑是有他的理論依據的。這個依據就是魚俱羅的相貌。原來這個在戰場上無敵的大將長有異相：目有雙瞳。據說舜帝就是雙瞳，後來的霸王項羽也是雙瞳。這是什麼相貌？帝王之相啊。這個世界上，只能允許楊廣一個人有帝王之相，別人是不能夠擁有的。楊廣其實老早就發現了魚俱羅的這個生理特點，心裡一直在擔心著，只是還沒有抓到什麼把柄，再加上用人之際，就沒有下手。現在看到魚俱羅做出這些可疑的事來，當然不能再讓他活下去了。

相關部門看到這個情況後，馬上理解到楊廣無論如何都不會放過魚俱羅了，就按照楊廣的意圖，上奏說吐萬緒畏敵不敢戰，魚俱羅也打了敗仗，大損朝廷軍威，理應處死。於是，魚俱羅就被押往東都執行死刑。他做夢都沒有想到，自己一直以來，都努力打仗，奮勇殺敵，幾十年來為楊家父子打了很多勝仗，殺了很多人，是徹頭徹尾的功臣，而且心裡從來沒有過其他想法，現在居然被押赴刑場砍頭，獲罪的原因居然是那副雙瞳！生得異相，都是罪過，這真是豈有此理啊。

楊廣斬了有帝王之相的魚俱羅後，又派使者把吐萬緒押送行在。

吐萬緒比魚俱更想不通，他連雙瞳都沒有，居然也被當成犯人裝在囚車裡往北押解。他本來是大功臣啊，所有的戰功都擺在那裡，可是朝廷硬是宣布他的戰績無效，硬是定他的這些勝利為敗仗。他只是如實陳情，卻被套上了怯懦畏戰之名，然後治他的罪。他越想越是憂憤，憂憤到一定程度，身體就受不了憂憤的折磨，在半路上就死了。這兩個大隋資深戰將，多年來，在戰場上叱吒衝鋒，殺敵如麻，沒有犧牲在戰場上，最後卻被楊廣以這種方式殺掉。

5

楊廣解決了這兩個常勝將軍之後，一點也沒有後悔。當然，劉元進他還是要打的。這次，他派另一個強者出馬。

這個強者就是大名鼎鼎的王世充。

這時，王世充的職務是江都丞。王世充除了會拍楊廣的馬屁、很能迎合楊廣的聖意外，其他能力也很強。他接到命令之後，馬上按照楊廣的意思，徵發淮南幾萬人去討伐劉元進。

於是，王世充以此為起點，開始走上了歷史強者之路。

王世充很快就率軍渡江。

劉元進之前被吐萬緒和魚俱羅虐得分不清東南西北，因此對老吐和老魚都很害怕，當他看到這兩個高手莫名其妙地被楊廣做掉了，心裡暗叫真是天助我也。他以為，這兩個強者一死，其他人就不足為慮了。現在看到王世充前來，當然不把他放在眼裡，馬上就出來迎戰。雙方一接觸，劉元進不由得大叫苦也。王世充的部隊是一支生力軍，銳氣正大盛，又把他們打得眼冒金星。劉元進這時候才知道，在戰場上輕敵，也是取敗之道。可是當他很重視之後，仍然被王世充打得毫無還手之力，這時候才知道又碰上強手了。

王世充越打越是順手。連續多天接仗，劉元進和朱燮都被王世充打得傻了。王世充帶兵還真有一套，只要打了勝仗，他都歸功於手下，獲得的戰利品，他也都分給士兵們，因此大家都願意為他拚命。在這樣的對手面前，劉元進和朱燮除了被打之外，仍然被打。最後吳縣一仗，兩人終於被宣布兵敗陣亡，餘眾部分投降，成為王世充的兵員，大多則都逃散出去。

王世充看到劉元進那些散卒逃走，心裡很不甘。他就玩了陰謀詭計：選個黃道吉日，把先降者都集中到通玄寺那裡，自己在佛像前焚香宣布，請佛祖作證，發誓降者不殺。那些逃散的「匪徒」先前之所以投奔劉元進，就是為了混一口飯吃，在老大們全部犧牲之後，他們都逃到了海邊，準備入海為盜。這時聽說王世充免他們一死，就又都組隊回來，向王世充投降。不到一個月，這些逃散人員基本回歸完畢。王世充這才露出他的真面目，把這些人都坑殺於黃亭澗，總人數不低於三萬。

王世充自以為自己這個妙計，可以完全根除了「南匪」之亂，心裡哈哈大笑，老子略施小計，就讓一方平安。其實，劉元進的部眾並沒有回歸完畢，剩下的那些人看到回去投降，等於送死，便都堅定信心，再次相聚為盜，與政府周旋到底。朝廷的軍隊再也無法清除他們，直到大隋宣布倒閉，他們仍然以盜匪的身分存在。

但這對王世充的事業卻沒有一絲一毫的影響。楊廣聞知王世充的做法後，對王世充大加讚賞，說王世充真有帥才，對他的寵信更上一層樓。

楊廣接著下詔，凡是作盜賊的人，其家財產都必須被官府沒收。

他以為如此一來，可以讓屁民們心生畏懼，不敢加入造反集團。可是他的這個政策一發表，那些郡縣官員都喜出望外。楊廣找到了一個讓人懼怕的政策，他們卻找到了一個發財的大好機會。

當時各地都是盜賊，地方官員們都手握這個政策，發現哪個家裡還有點浮財，立刻將他們列為「盜賊」的家人，然後，那些浮財就變成了他們的私產。如此一來，就成功地把更多的老百姓都逼得走投無路，不得不加入「盜賊」行列。

於是，盜賊不但沒有減少，反而越來越多。

杜伏威就是在這個背景下現身的。杜伏威後來在隋末混亂中，很出名。但當時他一點也不出名。這個人的家境貧寒，又不願意勤勞致富，因此一直窮困潦倒。他窮到什麼地步？連養活自己都做不到。為了不被餓死，他只好到處偷別人的東西，是當地人見人恨的小偷。但他有一個很好的朋友叫輔公祏。輔公祏的家境比他好一點——他的姑姑以牧羊為業，所以輔公祏就經常偷姑姑家的羊送給老朋友。姑姑很快就發現自己的羊越來越少，經過觀察，發現是這兩個家賊偷了自己的羊，一怒之下，把他們告了官。

官府馬上派人過來抓捕他們。

兩人當然不甘心被抓，就逃到山裡，然後糾集一批亡命之徒，組成了一個強盜集團，杜伏威成為這群強盜的帶頭大哥。只是這個帶頭大哥當時才十六歲。

他們在山中當了一段時間的專業強盜後，覺得光當個強盜的等級一點也不高，於是他就帶著這隊兄弟逃到長白山區（即今中國山東章丘一帶），擴大隊伍，然後宣布起兵，與朝廷作對。

兩人宣布起兵之後，又發現自己的力量實在是太弱小了，只怕動靜一大，官軍進來圍剿，不用半個回合，就被打得不剩渣。於是，他們又投奔附近一支隊伍——這支隊伍也不比他們大多少。杜伏威這個小偷自從宣布做大事後，表現得十分積極勇敢，即使跟另一個隊伍合併後，仍然保持著吃苦在前、享樂在後的大無畏精神，每次打仗（其實就是搶劫）時，他都衝在第一線，而撤退時，他總是殿後人員。大家看到他如此勇敢，敢作敢為，都佩服得五體投地，便推他為老大。於是，杜伏威就開始建構自己的基本盤。他雖然合併了兩支隊伍，但這兩支隊伍的人數都小得可憐（如果對方的勢力大一點，也不會讓他當挑頭人），如果不在短時間內發展壯大，他仍然無法生存。於是，他睜著那犀利的小偷眼，到處觀察，看看哪支隊伍又可以拉過來，加厚自己的力量。

當時，到處是他們這樣的隊伍，但他不能到處去拉人。因為很多隊伍的體量都比他們龐大很多，他要去跟那些體量龐大的隊伍談合作，就跟把自己送給別人沒有什麼差別。因此，他只能打那些比他更弱的人的主意。

他很快就發現了合適的對象。

這支隊伍的老大叫苗海潮，是下邳人，活動範圍離他不遠，聯絡很方便，而且勢力也很薄弱，是個容易欺負的對象。

杜伏威派輔公祏去找苗海潮，直接對苗海潮說：「我們都是貧苦百姓，無法忍受朝廷的暴政，這才開始反抗。可以說，我們的目標是一致的。可是現在大家都各做各的，力量分散，最終必然被強大的反動軍隊各個擊破，我們都會死得很慘。如果我們合而為一，力量就不僅是一加一等於二了，而是二的N次方了，足以跟朝廷軍隊周旋到底。這樣吧，我先把話說透，如果老兄覺得自己很厲害，那我就讓你當老大，我永遠聽從老大的指揮；如果老兄覺得普通，那就前來聽我的命令。如果這兩樣都不行，那就打一仗來一決雌雄，誰的拳頭厲害誰就是老大。」

苗海潮被他這一番話嚇得當場站起來，一臉發白地走出帳外，集合兄弟們，宣布從此以後，我們都是杜伏威杜老大的子弟兵。

連杜伏威都沒有想到，這件事居然進行得如此順利。從此事我們也看到，苗海潮這個「盜賊」老大，真的膽小得要命，然而這麼膽小的人都開始作亂，跟楊廣的朝廷血拚，可見當時的老百姓艱難到什麼程度了。他們真的忍無可忍，不得不出來拚命了——即使膽小如鼠的人，也敢面目猙獰地操起菜刀了。

杜伏威的家業很快就翻了一番，他也不能再像以前那樣，小規模過著土匪式的生活。他必須開拓事業，攻打更大的地方，在活命的同時，求得更大的發展，壯大自己的力量。他帶著這一支部隊，自稱將軍，前進淮南，開闢新的根據地。

淮南對於楊廣的朝廷來說，是一塊很敏感的地區，因為此地離楊廣最愛的江都很近。

本來江都的首長是王世充，但現在王世充還在猛打劉元進的前線，於是江都留守宋顥就出來討伐杜伏威。

宋顥對杜伏威一定是做過研究的，知道這小子就是小偷出身，獐頭鼠目，哪會打什麼仗，因此一點也不把他放在眼裡。

杜伏威自從宣布作亂以來，雖然到處流竄，搶劫的事做了不少，但還沒有真正跟有規模的朝廷的軍隊過招過，因此還是很小心——小偷本來就是很小心，他跟宋顥對陣之後，假裝打不過，然後逃進蘆葦當中。

宋顥看到這幫「盜賊」果然不堪一擊，自己才大手一揮，還沒有施展出渾身解數，他們就全部潰敗，基本是連一點軍事知識都沒有的，戰鬥經驗也是等於零，真想不到，這樣的一支烏合之眾，怎麼能囂張到現在？看來山東一帶的那幫官僚都是飯桶。哈哈，謝謝你們，山東官僚，讓我有了立功的大好機會——沒有飯桶的對比，自己的英雄本色就暴露不出來。他很威武地一揮手，命令全面追擊，不要說他們躲進蘆葦，就躲到地下，也要追進去，把他們挖出來。朝廷的軍隊很快就追進了蘆葦地。

杜伏威一看，馬上就笑了。他讓事先埋伏在裡面的兄弟們四處放火，燒死他們。

宋顥看到蘆葦中突然到處火起，這時候才知道上了大當。而杜伏威顯然對這個地方是認真研究過的，他放火的地方，都提前看好風向，所有的火都是從上風而起，一時之間，風助火威，蘆葦地片刻就成了一片火海。他的隊伍則守在風口之下，死死地堵住朝廷的軍隊的退路，結果衝進蘆葦的朝廷的軍隊全部被燒死。

宋顥這時候才知道，小偷的某些做法，跟軍事家策略是有暗通之處的。

杜伏威取得了一場對官軍作戰的大勝，成功地消滅了一支成建制的朝廷軍隊，而代價幾乎是零傷亡。

這個地方還有一個與杜伏威性格一樣的老大。

這個老大叫趙破陳。

趙破陳仗著自己是地頭蛇，看到杜伏威突然大踏步進來，便想把小杜收編了。趙破陳光想著如何把這支外來隊伍變成自己的部下，卻全然不知，併購別人的隊伍，那是杜伏威的老本行。

趙破陣派人拿著自己的紙條過去，請杜伏威過來議事。議題就是合併的事。他在紙條當中，囂張地提出，合併之後，他當老大，杜伏威是老二。為什麼？因為他的人數多。

杜伏威一看，心裡就笑了，跟我玩這個，你就嫩一點了。他笑著答應了對方的要求，然後把輔公祐叫來，暗中進行安排：把隊伍祕密拉到趙營之外，以防事態有變。自己則按趙破陣的要求，帶著十幾個兄弟，抬著牛肉和酒進去拜見趙老大——弄得有點拜碼頭的樣子。

趙破陣看到杜伏威乖乖地聽從自己的號令，心裡非常高興，實力真的太有說服力。他上前拉著杜伏威的手，把杜伏威拉進大帳，然後擺了盛大的宴會，召集所有的頭目都來大吃大喝，歡迎南下的杜伏威兄弟，從此我們跟杜老弟就是一家人了，以後你們要像尊重我一樣尊重杜老大。

全場喝得都很嗨。

突然，杜伏威突然站起來，拔出大刀，只看到刀光閃處，趙破陣的腦袋已經離身而出，鮮血沖天而起，噴了杜伏威一身，而趙破陣的腦袋已經滾落在地，那張臉兀自掛著天真而得意的笑容——只是那個笑容已經僵硬得像石頭，看過去只有更加恐怖。

所有參加宴會的大小頭目，瞬間也被嚇住了。這些人雖然被稱為「盜賊」，光從字面上看，好像都是一群無惡不作的土匪，打家劫舍，殺人如麻，其實他們原本大多都是規矩謹慎的貧苦之人，被逼得走上造反之路，膽量還沒有鍛練上來，平時這裡劫一點，那裡搶一下，並沒有經歷過大風大浪，抗壓性完全不夠，突然遭此變故，便集體愣住了，在那裡睜著大小不一的眼睛，看著渾身鮮血的杜伏威，又看看倒在他身邊已經沒有腦袋的趙破陣，不知如何是好。

杜伏威看到這些人一下被自己鎮住，知道事情順利了，他揮著大刀，向大家宣布了他的決定，請他們都跟他一起打。這些人這才都鬆了口氣，表示從此以後，杜老大指哪我們就衝哪——反正跟誰打，都是吃這碗飯的。

杜伏威毫不費力地兼併了趙破陣的勢力，力量在瞬間就變得雄厚。

6

楊廣目前對這些勢力仍然很麻木，雖然山東江南的各種造反勢力，都已經完全可以用上「風起雲湧」這個詞了，而且官軍在圍剿這些「盜賊」時，已經顯得十分吃力，勝仗不多、敗仗不斷，但他卻仍然完全沒有「後果很嚴重」的意思。他原本把劉元進當成心腹之患，那是因為這個人居然敢稱帝，嚴重挑起他那根敏感的神經，讓他忍不住暴跳如雷，這才把幾個大將派出，對劉元進大打出手。現在這個不知好歹的野心家被滅了，他的心態又恢復到麻木狀態。他現在最不服氣的，仍然是高麗，只要一想到高麗，胸口就像壓了塊大石頭，覺得不滅掉高麗，這口怨氣就難消。

大業十年二月，他又把討伐高麗的事排入議事日程。這一次，他民主了一下，召集百僚前來討論。可是大家都知道，就目前的形勢，無論如何是不能再發起一場對外戰爭的。但大家更知道，誰要是敢提出這個正確的意見，誰的腦袋就不保。所以，這個會連續開了幾天，誰都不敢說什麼，大家只是傻傻地站在那裡，像一群木偶人一樣，面目呆滯地正襟危坐，思考系統保持在不運動狀態。

楊廣看到大家都沒有說話，就宣布：「如果你們沒有意見，那朕就宣布，討伐高麗。」

楊廣集結部隊的能力還是很強的，他只在很短的時間內，又徵集全國的軍隊，分百路並進，目標高麗！

在楊廣高調宣布第三次出征高麗時，扶風的盜賊老大「李弘芝」看到所有能打的軍隊都去打高麗了，剩下的已經虛得跟他的腎一樣了，自己完全可以胡作非為了，也跟著高調宣布為天子，國號唐（跟後來的唐無關）。大家知道，楊廣跟所有的皇帝一樣，向來視「天子」為自己的專利，全世界只有他才能擁有這個無上的稱號，誰要是敢膽有這個想法，他就會殺無赦。可是現在他已經把軍隊都部署去打高麗，已經無法再派主力去打這個讓他憤怒異常的「天子」了。

三月十四日，楊廣又來到涿郡。

此時，剛好是暮春時節，北方還是很寒冷的，再加上準備不足，倉促進軍，大家都已經對征高麗產生絕望情緒，士兵們就不斷地逃亡。

楊廣當然很氣憤，前兩次出征，大家雖然也都有不滿的情緒，也有大量士兵逃走，但並不像現在這麼有規模——那時大家都是偷偷地溜，而現在路上都是逃亡的士兵，匯報資料上的描述是：亡者相繼。逃亡的人群跟趕街一樣多、一樣從容無畏。

楊廣永遠沒有想到，士兵們為什麼會這麼公開透明地逃亡？他只是很生氣，覺得必須嚴懲一下，否則這樣的軍隊是不能打仗的。他仍然堅信，只有殺戮，人們才怕他。

三月二十五日，他來到臨渝宮，舉行了一次祭黃帝的儀式，然後把抓到一批開小差的士兵押過來斬首，並將他們的血塗在鼓上，以警示有逃跑念頭的人。可是鼓上的那些鮮血並沒有產生一點嚇阻作用，逃亡的人越來越多。

楊廣看到自己的血腥政策失效，也沒有辦法了。如果是別的人，可能會重新思考一下自己的這些政策，再作出適當的調整。可是楊廣不是一個能認錯的人——如果他能汲取教訓，他還是楊廣嗎。現在你叫他放棄親征高麗，他能答應嗎？這樣打臉的事，他是堅決不會做的。於是，他就只有往死路上大步邁進。

大業十年七月十七日，他進駐懷遠鎮。

此時，他已經沒有了前兩次的雄心。因為現在天下已經越來越亂，交通堵塞，各級官員也在觀望，個個都不作為，雖然他下令百路出發，但大部分的部隊到現在還沒有看到蹤影，只有他一人在這裡張望著。

不過，讓他鬆一口氣的是，高麗現在的國力也很疲憊——一個小國，被大隋連番征討，雖然靠著各種因素，能把楊廣的大軍阻擋在國門之外，讓楊廣連續取得兩次歷史性的大敗，但畢竟是一個小國，幾次三番以舉國之力，抗擊強國，吃奶力氣已經用完，國力受到非常大的損耗，可以說是舉國都累了。楊廣也看到了高麗的這個情況，這也是他咬牙進行第三次高麗的原因之一。他太想滅高麗了——兩次討伐高麗失敗，讓他的臉丟到了國外，他覺得他丟不起這個臉，現在必須趁著高麗元氣大傷，再接再厲，一舉將之滅掉。

這一次，他命令來護兒為前鋒。

來護兒果然不負期望，率兵進至比奢城。

高麗方面的指揮官顯然缺乏軍事常識，看到來護兒的部隊來到，便舉兵逆戰。野戰向來不是高麗的優勢。前兩次跟楊廣作戰時，他們之所以取得勝利，是因為固守堅城。只要他們出城作戰，基本都是被打得滿地找牙。他們沒有看到整個戰爭勝敗的真相。這個真相就是：大隋並不敗給他們，而是敗給自己。看不清事物的本質，就盲目出來作戰，結果高麗兵被來護兒打得叫苦連天，一路敗退，直逼平壤。

高麗老大高元面對這個形勢，也不由得慌了。他也理解到自己真的撐不住了。七月二十八日，高元終於在全國已經癱軟無力的情況下，「遣使乞降」，為了表示自己的誠意，還把投奔過來的斛斯政送給楊廣。

楊廣大悅，使人召來護兒回來。按楊廣的性格，他是絕對不會在這個時候召回來護兒的，可見他也理解到目前的形勢已經往大壞的方面深入了，不得不匆忙結束這場戰爭。得到高元的乞降，他那張老臉也算撿了回來。

可是來護兒不願意。他把大家召來，大聲說：「我們三次出動大軍，居然未能平定此賊，實在是大國的奇恥大辱。何況出征一次很不容易，如果現在撤回，以後將不復再來。這種徒勞無功的事，我是恥於為之的。現在高麗非常窮困，以我們現在的力量，只要加把勁，不用幾天就完全可以把他們制伏。所以，我決定繼續進兵，務必抓到高元，立下大功，再奏凱而歸。」

他馬上上表給楊廣，請讓他按計畫進兵。雖然說楊廣不計後果、強行發起第三次征高麗之戰，是一個大爛招，但從現在的情形來說，來護兒的決定是十分正確的。

可是來護兒的長史崔君肅卻堅決反對來護兒的決定，說怎麼可能不奉詔呢？你難道不知道皇上的性格？請老大馬上按皇上的命令，班師而回。

來護兒說：「明眼人都已經看得出，高麗已經支持不住了。再跟你說一聲，皇上對我向來是信任的，這才把前線大權交給我。我完全可以視情況決定此事。況且，我在外，有事應該由我決斷。我寧可俘獲高麗回去而受處罰，也不能放棄這個機會。」

崔君肅在打仗時，點子基本為零，可是在替來護兒耍弄手段時，大腦表現得十分強大。他看到說服來護兒不行，就去說服大家，說：「如果你們跟從大帥違抗皇帝的詔命，必定會被人上奏到皇帝那裡。到時，我們都將成為罪人。皇上的性格，大家都懂的。」

諸將一聽，崔大人這話還真對。我們拚死拚活去打仗，不就是要立點功勞回去。回去之後，皇帝要是這麼一算帳，我們不但不成為功臣，反而會成為罪人。吐萬緒和魚俱羅的教訓難道還不夠深刻？他們集體去向來護兒請願，說要打老大自己打，我們堅決服從皇上的命令。

來護兒也只能一聲長嘆，宣布奉詔班師。

7

第三次征高麗，就這樣宣布結束。楊廣除了賺回一點顏面外，沒有別的收穫，而且由於大規模徵兵，國力就更加疲軟，大隋的綜合國力已經大幅縮水，直接進入崩潰的境地。當一個皇帝只為了顏面、不計其他後果的時候，他的末路基本就出現在眼前了。

楊廣一定還沒有看到他的末路，他總以為他還處於歷史上的全盛時期。至於那些「盜賊」，雖然到處都是，而且規模越來越大，但都是由老百姓們組成的，只要他拿出點精力來，派幾個得力大將前去，雪亮大刀一揮，就可以把他們擺平——小老百姓，能有什麼能耐、能有什麼雄心壯志？以前放他們不管，那是因為必須是擺平高麗這個心腹大患，現在高麗的降表已經在手，可以教訓一下這些不知死活的「盜賊」了。

楊廣天真地以為「盜賊」們會怕他。沒想到現在的盜賊們對他已經完全沒有敬畏之心了。

八月初四，楊廣懷揣著高麗那份降表、懷著勝利的喜悅宣布，從懷遠鎮班師，然後啟駕而回。這時，邯鄲附近有一支「盜賊」，首領叫楊公卿，看到楊廣的隊伍很龐大，物資也很多，如果做上一票，那真是戰果纍纍，夠他們過上很多天幸福生活了。

當然，楊公卿也知道楊廣的直屬大隊是惹不得，所以他只瞄準了車駕後面的第八隊。他帶著八千多人，突然出現，一路狂奔而來，進行突襲。煙塵滾滾中，朝廷那些人根本不知道對方來了多少兵馬，一時都不知所措。楊公卿最後搶走了飛黃上廄的好馬四十二匹而去。

這個收穫雖然不算大，而且過程也十分簡短，但產生的影響卻十分巨大——象徵著「盜賊」們已經敢直接以楊廣為目標開展軍事行動了，皇帝的天威在屁民們心目中，已經從天上重重地墜落到地板上了。

最要命的是，平時威風凜凜、不可一世的楊廣，在遭此劫後，居然沒有什麼表示——曾經自命為千古一帝、一心要把始皇帝和漢武帝都要比下去的楊廣，看來此時不但腎虛，心也虛了。

楊廣只好硬著頭皮繼續前進。此時，他已經有點灰頭土臉的感覺，那份懷揣降表的喜悅，已經無法再貼到他的臉上了。

十月初三，楊廣終於來到東都。但他只在他曾用心經營的東都住了十二天，於當月的十五日就回長安。

他並不喜歡長安，但這次他必須回長安。

他要在這裡舉行一個儀式，他把高麗使者和斛斯政帶到太廟前，以祭告列祖列宗，同時讓他的老爸知道，老爸你打不過的高麗，我把他們擺平了，哈哈，這是他們的降表，你認真看看。老爸如果還不相信，過幾天我叫高麗王高元入朝覲見，到時你總該相信了吧？

楊廣馬上派人去召高元入朝。可是高麗卻完全不給他面子，直接表示拒絕。

楊廣知道後，在那裡呆坐半晌，果然被高元這小子糊弄了。想不到啊，萬萬想不到，自己在高元那裡居然變成如此傻如此天真。他好不容易撿回的那點顏面，現在丟得就更加難看了。他甚至看到自己的臉色已經無比難看了。被人騙的滋味真的太難受了，而且是一個自視為千古一帝的皇帝在得知自己受騙上當後，內心的憤怒、羞愧、悔恨就更是無以復加了，就更是常人無法體會了。邯鄲「盜賊」乘他不備，敢偷襲他，高麗又不講武德，欺騙他，讓他怎麼活啊。

楊廣終於暴發了，他狂吼著，一定再征高麗，活捉高元，將騙子無賴高元千刀萬剮。他把諸將叫來，命令他們帶好行李，繼續打高麗。

沒有人應和他，大家只是在那裡傻傻地盯著腳尖，也有人偶爾稍稍抬頭，偷偷地斜看他一眼，但都沒有說話。

楊廣平靜下來之後，也知道馬上再征高麗已經不可能了。於是，揮揮手宣布作罷。

最後，他只把那股憤怒發洩到他曾經的親密同袍斛斯政身上。他把斛斯政帶到金光門外處死，然後架起鍋子，把「親密同袍」煮熟了，叫文武百官都來吃人肉大餐。很多人都吃得眉頭緊扣，但幾個馬屁精為了表現自己的忠心，硬是在那裡大嚼特嚼，做出痛恨奸臣賊子的憤怒情態，一塊接著一塊地放進血盆的大嘴裡，居然吃得大飽。那些緊皺著眉頭的人，看到這些嘴臉，都差點當場要吐出「漢奸肉」來。

楊廣也知道，現在形勢真的有點嚴峻了。

十一月十一日，他按傳統習俗舉行了祭南郊儀式。按照習俗，在祭南郊時，他必須在齋宮裡齋戒，以此表示對老天爺的敬重。他向來奢侈慣了，受不得這個苦，就沒有進行齋戒這個環節，直接下令備法駕，到指定地點舉行儀式。

當天，儀式正準備進行，突然颳起大風，颳得他幾乎站不穩。他在心裡大罵一通，老子來祭祀你們，你們居然還颳大風。一氣之下，他只單獨祭了上帝，叫三公向五帝獻祭，然後上車快馬加鞭回宮，好像在逃難一樣。

8

就在這期間，又有很多新註冊的「盜賊」出現，而且這些「盜賊」追求的等級更高，自稱天子，比如延安「盜賊」老大劉迦和離石胡人劉苗，兩人一起事，就直接一步到位。朝廷派人圍剿，居然都不勝。

楊廣仍然保持著他的性格，對稱帝的人絕對不放過。他看到劉迦那麼囂張，便派出屈突通去圍剿。

屈突通領了關內討捕大使的委任狀之後，就帶兵出發，在上郡那裡跟劉迦面對面，只打一戰就把劉迦打得大敗，並在戰場上斬首劉迦，讓楊廣的心情又放鬆了。

心情稍稍放鬆了的楊廣又覺得長安真不宜他居住，便又決定到東都去。

剛剛恢復太史令之職的庾質對他說：「陛下連年伐遼，老百姓都已經被折磨得困苦不堪，國力也因此消耗得差不多了。我們必須到休養生息的時候了。陛下現在要做的，就是鎮撫關中，勸課農桑，用三五年的時間，埋頭苦幹，等國家充實、四海富裕的時候，再到各地巡視。」

庾質的這幾句話雖然簡短，也很通俗、質樸，但對於楊廣而言，是實在的良藥，如果他真的按庾質的話去做，也許大隋還有挽回的可能。

然而，楊廣只是一個善於揮霍的君主，而不是一個有創業精神的老大，他聽完庾質的話後，瞬間怒容滿面。庾質一看，知道楊廣已經無可救藥了，自己再跟他混已經沒有意義了，就聲稱自己有病，不能跟楊廣出行。

楊廣雖然在國事上，臭招不斷，一誤再誤，還被高麗那幼稚的手段糊弄來糊弄去，但他的智商正常的，一眼就看得出庾質是在裝病，是在騙他，不由得大怒：高元那小子騙朕，朕拿他沒有辦法，你這傢伙居然也敢騙朕。你以為你是高元，朕拿你沒辦法？他下令把裝病的庾質抓起來，關到牢房裡。不久，庾質就在獄中死去。

當年十二月，楊廣來到東都，宣布大赦天下。現在大赦天下，對於他而言，已經沒有什麼實際意義了。牢中關的都是老實人，而不老實的人都已經成為專業「盜賊」，公開跟他叫板。

他剛到東都不久，又做了一件讓人跌破眼鏡的事。

東海郡有一股「盜賊」，老大叫彭孝才，在沂水一帶開展活動。彭城留守董純出兵去討伐，經過激戰，終於把彭孝才抓住。這對於大隋朝廷而言，絕對是個好消息，應該對董留守記一次功才對。沒想到，老董面臨的情況也跟吐萬緒當初的形勢一樣，他雖然屢戰屢捷，但「盜賊」卻越打越多。現在楊廣的朝臣中，賢能之士沒有多少，但奸佞之徒卻濟濟一堂。這些奸佞都有一個特點，最嫉妒別人立有功勞。他們看到董純立了大功，眼睛就紅了，對楊廣說：「董純在盜賊面前表現得十分怯懦，畏敵不前，大滅朝廷軍威，使得盜賊越來越多，請陛下處理他。」

楊廣一聽，對啊。要是都取得大捷，盜賊不是早就消滅光了？現在大捷不斷，而盜賊卻更多。一定是董純在玩數字遊戲糊弄朕。他想到自己被騙，心頭立刻怒火中燒，下令把董純「鎖詣東都」，然後誅之。

於是，又一能戰之將，在立功的時候被楊廣做掉。那些「盜賊」聞知，無不歡欣鼓舞，多謝皇上大人，你簡直比我們的臥底還優秀啊。我們無法處理的天敵，你都幫我們清除了。

9

當時，「盜賊」最盛行的地區，大概就是山東的長白山一帶，這裡成了很多股力量的發源地。之前已經有多股「盜賊」發源於此，現在又多發展出一支。這支隊伍的老大就是孟讓。

相比於其他勢力的老大，孟讓的出身要稍微有點等級。他當過齊郡的主薄，是個有水準的人。開始時，他一直單打獨鬥，跟朝廷的軍隊有過多次接觸，他都取得了勝利。那些經常打敗仗的「盜賊」都還在多次全軍覆沒之後，又迅速東山再起，手下又有一大批人跟隨，何況是打勝仗的？所以，孟讓的隊伍發展得十分驚人。

後來，他又跟另一個也發跡於長白山的老大王薄取得聯絡。兩人決定聯手，相互配合，共同跟大隋朝廷硬碰硬到底。

這兩個勢力本來就已經十分強大了，現在又聯合作亂，是真正的「強強聯合」，朝廷立刻感受到了非常大的威脅。

在楊廣不管不顧這些「盜賊」時，那個張須陀和周法尚一直在山東一帶跟「盜賊」們作戰。

於是，孟讓也不可避免地跟這兩個強者面對面。最後，他也被這兩個傢伙打得損失慘重，不得不進行策略轉移，帶著部隊轉戰到江淮地區——很多山東的隊伍，都是這樣走出來的，在山東待不下去，就跑到江淮地區。於是，「盜賊」們發源於齊魯，盛行於江淮。

孟讓進入江淮一帶，初期還是很順利的，一路打下來，直接就攻占了盱眙，部隊也發展到十多萬，隊伍一上路，就顯得浩浩蕩蕩。

孟讓占領了盱眙後，就決定以此為根據，繼續發展壯大。他占據都梁宮，以淮水為堅固的屏障，做好長期居住的打算。

他以為他擺脫了那兩個強者的追擊，完全可以在這裡任意一段時間了。可是他沒有想到，他這裡離江都很近，而江都剛好是王世充的責任範圍。

王世充也是個野心暗藏的人，他早暗中把江都一帶當成自己的基本盤，哪容得了別人一腳踏進來。即使朝廷沒有發出命令，他也要堅決去打孟讓。

王世充帶著部隊出來跟孟讓對壘。他用五道柵欄阻塞險要之外，然後裝著很羸弱的樣子，好像很怕孟讓。

孟讓顯然沒有翻看過王世充的文件，對王世充如何剿滅劉元進的事蹟並沒有了解，以為王世充就是一個靠嘴巴逢迎得勢的小人，現在是不得不出來跟自己對抗的。

他看了看王世充的部署，就笑著說：「果然跟我想像的一樣。王世充只不過是一個文法小吏，哪懂得什麼用兵之道？我將要生擒王世充，然後大張旗鼓地進入江都城。」他說王世充是文法小吏不知兵，其實他又何嘗不是文法小吏？他只是一郡的主薄，說起來是比王世充還要小。很多人在評價別人時，總會忘記自己的身分。

孟讓不但忘記了自己的身分，還忘記了自己所處的境地。他剛剛進入江淮，人生地不熟，大家對他們都還保持著百分之百的提防，很多地方的民眾都自行結柵建壘進行自衛。孟讓連基本糧草都無法籌到。

孟讓很快就理解到問題的嚴重性，他派出部隊四處尋找，可是他周圍的民眾都對他來個堅壁清野，不知道把食物藏到什麼地方去了，讓他連搶的地方都找不到。孟讓的部眾很快陷於缺米的困境之中。

後來，孟讓決定大軍出動，去尋搶糧草。他只留下少量的兵力，圍住王世充的五道柵，其餘的部隊都到南面去開展破壞、搶劫活動。

王世充等的就是這個機會。他看到孟讓的主力部隊已經被抽調去打糧了，馬上下令部隊出擊。

孟讓在面對王世充時，先是犯了輕敵毛病，接著犯了分兵的大忌，而且那個輕敵觀念仍然頑強地占據著他的頭腦，即使兵力已經少得可憐，他仍然不把王世充這個「文法小吏」放在眼裡，沒有做出什麼防備，結果被王世充「縱兵出擊」，毫無還手之力，最後只帶著數十騎跑路。王世充獲得了斬首萬級的大勝，使得孟讓的事業直接進入低潮。

10

在王世充獲得打擊孟讓大捷時，張須陀那邊也是捷報連連。

張須陀首先面對的是齊郡「盜賊」老大左孝友。左孝友雖然在歷史上的知名度遠不如王薄他們，但現在在他手下也有十萬之眾，駐紮在蹲狗山中。張須陀帶兵進逼，左孝友老早就知道張須陀是個高手，這幾年來在山東開展剿匪工作，幾乎是每戰必贏，覺得真不是別人的對手，就出來辦理了投降手續。

張須陀不戰而逼降一支十萬人的「盜賊」，立刻威振東夏，朝廷對他也是大肆地提拔，讓他領河南道十二郡黜陟討捕大使——等於十二郡的剿總司令。

張須陀降服了左孝友之後，並沒有消停下來。因為形勢真的不能讓他消停。此時，涿郡的一幫「盜賊」在盧明月的率領下，駐紮在祝阿（今中國山東境內）。

這又是張須陀的服務範圍內，他必須去擺平。說擺平好像很容易，但現在張須舵手下只有一萬多人，盧明月卻有十萬之眾。

但張須陀還是帶著大家前去對抗盧明月。

張須陀這次也不敢託大，並沒有像往常那樣，一來就肆無忌憚大打，而盧明月也許懾於張須陀的威名，也不敢主動進攻。雙方就在那裡相持。

大家知道，相持並不是進行耐心比賽，而是比後勤，誰的後勤有保障誰的勝算就大。

雙方在那裡大眼瞪小眼對視了十多天之後，張須陀首先宣布糧草將盡。

如此一來，張須陀就必須撤退。

張須陀知道，撤退的消息一出，盧明月一定會追殺過去，他就只有被挨打了。他能這麼被捱打嗎？

對於張須陀而言，這的確是危機深重的時刻，但對於一個戰場老手來說，他一樣有能力把危機轉化成自己的良機。張須陀就是這樣的高手。

他顯然早已經想到今天這個局面了。因此，他在部署撤退時，就對大家說：「敵人看到我們撤退，必定會全軍追殺過來。我們只需要一千多人繞到敵後，襲擄他們的大營，就可以大獲全勝。哪位兄弟願意去執行這個任務？」

本來，大家面對敵人十萬大眾，心裡都已經有點害怕了，現在又沒有糧草，這可是敗局已定的形勢了，居然還要去襲擊敵人，這不是送死是什麼？

張須陀連問了幾遍，手下諸將都不敢接受任務。最後，只有兩個人站起來，請大帥讓他們前去。

張須陀一看，不由得大喜。於是，一個歷史性的強者又浮出水面。

這兩個人中，一個是少年殺手羅士信，另一個就是在歷史上比羅士信更加大名鼎鼎的人物——秦叔寶！

看過說唐之類演義的人都知道，秦叔寶是山東人。這個人後來很生猛，但出身並不顯赫，他的前幾代都當過中階文官。他的父親年輕時，就辭官歸隱，所以秦叔寶小時候的家庭並不富裕，生活過得應該十分普通，以致在他的本傳裡，根本沒有記載他小時候的事蹟，直接從他投軍的經歷寫起。他最先是投到來護兒的帳下。是金子總會發光這句話放在他的身上還是很合適的。他在來護兒帳下時，開始時只是普通一兵。來護兒很快就發現了人才，對他非常器重。

秦叔寶的母親逝世時，來護兒居然派人代表他前往弔喪。大家都不清楚，問來護兒：「很多地位比秦叔寶高得多的人家裡出現喪事，老大都不理，為什麼唯獨去秦叔寶家弔喪？」

來護兒說：「此人驍勇彪悍，志向遠大，以後必定會憑自己的本事獲得大富大貴，豈可等閒視之？」再後來，他又投入張須陀麾下，隨張須陀前來對付盧明月。

張須陀看到他和羅士信出來請戰，不由得大喜，把柵欄拆出之後，派他們每人帶著一千部隊埋伏在蘆葦當中。

一切布置妥當，張須陀下令拔寨而起，撤軍而去。

盧明月一看，此時不追殺更待何時，哈哈，張須陀你也有困難的時候。為了保證把張須陀徹底擊敗，為「盜賊」同胞們報仇，盧明月果然傾巢而出，向張須陀追殺過去。

秦叔寶和羅士信看得一清二楚，馬上帶著部隊從蘆葦叢中躍起，赴向盧明月的大營。當時盧明月的營門緊閉，兩人爬過柵欄，登上寨樓，各自手起刀落，連續斬殺數人，盧明月的大營頓時大亂。兩人趁機殺到營門，把營門外的部隊放了進來，然後帶著大家到處放火，燒毀了盧明月的三十多個軍營。一時之間，盧明月的駐地大火沖天。

如果盧明月不理後面的營寨，只顧繼續往前衝殺，把張須陀追到地老天荒為止，張須陀仍然會被盧明月打得頭都抬不起，襲擊之計仍然不會成功。可是盧明月沒有這樣的膽略和見識，看到背後大營變成一片火海，心頭頓時陷於無比凌亂的狀態，什麼也不想，急率全軍馳還，想救一救大營。

於是，張須陀之計宣告成功。

張須陀看到盧明月撤退，馬上拔轉馬頭，下令全軍反擊。士兵們看到敵人果然已經一片慌亂，那邊的確也濃煙滾滾，大火燒紅了半邊天，張大帥的陰謀果然實現了，無不勇氣百倍，向敵人奮力衝殺。結果盧明月不但沒有救回大營，自己反而被張須陀「大破之」，最後只帶著數百騎兵逃走。張須陀所獲不計其數。

在張須陀忙著打仗、打得連個假日都不能休息的時候，楊廣終於也費心研究一下這些「盜賊」生產的原因了。他研究的結果，仍然是他原來的那個觀點，人口太多，而且逃亡的人口也太多，這些逃亡的人最後都去當了「盜賊」。他終於知道這些人逃亡的原因，就是沒有房、沒有田地，生活無著落、溫飽沒有解決——至於他們為什麼被逼得生活無著落、溫飽沒有解決，他是不再追問了。現在他必須解決這些問題。

大業十一年二月，楊廣頒布了一個政策：命令百姓都遷入城內居住，至於田地都就近分給，郡縣、驛站、村莊都修築城堡，管理這些老百姓。

楊廣以為他這個辦法，就可以讓天下太平了，可是仍然管不住。

當他釋出這個政策時，張須拔又在上谷作亂，而且一下就嘯聚十萬人。張須拔自稱漫天王，還定了國號為燕；魏刀兒也開始鬧事，自稱歷山飛，一樣也有十萬人跟著他們打打殺殺。這兩個傢伙不但自己到處打劫，跟朝廷的軍隊作對，而且還勾結北方的突厥，當突厥的嚮導，一起跟大隋朝廷玩。

11

就在天下到處亂時，楊廣還在朝中製造了一個冤案。

話說當年大隋強者李穆死後，他的兒子李筠當然順位繼承了李穆的爵位，可是李筠的叔叔李渾覺得李筠太吝嗇，居然怒從心頭起、惡向膽邊生，派他的一個姪子李子善，在一個月黑風高的晚上把剛剛當上申明公沒有幾天的李筠殺掉。一個當朝貴族突然被殺，朝廷當然要破案。李渾就把這個罪名推到另一個堂姪李瞿曇的頭上，成功地讓李瞿曇代替他們去死。

李筠一死，申明公的爵位就空缺了下來，李渾當然不會放過。他也有自己的門路，他的門路就是宇文述。宇文述是他的內兄。

李渾找到宇文述，說：「你要是幫我繼承申明公的爵位，以後我就把封邑中一半的稅賦送給你。」

宇文述一聽，只要你說話算話，我就幫你。

當然算數，你見我說話不算話過嗎？

那時，宇文述剛幫楊廣奪得太子之位，楊廣對他向來是有求必應。他請楊廣讓他的妹夫李渾承襲申明公——反正李筠已經死了，就讓弟弟承襲吧。

楊廣一聽，小事一樁，他到楊堅面前一說，楊堅立刻下文，封李渾為申明公。

李渾剛當上申明公兩年時，按時按量把封邑裡的稅送給宇文述。可是兩年之後，他就不再送了，宇文述知道這小子在玩他，心頭十分惱火，但又不好意思當面催問，只好強壓怒火，慢慢找機會收拾這個見利忘義的妹夫。

本來，這兩人的利益爭鬥跟楊廣完全沒有關係。可是楊廣向來疑心很重。他看到李氏門族強盛，就有點忌恨。不久，有個叫安伽的方士對楊廣說：「李氏當為天子。」這讓楊廣嚇了一大跳，問安大師怎麼辦？

安伽說：「殺盡天下李姓者，當然就化解了。」

即使是楊廣，也知道他再怎麼有本事，都不可能殺盡天下李姓的人。不能殺盡天下李姓的人，但把李姓中很厲害、有潛在威脅的人殺掉總可以吧？

誰是潛在威脅的人？

楊廣想來想去，現在全國最為強盛的李氏就是李渾這個家族，得想辦法把他們清除。

正好李渾有個姪子叫李敏，現任將作監。李敏的職務不大，但他有個小名讓楊廣很提心吊膽。

李敏的小名叫洪兒。在很多人看來，這個洪兒跟狗兒等等小名真沒有什麼區別，更沒有什麼威脅效果，簡直是人畜無害。可是在楊廣看來，卻是個大威脅。當年楊堅之所以決定遷都大興，據說是因為做了一個夢。他夢見當時的首都被洪水淹沒。從此，不管是楊堅還是楊廣，一聽到洪水就很敏感。現在又有安伽大師的那句話，又有「洪兒」這個名字，能不讓楊廣神經緊繃才怪。但這個「洪兒」又是個老實人，地位也不高，從沒有什麼過錯，也沒有什麼把柄貢獻給楊廣。

楊廣實在受不了，就把「洪兒」叫來，直接把圖讖的事向他說清楚，然後告訴他你犯了大忌，該怎麼辦，你懂的。

楊廣把話說得如此露骨，就是希望「洪兒」自己動手，把自己做掉，免得很多麻煩。

可是「洪兒」實在不願死：父母把我生到這個世界上，並不是讓我來自殺啊。

但他仍然「大懼」，回到家後，就跟李渾和李善衡關起門來商量，如何才能讓他度過此劫。

宇文述對李渾的恨到這時仍然沒有消化，時刻在盯著李渾，一定要抓到這個背信棄義、敢糊弄內兄的妹夫的把柄。當得知李渾和洪兒在商量這件事時，他就笑了。

宇文述先不斷地在楊廣面前說李渾的壞話，然後叫裴仁基上表告李渾造反。

楊廣等的就是這個控告信。他馬上派人去把以李渾為首的李穆後代都抓起來，關進監獄，然後成立了一個以元文都和裴蘊為首的專案組進行審理。裴蘊絕對是辦案好手，之前曾為楊廣辦過楊玄感案，各種酷刑都運用自如，能把冤案辦得像真的一樣。可是這幾個得力辦案人員，在審理多日後，卻得不到一點謀反的證據，最後不得不「以實奏聞」。

楊廣一看，怎麼可能？圖讖都說得那麼清楚了。看來你們的能力太欠缺了，換人。

他換上了宇文述。

宇文述一接受任務，心裡就樂開了花。

宇文述也知道，他的這個妹夫除了愛財加吝嗇之外，真的沒做出謀反的事，如果只花時間在他們的身上，就是審問到死，都不會審出有價值的東西來。

宇文述就重新找了切入點。這個切入點就是李敏的夫人宇文氏。你一看這個姓，就知道宇文述找對人了。宇文述雖然在高麗戰場上，上了敵人的當，被打得眼冒金星，但他當了這麼多年的奸臣，而且是在楊廣這樣的精明的人手下當奸臣，沒有一點城府是走不到現在的。他一來就抓住了宇文氏的痛點，一番灌輸誘導，就讓宇文氏完全聽從他的話去做。

宇文氏按照他的意思上表給楊廣，控告李渾曾經策劃趁著大軍征高麗渡過遼河時，與家裡那些在軍中任職的子弟商量，準備一起襲擊御營，然後擁立李敏為天子。你一看這個控告，就知道內容實在是太假了。你想想，李渾是什麼人？為了搶個申明公，居然向姪子痛下殺手，不惜進行謀爵害命的勾當，然後為了那一半封邑的稅賦，連權勢顯赫的內兄都敢糊弄，如此自私之人，費盡移山心力舉行政變之後，能讓李敏當皇帝嗎？

千萬不要以為宇文述的腦子錯亂了，連這樣的邏輯分析能力都沒有。他也明明知道這個控告是很不合乎常理的。可是他知道他會成功。因為現在楊廣需要的不是常理，更不是鐵證，而是要找到一個理由，把李敏殺掉，以除心頭之患，而且他自己也需要殺掉妹夫李渾，以洩心頭之憤。這就足夠了。

宇文述拿著這些造假的證據送給楊廣。

楊廣看到宇文述果然打得漂亮，不枉自己把他當親信這麼多年。他當然也知道，這些資料裡沒有一個字是真實的。他拿著那份造假資料，激動得當場向宇文述掉下皇帝的眼淚，說：「吾宗社幾傾，賴公獲全耳。」這幾滴皇帝的淚水掉下之後，就把以李渾為首的李氏宗族三十二人全部殺掉。李渾其實只是想貪一下那個爵位，糊弄了自己的內兄，哪想到這個內兄如此心腸，不惜製造冤案，直接把他做掉。

楊廣殺了李氏一門，覺得心情又是一鬆，讖文上的那句話，被終於被他一刀化解了。正好這時，有一件事的出現，像在說明他的化解真的很及時。親衛校尉高德儒跑來向他報告：「陛下，剛剛，就在剛剛，兩隻鸞鳥從西苑突然凌空飛出，雙雙飛到寶城朝堂面前。我們十幾個人就是目擊者。」

楊廣問：「還在嗎？」

已經飛走了。

當然已經飛走了。不飛走，他們還能糊弄楊廣嗎？大臣們都知道這是高德儒創作出來的「祥瑞」（其實很多此類事情的發生，都是某些人根據需求創作出來的），他知道現在楊廣太需要這個了。這件事一出現，就充分說明，楊廣殺滅李家是正確的，老天爺是認可的，老天爺特意派這兩隻大鳥前來告知老天爺的認可。

大臣們剛聽到這個消息時，都恨自己腦筋太過遲鈍，為什麼不能像老高那樣有那麼高的政治敏感性。他們已經遲鈍了一次，不能再遲鈍下去了。於是，都跑過去向楊廣祝賀。

楊廣當然龍顏大悅，立刻為他找到殺李家理論依據的高德儒開了表彰大會，將高德儒破格提拔為朝散大夫，賜物百段，其他目擊者也都得到了賞賜。然後在鸞鳥停留過的地方修建了儀鸞殿。

12

楊廣把這個讖語化解之後，覺得自己的安全程度已經又回到歷史最高點了，完全可以不用理國家大事了，又應該去玩耍了。

他這次去的地方又在西北，先到太原。天氣回暖之後，他到汾陽宮避暑。大家知道，每次他出巡，並不是他一個人帶著一堆家人出去，而是都帶著大隊人馬。這個大隊包括很多大臣。由於汾陽宮並不大，容量太小，因此大部分的士兵都不得不在山裡野居。他們只能割草做成茅房來暫時解決睡覺問題。

楊廣自以為殺了李洪兒，就消除了最大的隱患，其實真正消除大患的是李淵。本來，楊廣也高度懷疑李淵，但他被李淵麻痺了，就把目光投向李洪兒。於是，他就消除對李淵的戒備，又讓任命李淵為山西、河東撫慰大使，而且還給他很大的人事權力：可以決定補選郡縣官員的升遷和降職。當然，更讓李淵最高興的是，還可以帶領河東的子弟兵去進攻「盜賊」，這可是兵權啊。在這個時候，手裡有兵才是最大的利好。

楊廣一定忘記了，李淵不但姓李，而且也有個三點水的淵字。淵和洪，都是跟水有關的字，而且含的水分也是差不多的。

李淵有了這些權力之後，迅速放下酒杯，又變得生龍活虎，帶著部隊來到龍門，進攻這裡的「盜賊」首領毋端兒。毋端兒的姓名雖然很不好讀，但打仗的能力很差，手下的力量不足，被李淵小試牛刀，就全面失敗了。

楊廣看到李淵打了勝仗，心裡很高興，看來自己真的很會用人。哈哈，治國就是治吏嘛，用對了人，就什麼都對了，自己就可以放心玩耍了。

八月初，楊廣又乘著秋高氣爽，巡遊北塞。

此時，主持對北方少數民族事務的仍然是裴矩。

裴矩仍然是老一套，就是不斷地分化瓦解，這個分化已經成為突厥的癌細胞一樣，分化一次，他們就會弱一點。始畢可汗經過多年的經營，這時力量又變得可觀了。裴矩每天都盯著他，認為又到分化他的時候了。於是，裴矩就又故技重施，找來始畢可汗的弟弟叱吉設，說朝廷覺得你是個人才，對朝廷忠心耿耿，所以想把宗女嫁給你，然後任命你為南面可汗。

之前，這個方式基本都是屢試不爽，成功率很大，這次叱吉設卻不上當。這個人不上當的原因並不是他智商很高，政治覺察力強，能站在全體突厥的角度上考慮問題，而是因為膽小不敢接受。他怕他哥哥，因為現在他哥哥的力量已經很強悍了。他要是敢娶那個美麗溫柔的大隋宗女，他哥哥的大刀馬上就砍了過來。

始畢可汗很快就知道這件事，心裡非常生氣，裴矩這個傢伙真是太可惡了，老是來挖我們的牆腳。他對大隋就開始了怨恨——當然，他之前可能也有怨恨，但那時力量還薄弱，他只能把怨恨埋在心裡，現在他已經有了資本。這個怨恨要是繼續上漲，大隋北方就又要發生動盪了。

裴矩立刻知道了始畢可汗的態度。他當然不能讓始畢可汗得逞。裴矩知道始畢可汗有個親信叫史蜀胡悉，很有謀略，是目前始畢可汗最為倚重的智囊。如果始畢可汗要作亂，史蜀胡悉會是操盤手。這傢伙不除掉，後患就無窮。裴矩對史蜀胡悉的性格瞭如指掌，知道這傢伙不但有謀略，也很愛財——歷史多次證明，只要愛財的人，不管智商有多高，眼光一接觸金銀財寶，智商能力都會直線下跌到地平線。他派人去對史蜀胡悉說，我這裡有個很好的生意，想跟老兄合夥。如果老兄感興趣，可到馬邑面談。

史蜀胡悉一看，兩眼立刻發光，這麼好的生意真是天底下難找的。時間就是金錢。他在接到書信的第一時間，就抱著想快點發財的心情，騎著快馬來到馬邑。當他滿身臭汗地來到裴矩面前，還沒有說一句話，裴矩就大手一揮，幾個武士過來。他一愣之間，大刀已經電閃而出，史蜀胡悉的腦袋隨之滾落地下。

裴矩砍死史蜀胡悉之後，就派人對始畢可汗說：「史蜀胡悉背叛可汗來向我們投降，我不得不把這樣不忠誠的人殺了。」從這個口氣看，他把這件事看得十分輕鬆。因為他這幾年來，一直就這麼做，已經做得輕車熟路、遊刃有餘，突厥那邊向來只是啞口無言。他絕對是這方面的老手了。只是他萬萬沒有想到，老手也有翻車的時候。

13

始畢可汗能讓突厥像是重整旗鼓一般，他的智商當然不低，一聽裴矩這個冷冰冰的解釋，根本不用思考，也知道裴矩在做什麼。他本來已經對大隋生氣了，現在裴矩又公然殺他最親信的人，他還能對大隋有感情嗎？

裴矩以為殺了始畢可汗的軍師，始畢可汗就不會有什麼作為，北方就又可以進入一個相對安全的時期。可是始畢可汗並不像他想的那麼沒有個性。

在裴矩為自己採取果斷措施而洋洋得意時，始畢可汗卻進入了憤怒的顛峰：你們既然殺了我的軍師，我為什麼還做縮頭烏龜？如果不再找個理由，只怕裴矩這個老奸巨滑又心狠手毒的人還會向他下手。

於是，他決定做一票大的。

這一票是真的大——趁著楊廣北巡時，率十萬突厥精騎，襲擊楊廣的車隊。這一票要是成功了，真的可以名垂青史。

始畢可汗的策畫做得好，也很宏大，就是保密工作出了漏洞——他居然讓他的老婆知道了他的全部計畫。而他的老婆就是義成公主。義成公主雖然只是大隋宗女，並不是真的公主，雖然嫁了始畢可汗，但她並沒有嫁雞隨雞嫁狗隨狗，心裡仍然以國家為重。她得知這個計畫後，就偷偷地派心腹去向楊廣告密。

八月初八，始畢可汗已經做好了準備，只是他萬萬沒有想到，睡在他身邊多年的那個女人原來是個臥底，早已把他的計畫全盤告訴了楊廣。

楊廣得知這個情況後，怕得要命。他只好宣布暫停北巡的步伐，八月十二日，他以最快的速度進入雁門——如果再晚一點，他就得在野外跟始畢可汗唱反調了。楊廣雖然很狂妄，覺得自己的成就和能力完全可以把漢武帝加秦始皇秒比下去，可是他也知道現在他直接與突厥兵交火，他丟掉性命的機率是很大的。他的一個兒子楊暕來不及進入雁門，只好率後軍撤回崞縣。

由此可知楊廣這一次的危急程度。

始畢可汗看到楊廣退守雁門，當然沒有閒著，更沒有放棄，率著部隊殺了上來，第二天（也就是八月十三日），就包圍了雁門。始畢可汗看到楊廣這麼狼狽，看到雁門城裡不但兵少，而且糧草儲備也不多，不由得哈哈大笑：你們欺負我這麼多年，還殺我的軍師。現在我就殺你們的皇帝。

楊廣這時也跟所有的人一樣，全面進入「惶恐」的狀態——此時，他要是知道這件事是由裴矩殺史蜀胡悉引起的，他一定會把裴矩押上來，親自用最殘忍的手法把這傢伙殺掉。你要殺敵人的親信，為什麼不早殺或晚一點再殺？偏偏在老子北巡靠近突厥的勢力範圍時動手？你砍敵人腦袋是很痛快，卻替朕製造了這個性命之憂。

當然，現在他已經沒有功夫去恨裴矩了，他睜著那雙已經驚恐萬分的眼睛，看著大家手忙腳亂地加固防禦工事。雁門雖然是邊關重鎮，可是這幾年來全處於和平時期，城裡已經全面放鬆了，完全沒有戰爭的準備。大家只好亂哄哄地到處跑，覺得這個城實在太薄弱了。他們就拆民房來加固工事。當時，城裡有軍民一共十五萬人，糧草最多夠二十天。

只在很短時間內，突厥就取得在重大勝利：雁門郡共有四十一城，突厥就拿下了三十九城，只有楊廣居住的雁門城和楊暕據守的崞城還在他們的手裡。

從這個局勢看，始畢可汗已經牢牢地掌握著主動權，而且優勢十分明顯，毫無準備的大隋軍已經不堪一擊。如果他只集中力量，全力進攻雁門，楊廣束手就擒基本上就沒有什麼懸念了。可是他卻分兵去攻打其他城，讓已經命懸一線的楊廣那口氣又長了一點。

楊廣這時心頭的恐懼已經達到有史以來最高點。他抱著他的另一個兒子楊杲放聲大哭，而且哭得兩眼紅腫，毫無大國領袖的尊嚴。

楊廣最為倚重的心腹宇文述對雙眼紅腫的楊廣說：「陛下，現在雁門真的危在旦夕，看來難以守得住了。陛下不如先帶著幾千精騎殺出重圍，再作打算。」

楊廣一聽，不由得一愣，覺得他說的很對。

蘇威說：「陛下大可不必太擔心。我們雖然有點被動，但如果只守此城，我們的力量還是足夠的。而輕騎則是突厥的強項啊。如果我們殺出去，在野外跟他們對抗，正所謂以己之短，攻敵之長。結果如何，我就不用多說了。陛下是萬乘之主，豈可輕動。」

楊廣一聽，又是一愣，覺得蘇威說得一樣有道理。可是這個城，真的能守得住嗎？蘇威的話雖然有道理，可蘇威不是軍人，光紙上談兵是很有道理的，有些道理放在戰場上是行不通的。他又看了一眼樊子蓋。樊子蓋是軍人，而且在守洛陽時，表現得很優秀。

樊子蓋說：「陛下現在是在危境中僥倖保全，如果出城，有很大機率會陷於狼狽的境地，那就追悔莫及了。不如堅守城池，以此來挫敗敵人的銳氣，然後徵召全國各地的兵馬前來救援。現在陛下要做的，就是出去親自撫慰將士們，並宣布不再征伐遼東，對有功者重賞。這樣一來，眾多官兵必定會人人奮勇爭先，最後勝利會屬於我們。」

楊廣每次出巡，別人可以不帶，但那幾個親信那是一個不能少的。那幾個親信平時除了為楊廣的遊玩以及折磨全國人民不斷貢獻點子，基本上沒有提過什麼利國利民之舉，楊廣把國家弄到這個地步，他們都是出了大力的。但他們並不傻，聽了宇文述以及蘇威、樊子蓋的話後，立刻知道後面兩位說的才是正確的建議。於是，他們都挺身而出，第一次反對他們圈子裡的宇文述，紛紛支持蘇威和樊子蓋的話。

先是楊廣皇后的弟弟蕭瑀出來發言：「我們都知道突厥的有個風俗，就是可汗的妻子都可以參與軍機。我們的義成公主是以皇帝女兒的身分嫁給始畢可汗的，她現在對我們還是有感情的，同時，她也很想倚仗大國為她的後援。我們可以派一個使者去跟她取得聯絡，讓她在那裡做一點干擾工作。另外，目前將士們普遍的想法就是怕陛下在解決突厥、脫離這次危險後，又去打高麗。所以，陛下應該旗幟鮮明地向大家宣布，赦免高麗之罪，讓大家吃個定心丸，以便專心去跟突厥拚命。」

虞世基也過來，勸楊廣這次一定要捨得出點血、割點肉，重重懸賞，然後下詔停止征伐遼東的兵役。

楊廣這幾年來，一直把征伐高麗作為他國策中的頭版頭條、所有軍政大事的重中之重，現在這些人的這些建議，都在打他的臉，而且都是他很多年來的親信，之前，他們總是在他的面前，滿臉笑容地看著他，不管他說什麼，他們都急著附和，然後都開始動腦，幫他把這一切做得更加完美。現在居然都過來勸他檢討全體將士。他的心裡這時已經顧不得憤怒了，只是看著這些人的嘴臉在心裡苦笑著。其他大臣一看，原來這些人是壞而不是傻啊。

楊廣是一個向來沒有承認過自己錯誤的人，但這時他必須承認，而且還必須親自去宣布自己過去做錯了，再向大家拍胸膛保證不再犯這種錯了。

楊廣抹乾眼淚，整理好服裝，然後就出來，按照大家的建議，進行了慰問和許諾，最後對大家說：「只要大家努力殺敵，保證勝利，凡是參加這次戰鬥的人都勿憂富貴。我一定不允許相關部門的官員耍弄刀筆侵吞你們的功勞。」現在你知道了吧，很多主管對下級官員們的種種作為，他們知道得比當事人還要清楚，只是他們都假裝不知道。即使你去找他控訴，他仍然說沒有這回事。

楊廣宣布這件事之後，看到將士們的精神面貌果然就煥然一新，知道說服做得成功了，便下令：「守城有功者，無官直除六品，賜物百段；有官以次增益。」

這個人終於大方了一次。

為了讓大家的信心始終保持在最高點上，楊廣不斷地派出使者，慰勞戰鬥在第一線的士兵們，以致於「使者慰勞，相望於道」。將士們都拚掉老命，晝夜奮戰，死守城頭，即使傷亡很重，誰都沒有離開火線。

楊廣終於稍稍鬆了一口氣，然後下詔招募各地之兵前來救駕。

很多郡守縣令都很積極響應，率兵前來赴難，以便建功立業。

於是，又有一位歷史強者登上歷史舞臺。

第四章 反賊遍地，楊廣依然拒警報；加盟瓦崗，李密計斬張須陀

1

這個強者就是李世民。

所有的人都已經知道，他是李淵的兒子。李世民於開皇十八年二月出生於武功——這是李淵的別館。據說他出生時，有兩條龍戲於館門之外，而且整整在那裡舞了三天三夜，直舞得連牠們都覺得無聊了才飛升而去。他小時候的情況，也跟很多強者一樣：幼聰睿、玄鑑深遠、臨機果斷，不拘小節，而且他的想法在那時，就已經把很多人超越：時人莫能測也。

年紀輕輕，就讓人覺得深不可測，這樣的人做不成大事，誰還能做成大事？

比起很多開國皇帝來，他出道就提前得多了。當他看到楊廣招募勤王之兵時，就首先出來響應，此時他才十六歲。

這時，他並沒有在他的老爸手下混，而是應募到了那個雲定興的帳下。

雲定興是個著名的機會主義者，也是個極端自私的人物，當年為了富貴，不但出賣自己的女婿，最後連自己的外孫也害死。他現在的職務是屯衛將軍，接到楊廣的求救詔書之後，比誰都知道這個機會實在太難得了，千萬不能失去，因此也積極出動，爭取立個大功勞。

他率先帶著部隊來到前線。但到了前線之後，看到突厥兵真的又多又生猛，就有點傻眼了，直接開打吧，好像打不過；不打吧，以後皇帝怪罪下來，性命都要完蛋。真的來得不是時候啊。

在雲定興舉棋不定的時候，十六歲的李世民對他說：「老大不必擔心。始畢可汗敢這麼舉兵圍困皇帝，一定算準我們在倉促之間無法前來救援。所以，我們最好在白天大展旌旗，弄得幾十里連綿不斷，到了夜裡，就敲打所有的金鼓，弄得鼓角相聞，好像聲勢十分浩大一樣。他們一定以為我們大批援軍已到，馬上就會望風而逃。否則，敵眾我寡，被他們全力打擊，我們就真的有去無回了。」

雲定興只好採納了李世民的建議，迅速進行部署。

那邊楊廣也在按照自己的計畫行事，派人偷偷去見義成公主，請她想辦法。

即使楊廣不派人去見義成公主，她也不能見死不救——本來就是她把始畢可汗襲擊楊廣的計畫洩漏給楊廣的，否則楊廣現在早就沒命了。楊廣的使者跟她見面後，她請使者放心，然後對始畢可汗說了四個字：「北邊有急。」

始畢可汗也跟所有的皇帝一樣，對內向來疑心重：這幾年來，裴矩無時無刻都在分化瓦解他們，一直在用大量的金錢收買突厥的菁英，讓他很憤怒也很苦惱。現在他一聽到這四個字，身上每個汗毛都豎起來。正好這時，東都諸郡的各路兵馬也都來到忻口，讓始畢可汗也有點心虛。他知道如果大隋的大軍都集結而來，他萬萬不是對手，不如趁他們還沒有協調好先撤退為妙。

九月十五日，突厥兵終於全面解圍而去。他們的動作十分快捷，轉眼間就無影無蹤。

楊廣看到城外突然間空蕩蕩的，便派人出去看個究竟，發現四周山谷已經沒有一匹胡馬了，這才相信突厥真的撤了。他這才派人去追擊。到了馬邑，居然抓獲了兩千多突厥老弱而回，也算挽回一點面子。

2

楊廣也從雁門南撤，回到了太原，終於覺得徹底安全了。

蘇威對他說：「陛下，現在全國各地到處是盜賊，滅不勝滅，我們的士兵都已經疲軟了，請陛下馬上次到西京主持朝政，做好鞏固國家的長久之計。」

楊廣受了這一次驚嚇，聽了蘇威的話，覺得很對。

宇文述對楊廣說：「陛下，跟隨陛下的官員的家小都在東都，還是照顧他們一下，最好是順道先到洛陽，再從潼關到長安。」

楊廣一聽，這可是兩全其美的辦法啊，馬上從之。從這件事上看，楊廣玩心仍然很重。

十月初三，楊廣終於回到了繁華的東都。

他進入東都的時候，兩隻眼睛就不斷地向東都的大街上看著，看到大街上仍然人來人往，心頭很不爽。他向來認為，現在天下「盜賊」滅不掉，就是人口太多造成的，看來前番平定楊玄感時，樊子蓋他們殺的人還是太少了，他對身邊的人咬牙切齒地說：「猶大有人在。」一個大國的最高領導者，能說出這樣的話來，不亡胡為？

雁門之危撐過去了，就必須兌現當時的諾言。但蘇威認為，當時的懸賞規格太重，應該再斟酌。樊子蓋說：「一定要遵守當時的諾言，不能失信於將士們。」

楊廣向來很小氣，聽到蘇威的話，覺得很暖心，哪想到樊子蓋卻又說出這話來，不由得大為生氣，冷冷地對樊子蓋說：「你想藉此收買人心嗎？」

樊子蓋萬萬沒有想到，楊廣臉一翻，居然借題發揮，嚇得臉色慘白，當場緊閉鳥嘴。

當然，楊廣雖然非常吝嗇，但還是必須處理這件事的。他想到平定楊玄感後，授勳的人太多，弄得他一直心疼到現在。現在又有這麼多人立功，他又得出多少血啊。他拿著算盤一打，臉不斷抽搐。最後，就想到了一個辦法，重新修改軍隊的職位和級別，正六品以下的級別依次降低一級，使很多本來有級別的人就成為白丁一個。當時參加雁門保衛戰的將士有一萬七千人，結果按他的演算法，得到勳位的才有一千五百人，都是比照當時平定楊玄感的標準，打一仗得第一功的人晉升一級，之前沒有軍職的人僅授予最低的立信尉之職（當時軍中的級職是：建節尉為正六品，以下依次是奮武、宣惠、綏德、懷仁、秉義、奉誠、立信等尉）；打三仗得第一功的人只做到秉義尉；那些雖在戰場但未立功的人打四次仗晉升一級，也不賞物品。很多人一看，都不由得大暴粗口：當初在雁門是怎麼說的？堂堂大國皇帝，居然也耍這種流氓。

楊廣才不管這些人的憤怒，反正在這個國家裡，就是由他說了算。這個人的這輩子，除好事不捨得下恆心來做之外，禍國殃民的事卻做得鍥而不捨，尤其是征伐高麗，連續三次，每次都是全國動員，勞民傷財，不計其數，導致全國到處造反，綜合國力已經降到最谷底，但他卻完全不顧，又想再次出兵遼東，真有不把高麗滅掉死不瞑目的執著。當將士們聽說他又把征發高麗的事提到議事議程上時，都憤怒不已。

當然，要打高麗還是要點時間來進行準備工作的。在這段時間裡，他是不能閒著的，他還去巡遊。可是楊玄感這個傢伙十分缺德，硬是把他的龍舟全部焚毀，連片板也沒有留下。楊廣只好又下令在江都那裡大造龍舟水殿，共幾十艘，規制超過以前的。

楊廣大張旗鼓地造龍舟，全國各地那些走投無路的人則繼續造反。

3

此時，又一路反王舉起造反的旗幟。

他叫李子通。李子通的出身也很草根，家境只有兩個字——貧困，一直靠打漁打獵來維持生活。這個人性格比較複雜，平時很樂施好善，如果家有餘財，也捨得拿出來賙濟別人，好人好事做了很多，但卻心胸狹窄，屬於睚眥必報之類的好漢，誰跟他結了點怨仇，他一定要報復。

這種人在村裡通常都是愛作亂的角色。他又是山東人，當山東一帶「盜賊」烽起的時候，他要是還按捺得住才是怪事。他當時就近投奔了左才相的隊伍。這個人因為戰鬥能力高強，性格彪悍，敢拚殺，深得左才相的倚重。這些隊伍雖然後來都被稱為「地方起義軍」，但他們做得最多的就是打家劫舍，而且殺人放火都是無差別地開展。每開展一次活動，他們都會抓到一些人進來。李子通如果發現誰是他的鄉親，他都會盡力保護。這些「起義軍」本來就是乘亂而起，毫無紀律，大多數老大都很殘忍，只有李子通待人寬厚仁慈，大家覺得他很好說話，便都把他當成帶頭大哥，歸附到他的手下，不到半年時間，他手下就有一萬多人。千萬不要相信很多史學家說，這些人起義是為了勞苦大眾。他們操起大刀舉行造反活動，最先是被逼得走投無路，舉事之後，大多都感覺到當老大真爽，心裡就塞滿了對權力的無限迷戀。對權力一迷戀，就怕權力被別人奪走，疑心當然就重了。左才相就是這樣。他看到李子通越來越得人心，對李子通開始猜忌提防，李子通跟所有心胸狹窄的人一樣，神經也是高度敏感，很快就察覺到左才相對自己的態度。這個人做事向來果斷，知道左才相的這個想法後，當機立斷，帶著自己的隊伍離開了老左——老子離你遠遠的，你還猜忌嗎？

李子通雖然負氣而出，但他並不傻，知道就這一萬多人，如果自立門戶，遲早被別人吃掉。他帶著他的隊伍渡過淮河，正好與從南邊撤回的杜伏威相遇，於是他就投奔了杜伏威。

杜伏威剛被王世充打得灰頭土臉，突然得到這麼一支生力軍，當然十分高興，熱烈歡迎李子通加入革命隊伍。而此時的李子通，看到杜伏威的事業進入谷底，心裡立刻有了想法。

杜伏威雖然智商很高，勇氣也足，很善於玩陰招吃掉別人的隊伍，但對李子通的投奔卻深信不疑，完全沒有提防。不過，身在亂世，杜伏威也深知自己時刻都處於四伏的危機之中，因此他老早就為自己的人身安全，進行了很好的防範。他從軍中挑選了三十名肌肉發達、又英勇善戰的士兵當自己的養子。這些養子中，以王雄誕、闞稜最為強悍，也最為忠心耿耿。李子通並不了解這些情況，他只想把杜伏威解決，然後宣布收編這支剛剛打了敗仗、人心還沒有穩定的隊伍。他的策畫很成功——派兵直接襲擊杜伏威的大帳。

杜伏威猝不及防之下，突然被襲擊，慌亂之中，奪馬逃出，但仍然被李子通的部隊打成重傷，墜落馬下。通常到了這個環節，杜伏威基本就可以宣告此生已經完蛋。正在這時，王雄誕衝了過來，殺散幾個正舉刀砍向杜伏威的士兵，把已經重傷得不能自理的「養父」背起，逃到蘆葦之中，然後收集潰散的部眾。

杜伏威逃過了李子通的追殺，正努力整頓部隊，應付更大的危機。可是他還來不及展開工作，敵人就殺了上來。

來護兒的兒子來整看到兩人自相殘殺，心頭大喜，尤其是杜伏威，連遭打擊，被打得一腳踏進苟延殘喘的境地，剛好是出手給他最後一擊的大好機會，於是，他帶著部隊向杜伏威發起進攻，又大破杜伏威。這一次杜伏威敗得更慘，他自己連逃跑的力氣都沒有了，而且兵員四散，身邊只有幾十個人，幸虧他手下有個部將叫西門君儀，其妻子不但有力而且十分勇敢，在危難之中，背起杜伏威就跑。王雄誕就帶著僅剩下的十多名壯士，保護著老大，跟隋兵拚命硬碰硬，這才逃了出來。

來整把杜伏威打得滿世界逃命的時候，發現李子通還在那裡，便調轉方向，向李子通發起進攻。李子通本來力量就不怎麼雄厚，剛剛來到淮南，立足未穩，再加上襲擊杜伏威，讓自己的人品備受質疑，因此在這個地方更就加孤立無援，當然被來整又打了大敗。

李子通沒有辦法，只好又帶著剩下的部隊跑向海陵。這的確是個很宜於作亂的時代。已被打得滿地找牙、四處亂竄的李子通，來到海陵之後，居然又招到了兩萬人，比先前的部隊還多了一倍。他看到自己因禍得福，不由得大喜，覺得真是天無絕人之路，老天爺看來是很照顧他的。他的信心又變得高漲，自稱將軍——如果沒有個高級的頭銜，就會被敵人喊成土匪頭子，那是很沒有面子也很沒有自信的表現。

你想想李子通都能這麼當起將軍，其他稍有點想法的人能甘於寂寞嗎？

亳州城父人朱粲本來是縣裡的小官，覺得自己老在貧困縣裡當小公務員，估計做到牙齒都掉光了都難以出人頭地。於是，他就改行當了軍人。可是他這樣出身的人，就是改行當軍人，也仍然是最基層的軍人。當長白山一帶天天有人造反時，他所在的部隊也被派去打「盜賊」。

他在跟「盜賊」作戰的時候，突然發現，當盜賊比當朝廷的軍隊要強多了。朝廷的軍隊都講究出身，你想做到將軍那一級，不知道要拚殺多少次才能爬到，而在「盜賊」這邊就不一樣了。這些人都是貧苦人出身，只要你稍微受過教育、有點管理能力，大家就都擁護你，推舉你為老大。他再次改行——這次改行的幅度有點大，直接改成朝廷的軍隊的死對頭「盜賊」。這個人也很有號召力，一番華麗轉身，雖然人生地不熟，居然也網羅到了很多人。他嘯聚一群兄弟之後，朝廷的軍隊也替他取了外號「可達寒賊」。朱粲畢竟當過小吏，受過一點教育，聽到這個外號，賊而且寒，形象也太差了，他堅決不承認，就自稱為「迦樓羅王」。迦樓羅王其實就是佛教裡那隻被神化了的大鳥。這隻大鳥後來被小說家安排投胎到宋朝，就成了岳飛。

自稱為迦樓羅王的朱粲一下就有十萬大軍。

這個人雖然像個佛教徒，自己的稱號都是從佛教裡借用的，但殺伐很果決。他在長白山一帶舉事之後，迅速發現，這裡已經不宜「盜賊」占領了——用腳指頭都可以想到，一批批「盜賊」都從此地策源，你搶我搶大家搶，搶完了朝廷的軍隊還來搶，就是稻米泉湧，也不夠這些人吃。因此很多人在這裡弄個隆重的舉事儀式之後，便都離開根據地，殺到外面討生活了。朱粲在宣布起事後，也帶著他的十多萬追隨者，渡過淮河。先前已經有幾支隊伍走過這條路，因此這條路也已經沒有什麼賺頭了。他就一路殺下去，「屠竟陵、沔陽，後轉掠山南，郡縣不能守，所至殺戮，噍類無遺」。最後這句可直接翻譯成：所過之外，即無人煙。

大家看到這個佛門弟子殺得如此瘋狂，無不心頭緊縮。可是比起樊子蓋來，就只是小巫一隻而已。此時，樊子蓋正奉詔發關中兵幾萬人向絳郡的「盜賊」敬盤陀部開展軍事行動。

樊子蓋前段時間抗擊楊玄感時，對自己人都可以高舉屠刀，動輒大砍，現在面對「盜賊」，他更不會手軟。他領兵出發、到達指定區域之後，就下令將士們大開殺戒，不管男女少老少、凡是人類，都通通殺掉——皇上說過，盜賊為什麼不滅，就是因為人類太多。於是，從汾水之北，「村莊盡焚之」。即使有投降過來的「盜賊」，不管多少，不管態度如何，也全部「坑之」。好像他這次出來不是為了剿匪，而是為了殺人。

這一次，楊廣終於用上了最能領會自己意圖的人，樊子蓋也放肆地過了殺人癮，可是老百姓並沒有像兩人所想的那樣，被他們殺怕了。老百姓對朝廷憤怒的程度更加深入。那些還沒有被殺的老百姓怕朝廷的軍隊殺過來，因此都提前相聚為盜，以求自保——至少不會窩囊地等樊子蓋這樣的人來屠殺。於是，「盜賊」越殺越多，沒完沒了。

楊廣看到樊子蓋天天殺人，仍然沒有殺光「盜賊」，不是說「盜賊」並不多、戰鬥力也不強嗎？怎麼到現在還不完成任務？難道殺人就這麼難？看來樊子蓋一定對自己的責罵不服，心裡惱火，在前線殆工，於是就下令換人，派李淵上。

李淵接到命令後，不由得大喜，這可是把部隊交到自己手上啊。「盜賊」們的戰鬥力的確離專業很遠。李淵到位後，一陣猛打，就打了很多勝仗。他這時心裡已經有想法。他知道要實現他的想法，就必須獲得民心，不能那麼殘暴。因此，盡量收降「盜賊」，只要投降過來的，他都安排他們在自己的身邊，好像很信任他們。「盜賊」們一看，有這種好事，何必再當強盜？便都過來投降，沒幾天，他的部隊人數就增加了幾萬人。敬盤陀身邊的人就越來越稀薄，不得不化整為零，進入其他郡了。

4

轉眼就到了大業十二年（西元616年），向來講究排場的楊廣在新氣象的元旦那天，心情很不爽。因為元旦大朝會，居然有二十多個郡的朝集使不到。原因很簡單——「盜賊」太多，他們有的忙於剿匪，有的道路不通無法前來。

朝臣們都覺得這個天下真的越來越爛了，在元旦朝賀那天，個個愁眉苦臉。楊廣看到這個樣子，也知道征伐高麗的議題必須讓位於「剿匪」了。於是，他開了會，專門討論了剿匪之事，最後決定部署各地軍隊發兵討捕「盜賊」。

他一共發出了十二道命令，就認為萬事大吉了，然後又開始他的享樂模式，命令毗陵通守路道德徵集十個郡的民工幾萬人，在郡東南營建宮苑，方圓十二里。要求宮苑內有十六所離宮，規制全按西京宮殿的標準，但裝修一定要比西京更豪華，看上去要更加美麗養眼，讓人驚嘆不已。然後他又準備下令在會稽建造宮苑，只是這一帶「盜賊」太熱鬧，無法動工。

不過，仍然沒有影響他愛玩耍的心情。

大業十二年三月，雖然各地朝廷的軍隊正在為「盜賊」弄得頭昏腦脹，睡不著覺，楊廣仍然帶著一群大臣在西苑的水上玩樂。

他是有受過教育的人，每次玩耍也要有個鮮明的主題，否則跟一群暴發戶二代那些花花公子就沒有差別了。

這一次，他也設了主題。因為這次是在水上玩的，所以這次的主題就是水文化。他叫學士杜寶事先編撰了一部《水飾圖經》，收集了古代七十二個關於水的故事，然後又叫朝散大夫黃袞依照故事中的描述，用木頭做成故事中的船隻，這些船上都載著樂妓。這些木製的人物能動，看上去真的栩栩如生，那些鐘磬箏瑟等樂器，都能發出音樂曲調。

一派太平景象。

楊廣看起來很悠閒，可是張金稱卻完全沒有消停。在楊廣大力弘揚水文化時，張金稱正好攻下平恩縣。這傢伙大概看到那幾個同類以及樊子蓋那樣殺人如麻，覺得自己也得大開殺戒了，不然一點也沒有存在感。他進入平恩之後，一個早上就殺掉一萬多男女。接著，殺紅了眼的張金稱又連陷武安、鉅鹿、清河諸縣，聲勢大漲。這個人的性格一發作，比其他同類就更加殘暴了，「所過孑遺」。

張金稱的這些事蹟，仍然沒有真的觸動到楊廣的內心。楊廣雖然不得不在元旦那天部署了剿匪事宜，其實在他的心裡，「盜賊」們仍然是「疥癬之疾」，不足為患，最多只是讓他不爽一下而已。這些「盜賊」們有些雖然也跟樊子蓋一樣殘暴，到處殺人，但那是在殺老百姓，跟他完全沒有關係——他反而希望他們殺得越多越好，免得他還叫樊子蓋去殺，樊子蓋去殺了，回來還要向他討功勞，他還必須忍痛出血，現在張金稱他們代勞，那是正中聖意。

在楊廣覺得「盜賊」離他很遠時，大業殿西院突然發生一起大火，一時間大殿亂成一團。本來很悠閒的楊廣也震驚，以為「盜賊」殺了進來，便抱頭大頭跑到西苑裡。他在西苑那裡找不著北地轉了幾圈，覺得不管哪裡都不安全，最後竄進草叢裡伏著，不敢呼吸。直到大火熄滅，大家都已經平靜了，他這才從草叢裡鑽出來，臉色無比蒼白地出現在大家面前。大家發現，他們偉大的皇上身上還沾著很多枯草。這個人動輒殺人，人命在他那裡跟螞蟻沒有什麼兩樣，可是他自己卻怕死得要命，很多年來，都已經睡不安穩。他常常在睡夢中突然嚇醒，大聲說有賊。每次睡覺，都一定要叫幾個女人像哄小孩子一樣、輕輕搖撫才能入睡。

他繼續玩。

這一次，他不玩水文化了。他派出很多人在景華宮那裡抓螢火蟲。他身邊的工作人員，都是玩耍的高手，得令之後，都努力工作，一夜之間就抓到幾斛的螢火蟲。他帶著這些螢火蟲在夜裡遊山。到了山上，他把螢火蟲全部放出來，螢火之光瞬間照亮了整個山谷。他哈哈大笑，誰說螢火之光沒有照明效果？

5

楊廣玩得痛快之後，突然覺得也該過問一下「盜賊」的事了，畢竟都部署了這麼多天，也該有點成效了吧？不要讓這些小事影響了征伐高麗的大業。他問大家：「現在剿匪剿得如何了？盜賊是不是很多？」

宇文述說：「已經越來越少了。」

楊廣說：「比剛開始時，少了多少？」

宇文述說：「不及原來的十分之一。」

在場的蘇威聽到宇文述的這句話，嚇了一大跳。這個人是大隋的元老，資歷跟高熲都差不多，本來能力非常高，知道國家已經亂到崩潰的邊緣，而楊廣長期以來一點也不重視，自己這幾年來老被打壓，哪敢出來說什麼？現在好不容易看到楊廣主動過問一下「盜賊」的事，本想站出來把嚴重的局勢說一說，沒想到宇文述居然說盜賊已經沒有多少了，只剩下這點匪徒，完全是殘餘，根本不必理睬。蘇威在政壇上混了大半輩子，得意過也失意過，最知道楊廣的性格，更知道楊廣現在對宇文述已經深信不疑，既然宇文述這麼說了，他再怎麼說也已經無用。他怕楊廣再問他，就躲到柱子後面。

沒想到，仍然躲不過楊廣。

楊廣已經很多年不把蘇威的話當話了，平時也懶得聽這個納言的意見，可是這時聽到宇文述的報告後，心情很好，就想多說幾句話，便把躲到柱子後的蘇威又叫了過來，問：「你說說，盜賊是不是真的已經很少了？」

蘇威萬萬想不到，他還是躲不過。他當然比誰都知道，如果他想保命，只要對宇文述的話表示贊同，他就會什麼事都沒有。可是他卻有自己的性格，不想用假話去迎合楊廣的聖意，但又不想直接駁斥宇文術的話，略一思忖，回答：「陛下，我不是這方面的主管官員，不知道現在盜賊究竟有多少，但我知道賊患離首都越來越近了。」

楊廣一聽，便追問：「此話怎講？」

蘇威只好說：「以前盜賊們只據守長白山，現在卻已經近在汜水。而且以前的租賦丁役現在全部消失。這難道不是因為人們都已經變成了賊了？近來各地上報上來的賊情，都不是實情，誤導了朝廷，致使朝廷的措施失當，對盜賊不能及時剿滅……」如果他只說到這裡，也許後果還不怎麼嚴重，可是他說完這些後，又繼續說：「另外，前些時候在雁門，陛下曾經對大家許諾過，停止征遼東。可是現在陛下又徵發士兵，說要去打遼東，盜賊怎麼能平定呢？」蘇威把「盜賊」盛行的本源都說了出來，希望楊廣真的能了解到，盜賊越來越多的根源不是人口多，而是他橫徵暴斂引起的。

楊廣一聽，龍顏大為不悅，但也知道蘇威說得真的有道理，就不再提征遼東的事，可是心裡對蘇威卻已經很生氣。當很多人看到這裡時，都會覺得楊廣實在是不可思議，明明認同了蘇威的話，但心裡卻恨透了蘇威。

過了幾天，即大業十二年的五月初五，也就是端午節。百官都知道每到節日，你如果不送禮給楊廣，後果就會很嚴重。因此大家都懷著被刀割一樣的心情，拿出珍玩之物，貢獻楊廣，而蘇威獻上的卻是一部《尚書》，這讓楊廣心裡更不舒服。

那幾個小人很能揣摩到楊廣的想法，知道處理納言蘇威的時候到了。

他們對楊廣說：「陛下，《尚書》裡有〈五子之歌〉。蘇威送書的含意不言自明啊。」

〈五子之歌〉是尚書裡的一篇文章，內容是講太康貪於遊玩以致失德，導致民怨四起，有一次他到盤樂遊獵，玩得忘乎所以，居然在洛水以南打獵，一百多天沒有回來。於是，有窮國的國君也就是那個著名的后羿趁機帶著河北人民舉事，不讓太康回國。太康因此而失國。當時，他的五個弟弟正跟隨他們的母親在洛水灣等他，對他也很埋怨，就創作了這首〈五子之歌〉。

楊廣一聽，不由得大怒，你居然敢諷刺我，把我當成太康？

沒幾天，楊廣又把蘇威叫來，說：「高麗還得打，不打高麗，大隋國威何在？你看什麼時候可以出兵？」

蘇威當然知道，現在反對楊廣的話，自己就會十分危險，但他那個性格卻改不了，他還在為大隋著想——現在大隋已經危機四伏，能夠活下去已經不錯了，還談什麼大隋國威？如果不想辦法平息地方之患，亡國之事，就會出現在眼前，他曾輔佐過楊堅，是楊堅手下最得力的助手之一，親眼看著大隋的建立，真的不忍心大隋就這樣亡國。身為大隋現在碩果僅存的元老重臣，他真的還想救一下大隋，盼望楊廣能知道現在到處已經亂成一團，「盜賊」已經滿世界鬧事了，必須傾盡全力來平息了，他對楊廣說：「陛下，如果此次發兵，根本不用動員全國各地的官兵，只要下令赦免盜賊，就可以得到幾十萬人，然後派他們東征。他們喜於得到赦免，就會拚命作戰、爭相立功，不愁高麗不滅。」

楊廣不是傻子，一聽這話，又是說「盜賊」威脅太大，要求自己重視，這不是在跟自己作對是什麼？當即滿臉怒容，咬著大牙，盯著蘇威，不再說什麼。

蘇威知道這個傢伙再怎麼勸也沒有用了，便告退出來。

蘇威退出來後，裴蘊還在那裡陪著楊廣。裴蘊看到楊廣已經氣得拳頭緊握，知道處理蘇威這個大隋元老的時機到來了。裴蘊這幾年來，把自己變成楊廣的奸臣，做得最多的就是認真觀察楊廣的臉色，迎合楊廣的想法去提楊廣喜歡的建議，如果需要，就順便誣害一下某個大臣。這幾年來，他雖然誣害了不少人，但那些人的級別並不怎麼高，一點成就感都沒有，如果能把蘇威這樣的元老解決，心頭的成就感才真的破表啊。他現在是御史大夫，控告別人又是他的天職。他盯著蘇威遠去的背景，對楊廣說：「陛下，蘇威的話太不恭敬了，簡直不把陛下放在眼裡。」

這個人就是厲害，他沒有說蘇威的建議不對，只是說蘇威的態度太過惡劣，根本不把皇上放在眼裡。楊廣最恨的就是別人對他不恭敬，聽到裴矩這麼一說，立刻像被火點著了似的，暴跳如雷，恨恨道地：「此人非常奸佞，居然想用盜賊來嚇唬我。我剛才真想猛搧他一輪嘴巴。」

裴矩看到楊廣這個樣子，知道解決蘇威已經易如反掌了。他出來之後，馬上找來一個叫張行的人，上奏給朝廷說：「蘇威當年在高陽主持選拔官員時，他利用職權，濫授官職，而且還畏懼突厥，天天要求調回京師。」

你一看這個奏本，就知道是很假的，是禁不起推敲的，但楊廣害起人來，從不講邏輯，他只要個藉口。他馬上下令追查此事。

那些辦案的人向來知道蘇威在朝中的分量，在沒有出現重大過錯的情況下，楊廣也要一查到底，充分說明了楊廣已經對蘇威毫不留情，如果他們不把蘇威案辦好，就會輪到他們。於是，不用幾天，他們就辦成了鐵案，呈送楊廣。

楊廣根本不給蘇威申辯的機會，立刻下詔將蘇威除名為民。當然，所有人都知道楊廣並不到此為止。於是，很快有人又上奏，說蘇威暗中跟突厥勾結、圖謀不軌。這可是裡通外國啊。這個罪名一成立，蘇威的後果如何，連大隋的小孩都懂得。

楊廣接到這個控告後，馬上下令成立專案組，組長剛好是裴蘊大人。

裴蘊接手之後，辦案十分神速，很快就宣布「證據確鑿」，依法判處死刑，立刻執行。

蘇威在這個官場混了大半輩子，比誰都知道，現在他縱有百口、口有百舌，都不能為自己申辯一個字，因此只是在那裡對楊廣流著傷感的眼淚謝罪。

楊廣看到蘇威這麼可憐，心頭也有點不忍，他比誰都知道，蘇威對大隋是無比忠誠的，是堅決不會跟突厥有什麼關聯的，自己恨他只是因為他怎麼老說實話，為什麼就不能說一點自己喜歡聽的話？說這些話難道你會死嗎？現在他的氣也有些消了，就下令釋放蘇威，對大家說：「真不忍心殺掉他。」

於是，把他蘇威子孫三代都除名為民。

蘇威被狠狠地處理，差點被押赴刑場開斬，全靠那幾行老淚起死回生，但那個樊子蓋卻在這個時候掛掉了。這個殺人如麻的將軍，是自己死掉的。

樊子蓋雖然為楊廣殺了很多人，直接消滅了很多人口，但楊廣對樊子蓋之死，並沒有什麼表示。

6

楊廣要繼續巡遊。

這時（也就是大業十二年七月），他焦急等待的消息終於傳來：江都的龍舟都已經順利完工，並都已經送到東都，辦完了交付手續。

宇文述馬上過來，一臉佞笑地對楊廣說：「龍舟已經做好。陛下又可以巡幸江都了。好像陛下已經很久沒有到江都了。」

楊廣一聽，哈哈，知我者宇文述也。

他正想拍板，那個右侯衛大將軍趙才卻搶先道：「陛下，現在百姓都很疲勞困苦，國庫也很空虛，遍地盜賊蜂起，朝廷的禁令不行，正需要陛下勵精圖治的時候，請陛下馬上返回京師，做安撫工作。」

楊廣一聽，當場大怒，馬上把趙才交給相關部門，要求處理他。

可是大家實在沒有辦法處理趙才——辦案總得有個理由吧？請皇帝回京安撫百姓的建議，總不能成為一個罪狀吧？過了幾天，連楊廣都覺得把趙才關起來，實在有點太過分了，又下令放了趙才。不光趙才反對楊廣巡遊江都，大多數大臣都不想跟楊廣出行。大家雖然都把「不願意」的表情掛在臉上，但看到楊廣態度堅決，就都緊閉鳥嘴，不敢說什麼。只有任宗忍無可忍，上書極諫，惹得楊廣大怒：老子放過趙才，這些大臣就以為老子沒有膽子殺人了。看來不開個殺戒，還會有人反對老子巡遊。他丟下任宗的奏章，下令把任宗叫來，什麼話也不說，叫武士們出場，當場把任宗杖擊至死。讓大家知道，反對他巡遊是要付出生命的代價的。想保命，得先管好你們的嘴巴。亂說話也是會被打死的。

可是仍然有人不怕死。奉信郎崔民象認為，現在全國盜賊太多，幾乎每地都有，皇上真不宜出去遊玩了。就在楊廣出門的那天，他來到建國門那裡上表勸阻。你想想，楊廣這時不暴怒他還是楊廣嗎？楊廣暴怒之下，下令先把崔民象下巴硬生生地摘下來，讓他成為一個沒有下巴的人展覽在大家面前，然後才把他打死。

七月十四日，楊廣終於又意氣風發地宣布向江都出發。他出發前，突然詩興大發，為留守東都的宮人寫了一首離別詩：我夢江都好，征遼亦偶然。但存顏色在，離別只今年。呵呵，你們要好好保養，不要在朕離開後就弄得年老色衰了，我不久就又回來了。從這詩上可以看出，即使到了這時，他仍然沒有把全國「盜賊」蜂起的事放在心上，而是把大量的重心都投放在「江都」、「顏色」這些意象裡。

楊廣的詩裡，顯得十分悠閒，唯一的憂愁感就是怕宮人們在他離開後會顏色衰老，根本沒有別的憂慮。但大臣們都為形勢而憂心沖沖。就連虞世基都不敢再迎合楊廣的想法了，對楊廣說：「現在盜賊真的太多了。為了防備他們搶洛口倉的糧食，請陛下讓我帶兵去守洛口倉。」

楊廣說：「你一個書生，真的碰到盜賊，一定會膽怯的。還是不去的好。」

楊廣雖然不想聽到有盜賊的話，但他內心是很沒有安全感的，內心深處對盜賊還是很恐懼的。他到鞏縣時，就叫相關部門將箕山、公路二府都轉移到洛口倉裡，而且還命令築城以備不虞。

他很快就到了汜水，這一帶其實都已經不安全了，但他仍然繼續前行。奉信郎王愛仁又上表，請他返回西京。楊廣能聽嗎？他不但不聽，而且將王愛仁斬首，然後繼續前進。到了梁郡，還有人不怕死，攔到他的車駕前面，上書給他：「陛下若遂幸江都，天下非陛下之有！」

楊廣正興致勃勃，突然被這些陳情民眾攔車，還說他巡遊江都會失掉天下，老子這幾年來，都到處巡遊，天下還不是牢牢地掌握在手裡？劉協天天只躲在宮裡，他為什麼也亡國了？你這是在找理由詛咒老子，比蘇威可惡千萬倍。他非常憤怒，下令武士把攔車的人斬之，看看你詛咒了我，是我丟了江山還是你丟了腦袋。

這時，江都周圍的幾股「盜賊」都還處於谷底期，但他們離江都卻不怎麼遠，其中李子通在海陵、左才相則在淮北、杜伏威在六合，各部都有著幾萬人隊伍。楊廣也感覺不大安全，派陳稜率領宿兵的精兵去打這些人。李子通和杜伏威前段時間打自己的同道都很生猛，但遇到陳稜時，就顯得很弱了。陳稜帶著幾千部隊，又把那幾股各有數萬的「盜賊」連連打敗。

這讓楊廣很高興，盜賊果然禁不起打，蘇威這些人完全是看老子巡遊不順眼，這才誇大了盜賊的規模。老子可是千古一帝，能被你們嚇唬嗎？玩數字遊戲，你們比朕嫩多了。

楊廣心裡很高興，可是宇文述卻很倒楣。因為在楊廣接連取得勝利、心情一片大好時，他卻自動掛掉了。

宇文述到了江都之後，馬上就病倒了。楊廣知道後，不斷派人去慰問宇文述，以致去看望宇文述的宮中使者，「相望於道」。楊廣仍然不放心，決定親自去看，群臣苦勸，這才作罷。

宇文述的病情越來越嚴重。楊廣終於知道，他再怎麼關心，也擋不住疾病對宇文述的打擊而無法救回宇文述的命了。於是，他派司宮魏氏過去問他長期以來最親密的同袍宇文述還有什麼話要交待的。

宇文述硬撐著這口氣，等的就是這個時候。他也知道自己撐不住了，他這奸滑的一生行將結束，但他還在最後時刻，為他幾個兒子盡盡力。他有三個兒子：長子宇文化及、次子叫宇文智及、小兒子叫宇文士及，人品完全跟他一樣。之前在他的提攜下，宇文化及也得到楊廣的寵信，官至太僕少卿。宇文述的三個兒子比他更貪財，在跟隋楊廣北巡到榆林時，居然違反禁令跟突厥人做生意，嚴重碰觸了楊廣的紅線。楊廣大怒之下，要把他們斬首，而且刀斧手已經到場，剝掉他們的衣服，並將他們的頭髮散開，離手起刀落真的只有幾秒鐘了。

就在這間不容髮之際，楊廣突然改變主意，把他們釋放了，然後把他們賜給宇文述為奴。宇文述能讓他們享受奴僕的待遇嗎？他一直想辦法讓他的兒子東山再起，接過他的班，繼續當大隋的奸臣。可是一直沒有機會，直到這個時候，他擠出最後的力氣請魏氏向楊廣轉達他最後的願望：「我的大兒子宇文化及很早就在晉王府效勞，請陛下可憐可憐他。」這個人很聰明，他沒有為三個兒子求情。因為他知道，只要宇文化及上位，宇文智及和宇文士及當然也會跟著水漲船高。現在你的要求多了，楊廣那個小氣鬼有可能不答應。做奸臣，也是不容易的，也是必須做得滴水不漏。

楊廣聽了宇文述的話後，答覆：「吾不忘也。」

宇文述聽到這幾個字後，緊繃著的神經一鬆，終於放心地死去。

宇文述一死，楊廣無限悲哀。他「為之廢朝」，然後追贈宇文述一大堆榮譽稱號，謚「恭」。

當然，楊廣更沒有忘記他答應過宇文述的諾言，馬上任命宇文化及為右屯衛將軍、宇文智及為將作少監。於是，宇文化及這顆奸臣之星又冉冉升起，而且做得比他老爸更有聲有色，在歷史的頁面上留下了濃重的一筆。

楊廣迅速讓宇文化及補上了宇文述之死的空缺，心情還算不錯。

但天下局勢卻更加往爛的方向大步前進了。

7

「盜賊」們到處作亂，已經好幾年，雖然看上去風起雲湧，遍地烽煙，一片亂哄哄，但這些首領還處於作亂的初期階段，並沒有湧現出有遠大理想的強者來。

即使是後來非常有名的李密，這時也還處於亡命天涯的狀態。他逃了出來後，先是投奔郝孝德，可是郝孝德卻完全不把他當人才，對他愛理不理——如果你那麼有才，為什麼會讓楊玄感敗得那麼難看？

李密是什麼人，哪能在這樣的人手下混下去？他很快就離開了郝孝德，又跑到王薄那裡自薦。王薄是目前眾多「反王」中最資深的人，也是勢力最大的反王。李密以為，王薄在跟自己交流之後，就會大肆重用他。沒想到，王薄在聽他的陳述時，在那裡沒有提起一點精神，就差沒有當場打瞌睡了。李密對王薄也大失所望，咬著牙離開了王薄，繼續去找新的門路。

當時，他是朝廷要犯，一路下來，只能到處流竄，不敢光明正大在大路上奔走，又是在「盜賊」盛行的地區找出路，到處是饑荒，身上又沒有錢，弄得十分困頓，最後餓到吃樹皮的地步。後來，他實在走不動了，只好在淮陽郡的一個小村子裡，自謀職業，改名換姓叫劉智遠，利用自己的特長，開了私立學校，聚徒教書，暫時養命。如果他就這樣下去，也許能夠把這個劉智遠當到死的那一天，歷史上就不再有李密這個人了。但他卻很不甘心，覺得自己從小就有大志，可是到頭卻淪落為一個鄉下的老師，不由得覺得傷感。他傷感了幾個月，就寫了一首詩。這首詩叫〈淮陽感懷〉：

金風蕩初節，玉露凋晚林。
此夕窮途士，鬱陶傷寸心。
野平葭葦合，村荒藜藿深。
眺聽良多感，徙倚獨沾襟。
沾襟何所為，悵然懷古意。
秦俗猶未平，漢道將何冀？
樊噲市井徒，蕭何刀筆吏。
一朝時運會，千古傳名諡。
寄言世上雄，虛生真可愧。

樊噲那樣的市井之徒、蕭何一個刀筆吏，風雲際會，最後都能攀龍附鳳，成為一代風雲人物，他堂堂公卿子弟，一個飽學之士、一個從小就有遠大抱負的人，現在卻困頓於此，怎能不讓他感慨萬千？他寫完之後，眼裡就不斷地流淚。他只管在這裡抒發著自己的情感，卻沒有想到旁邊有個人在注意著他的這些言行。這個人越看越覺得可疑，越看越覺得他的行動太過異常，就跑到衙門那裡報了官。淮陽太守趙佗知道後，馬上就派人去抓他。幸虧這些官員只覺得他可疑，並沒有認出他就是大名鼎鼎的朝廷要犯李密，因此抓住他之後，並沒有看管得很緊，讓他又逃出來——這個人逃跑的能力的確很厲害。他逃出來後，當然不會再去當老師了，只好來到他妹夫那裡想暫停一下。他的妹夫叫丘君明，是雍丘縣縣令。丘君明看到內兄狼狽出現在自己的面前，也嚇得要命。他雖然只是個縣令，但也是朝廷命官，還要靠這個職務養家餬口啊，如果收留了這個內兄，被人發現了，全家人都得性命休矣。他不敢讓李密在他家住下，就把這個逃犯內兄送到遊俠王秀才那裡，請他保護這個內兄。

王秀才還真不愧是遊俠，不但完全不懼怕受到牽連，而且還覺得李密真是個英雄好漢，以後會做成大事業，就把自己的女兒嫁給李密，讓這個未來的英雄成為自己的女婿。

丘君明覺得自己的這個安排，做得滴水不漏，既消除了危險，又保護了內兄。沒想到，這件事還是被他的姪子丘懷義知道了。丘懷義覺得這可是個立功的大好機會啊——雖然會犧牲掉自己的叔叔，可是巨大利益面前，叔叔算個屁，於是他向楊廣告了密。

楊廣叫丘懷義親自把敕書送交梁郡通守楊汪，命令他去抓捕李密。

楊汪帶兵包圍了王秀才家。剛好李密不在家，他們只抓到了王秀才和丘君明，當場把兩人殺掉。

丘懷義最大的願望是想把李密拿到手，功勞才算巨大，沒想到卻如此不湊巧，最後李密仍然逃了，只害得自己的叔叔丟了命，他到手的功勞更是大打折扣。

在李密到處狼狽逃亡的時候，另一個強者也浮出了歷史的水面。

這個強者就是翟讓。翟讓的出身比很多「盜賊」又稍好一點，他曾當過東都的法曹，也算是出身公務員了。這個人後來非常有名，更是各路「反王」中的傑出代表，但他並沒有像王薄他們那樣為生活所迫，不得不起來作亂，也不像另外幾個公務員「盜賊」那樣，想乘亂弄出一番個人事業來，而是自己犯了法，而且犯的又是死罪。本來，以他的社會背景，以及當時的地位，根本沒有誰會出手救他。可是他硬是命不該絕，管他的獄吏黃君漢覺得他驍勇異常，就此被砍了腦袋，實在是太浪費了人才。黃君漢雖然只是一個獄吏，但也目測這個國家即將進入亂世，亂世要是缺了翟讓這樣的人，真的就不精彩了。於是，他在夜裡偷偷對翟讓說：「翟法司啊，天時人事，似乎已經到了可以預料的地步，你這樣的英雄怎麼能死在牢裡呢？」

翟讓本來已經在那裡等死了，沒想到在這個漆黑的夜裡，居然聽到這樣的話，讓他在這個黑夜裡看到了光明。他驚喜不已，對黃君漢說：「我現在是關在圈裡的豬，是生是死，全由曹主說了算。」

黃君漢當時就打開了他的枷鎖。

翟讓知道自己真的可以活命了，激動得流下了淚水，對著黃君漢再拜說：「翟讓承蒙你的再生之恩，可以倖免一死，可是黃曹主怎麼辦？」

黃君漢一聽，不由得大怒，對他說：「我本以為你是個大丈夫，可以救生民之命，這才不顧一切冒死救你。你卻像兒女一樣以涕淚來表示感謝。你現在要做的，不是感謝我，而是趕快逃出去，不要管我了。」

翟讓止住了眼淚，逃了出來。他的落腳點就是著名的瓦崗寨。

他在這裡集結了一批人，以瓦崗寨為據點，開始了他的造反生涯。也是在瓦崗寨，又一個強者出場，這個強者叫單雄信，他跟翟讓是同鄉。單雄信跟翟讓一樣，也是個十分驍勇的漢子，善用馬槊，很有威望。他聽說翟讓已經在瓦崗作亂，馬上就號召鄉里的少年去投奔翟讓，讓翟讓大喜過望。

單雄信才剛剛到瓦崗報到，另一個更著名的歷史強者又來到翟讓的面前。他叫徐世勣，也就是演義中大名鼎鼎的徐茂公。很多人看到徐茂公這三個字時，都以為這個人已經很老了。其實，徐世勣這時才十七歲，跟李世民的年紀差不多。徐世勣跟所有這些窮困的「盜賊」首領不一樣，他是富家子弟。他本來是曹州離狐人，後來遷居到滑州的衛南。史稱他「家多僮僕，積粟數千鍾」。不過他和他的父親都不是守財奴，很熱衷於慈善事業，常常接濟一些貧困之人，而且從不問親疏。

身為史上有名的強者，他那雙眼睛當然有著非凡的洞察力。他敏銳地發現，大隋的氣數已經被楊廣玩完了，他也應該有所作為了，否則真對不起這個亂世，也對不起自己的有勇有謀。

於是，他也單身跑到瓦崗寨，面見翟讓。

他對翟讓說：「老大舉事，就必須有別於其他隊伍。那些隊伍一拉之後，就大力開展破壞、搶劫活動，即使是自己的家鄉，也照搶不誤。這真算不得什麼英雄好漢。如果老大也這樣做，跟其他人就沒有什麼差別。東郡是老大和我的鄉里，那裡的人我們都認識，不宜去侵犯搶掠他們。滎陽、梁郡，是汴水流經之地，商船很多。我們可以去搶劫行船，掠奪商人旅客，就足以自給了。」

翟讓覺得很對，帶著大家進入滎陽和梁郡地界，搶掠公私船隻，果然大獲豐收。當他們很多同行還在為口糧四處亂跑得眼冒金星時，瓦崗寨的糧草十分充裕。於是，歸附他們的人越來越多。翟讓手下很快就有一萬多人。

瓦崗寨周圍也還有很多造反武裝。比較著名的有王當仁、王伯當、周文舉、李公逸等人。而李密這段時間也逃到這些區域。他看到這些老大都各自為政，天天只做破壞、搶劫的工作，毫無大局觀念，便在這些老大之間跑來跑去，推銷自己的「取天下之策」。剛開始時，大家都睜著眼睛看著他，不敢相信他的話。我們就幾個「盜賊」，都還為明天能不能搶到吃的發愁，別跟我們談什麼「取天下」這樣的大事。李密萬萬沒有想到，原來這些敢拿腦袋去賭的人，都是一群沒有理想的傢伙，除了蠻打之外，沒有別的想法——當一天「盜賊」就搶一天糧。說白了，他們只是把「盜賊」當成職業來做，而根本沒有要做一場改天換地的大事業。志向不在同一個頻率上，雙方的交流，基本就是雞同鴨講。

但李密並沒有放棄。他知道現在要打倒楊廣的反動暴政，只有依靠這些力量，而這些武裝的首領基本都是這個能力，必須再加一把勁，繼續對他們灌輸大道理，直到他們深刻領會為止。於是，他堅持天天做這些人的說客，最後，這些人的觀念才開始融化，稍稍接受他灌輸的觀念，一致認為：「李先生是公卿子弟，才有這樣的志氣和抱負。近來，人們都在到處傳說楊氏將滅，李氏將興。還有個說法，就是成大事者都不容易死去，李先生能多次度過難關，看來老天真的在幫助他。如果真的如此，他就是成就帝業的李氏了。」這些人都出身最底層，本來內心對貴族子弟就無限羨慕，又想到傳說中的那些讖文，說李氏將代楊氏，再加上他的這番讓他們耳目一新的見解，便逐步接受了他，對他也不斷地敬重。

李密終於有了一點市場，站穩了腳跟。他把這些老大的力量拿來一比照，發現目前還是翟讓的綜合實力最強，就決定再去做翟讓的說客，把他也統一到自己的觀念上來。於是，他跑到瓦崗寨，準備去做翟讓的說客。可是他才辦理入夥手續，大家立刻知道他是楊玄感逃亡出來的部將，就請翟讓把這傢伙殺了。翟讓也有些舉棋不定，覺得這樣的人是不該殺的，但也不能太相信他，就把他關在軍營之外的一個地方。

李密心頭暗暗叫苦不迭。

不久，也不知道他用了什麼方法，硬是跟王伯當取得了聯絡。王伯當對他非常佩服，就極力向翟讓引薦他，說要成大事，真得用李密這樣的人才。於是，翟讓就跟李密見了面。

李密馬上為翟讓出謀劃策，然後不斷地出馬，去遊說其他小股「盜賊」前來歸附瓦崗寨，使得瓦崗軍的勢力迅速壯大。翟讓不由得大喜，對李密就更加親密了，大事小事都必須跟李密商量。

李密看到翟讓已經對他言聽計從了，就把說服往深層次開展，對翟讓說：「老大，歷史上的劉邦和項羽都起自布衣，最後成就了大業。現在皇上昏庸，民眾怨憤不已。皇上征遼東時，精銳都已經全部喪失，朝廷和突厥也斷絕了和親的關係，可以說是到內外交困的時候了。更好的是，在這樣的形勢下，楊廣還巡遊揚、越一帶，置東都於不顧。這就是劉邦、項羽之輩奮起的大好時機。以老大的雄才大略以及精良的兵馬，完全可以席捲東西二京，誅滅暴君，滅掉暴隋。」

翟讓雖然長得很勇武，而且勇武得連黃君明都捨得冒著生命的危險把他放出來，可是他真沒有什麼遠大的抱負。他聽了李密的話後，不由得一愣，突然間覺得自己真不是做劉項那樣大事業的料，就對李密說：「我輩身為盜賊，一天到晚就在草莽間討生活，能僥倖過完這輩子就已經不錯了。你所說的這些，不是我們這些人所能想到的。」

正在這時，又一個人出現了。這個人不是什麼歷史強者，但卻是李密的貴人。他叫李玄英。李玄英在當時也是個無業人士，每天只認真地研究那些圖讖之類的神祕學問。正好這時突然出現了一首〈桃李章〉的歌謠。這首歌謠其實很簡單：

桃李子，皇后繞揚州，宛轉花園裡。勿浪語，誰道許！

別人聽到這個歌謠，也就跟著哼唱，消磨時間、打發無聊，從不去細究其中的內涵，可是李玄英卻是這方面的專業人士，他必須把這首有預言意義的歌謠破解出來。

他還在研究這首歌時，那句「李氏當為天子」的讖言已經被傳得滿天飛，弄得楊廣幾乎想殺盡天下李姓的人。雖然後來楊廣滅了李渾一門，把最具威脅的李敏解決，但朝廷對李姓仍然很提防，只要是李姓的人，無不危機四伏，不知道哪天大刀會砍到自己的頭上。李玄英也姓李，雖然他連個跟班都沒有，更談不上對朝廷有什麼威脅，但他仍然怕自己躺槍，就從東都逃了出來。

他這時已經用自己的知識破解了這首歌謠。他認為，這首歌可以預言三件事：一是桃與逃偕音，意思是逃亡的李姓之人當得天下；二、皇后與皇帝到揚州遊玩後，不得返都；三、勿浪語，誰道許，就是「密」的意思。

他由此斷定李密就是代隋的天子。他相信，現在李密已經跟那些盜賊老大在一起，因此他從東都逃出來後，就不斷地進入「盜賊」群中，以便找到李密。那些老大問他為什麼一定要找李密？他就對別人說：

「斯人當代隋家。」

別人問你有什麼根據？一個逃犯，能活下去就已經不錯了。

他卻振振有詞地把他的研究成果大聲地對大家宣布。雖然現在大家都覺得這樣的歌謠實在太無聊，毫無科學依據，但當時的人們都很信這些，聽了他的這番解釋，覺得都是正解，於是李密的聲名就不斷地變得響亮。

李玄英很快就找到了李密。他像找到歸宿一樣，對李密表示永遠跟老大做到底。

除了李玄英，李密身邊還有一個叫房玄藻的心腹。房玄藻也是個很自負的人，天天覺得懷才不遇，後來看到楊玄感作亂，就果斷地參加。可是楊玄感失敗得太快，他還沒有發揮才能，就不得不逃了出來。後來他在梁、宋之間又碰到了李密，就跟李密到處活動，「遍入諸賊、說其豪傑」，效果很不錯。他從沔、漢回來的時候，屁股後面就跟著幾百名跟班。不過，他跟這些人仍然為遊客，暫時留在翟讓的營寨內。

翟讓看到這些英雄豪傑都歸附李密，覺得李密真是辦大事的人，完全可以幫助自己實現那個想都不敢想的大業。他一下覺得信心大增，想採納李密的建議，自稱天子，跟楊廣一決雌雄。可是真的要宣布時，又開始猶豫。

翟讓這時雖然對李密言聽計從，但他也有一個自己的軍師。這個軍師叫賈雄。賈雄別的能耐如何，不得而知，但卻精通陰陽八卦之術，翟讓要做什麼事，基本上都先叫他掐著手指算一算。李密知道老賈在翟讓心目中的分量，就暗中跟賈雄打好關係。李密在逃跑時，連那些負責押解他的人都能收買，現在要收買這個狗頭軍師，還不是小菜一碟。賈雄很快就成了李密的朋友。於是，李密就動員賈雄運用術數之術去勸說翟讓，讓翟讓把目光放得遠大一點，事業成功了，我們都是國家元勛啊。

賈雄聽了這句話，頓時也豪情滿懷，答應了李密。

賈雄想好了主意，正想去見翟讓，翟讓卻派人來請他。

翟讓見到賈雄後，就把李密的建議告訴了賈雄，然後問賈雄可行否。

賈雄馬上回答：「吉不可言。」

賈雄接著說：「不過，有一點我還是不得不說。如果老大自立，只怕事情未必成功。如果立李密，則事無不濟。」

翟讓一聽，心情又落了下去，說：「如果像你說的這樣，那李先生就應該自立，何必前來投奔我？」

這確是個問題。

這個問題可以難倒很多人，但卻難不倒賈雄。

賈雄立刻回答：「這件事是有原因的。老大也知道李先生爵位叫蒲山公吧？就因為他是蒲山公，他才前來投奔老大。老大姓翟，翟就是澤的意思。蒲草非澤則不生，所以他需要老大的幫襯。」

翟讓本來就沒有什麼遠大理想，為了活命才在瓦崗寨這裡落草，本來也就想把這個山大王當到老死的那一天，在李密不知疲倦的洗腦之下，這才把理想提高，現在聽賈雄這麼說，心裡不但沒有恨李密，反而對李密更加敬重了。於是，兩人的友誼不斷地刷新歷史高度。

李密看到翟讓雖然接受了他的新觀念，力量也不斷地發展壯大，但行動上並沒有多大的改觀，觀念與行動還不能配套，便對翟讓說：「現在全國已經亂成一團，到處沸騰，老百姓連耕種的時間都沒有。老大的兵馬雖然很多，看起來力量很強大，但仍然存在著巨大的危機，這個危機就是糧草沒有倉儲，仍然只靠外出搶掠，常常為吃飯問題苦惱。如果曠日持久下去，突然敵人大軍壓境，必須會造成部眾離散的局面。」

翟讓也一直為口糧問題鬱悶，聽到李密這麼說，便問他該怎麼辦？

李密說：「當然有辦法。就是化被動為主動，我們既然志在天下，就應該主動殺出瓦崗。所以，我們完全可以憑現在的力量，先取滎陽，拿下那裡的倉儲，得到足夠的糧草，然後休整部隊，待兵強馬壯，再與其他勢力爭奪天下。」

翟讓一聽，不由得猛拍大腿，道：「好辦法！」

他們立刻率兵出發，攻破金堤關，然後橫掃滎陽諸縣，基本都是輕鬆拿下，根據地迅速擴大。

滎陽太守楊慶是楊堅堂弟楊弘的兒子，標準的花花公子，對天下局勢一點也不理睬，雖然四周到處是「盜賊」的活動範圍，他仍然當著自己的太平太守，現在被瓦崗軍一陣突襲，毫無還手之力，只好不住地向楊廣叫苦，說敵人又多又能打，朝廷再不派人來救，他就只有完蛋了，滎陽儲備糧只好落到反賊的手中。

楊廣接到報告後，就叫張須陀出手，任命張須陀為滎陽通守，專門對付翟讓。

大家已經知道，張須陀之前是「盜賊」們剋星，幾乎是每戰必勝，翟讓之前也跟他多次交手，但一樣是每戰必敗。這時翟讓聽說是「盜賊」剋星空降來了，臉色就變白了。他大懼之下，又想來個撤離，逃回瓦崗躲一躲。

8

李密說：「老大不必這麼憂慮。在我看來，張須陀並沒有那麼可怕。他就是一個武夫，典型的有勇無謀。而且他長期勝利，他自己和士兵們已經處於既驕且狠的狀態。我們略施小計，張須陀完全可以一戰成擒。」

翟讓說：「你真有辦法？」

李密說：「老大只管列陣跟他對壘，我保證為你打敗張須陀。」

翟讓看到李密說得成竹在胸，而且他也知道李密的腦子的確靈光，他到瓦崗之後，瓦崗的隊伍就迅速壯大，整個面貌可以說是煥然一新，再加上張須陀那麼狠，你就是躲避恐怕也躲不開，就只有一拚了。這麼多因素一綜合，逼得翟讓不得不聽從李密的意見，放開膽子跟「盜賊」剋星張須陀一決雌雄。

李密經過一陣部署，翟讓就帶著部隊出來，跟張須陀面對面。

張須陀之前打過翟讓，每次都能輕鬆地取勝，向來不把翟讓放在眼裡，現在看到這個手下敗將居然敢出來跟自己硬碰硬，哈哈，你真想找死啊。他根本不知道，此時李密已經率一支精兵伏於大海寺北的林間等著他。

張須陀把部佇列成方陣，然後向翟讓發起進攻。

翟讓兵果然像之前一樣，不堪一擊，不斷地敗退。

張須陀揮兵追擊，一直追了十多里。

張須陀終於追到了大海寺北的林間。

在張須陀以為勝利在望時，突然聞得殺聲大起。張須陀恍惚間，以為自己發生了錯覺，待認真一看，只看到林間伏兵四出，而翟讓的部隊也返衝回來，進行夾擊。

張須陀是戰場老手，知道自己中計了，自己真的太輕敵了。

在戰場上輕敵，就是取敗之道。

官軍迅速陷於被動挨打的局面，然後迅速形成敗勢。此時，瓦崗各路部隊在李密、翟讓、徐世勣、王伯當等人的率領下，都合圍過來，把官軍緊緊圍住。

張須陀的確生猛，他硬是憑著手中那桿槍，殺出重圍。

他血跡斑斑地殺出之後，轉身一看，左右並無一人。這個人也是條好漢，覺得光自己殺出包圍，算什麼男子漢？於是，他又返身殺入重圍，要憑一己之力救出他的部下，而且往來四次，但部眾並沒有受到他的鼓舞，奮力衝出，再形成戰力，繼續拚命。他看著四散而去的士兵們，不由得仰天長嘆：「打仗打到這個地步，我還有什麼顏面回去？」此時，他的戰馬已經累得走不動了，他下馬繼續衝殺，不久就被瓦崗軍斬於陣前。

可以說，張須陀是楊廣朝廷最後的柱石。目前楊廣朝中，拍馬屁的人才很多，也很得楊廣的重用，他每天跟這些人聲色犬馬，生活得自由自在，一片歲月靜好，即使是在他親征遼東之時，手下也沒有什麼出色的將才跟隨。只有張須陀在為他拚命地剿匪，而且多次取得勝利。張須陀之所以能脫穎而出，是因為他出自底層，一直在外征戰，跟朝中的利益集團沒有交集，也從不影響到那幫奸臣的利益。而且，他即使取得了一場又一場的勝利，楊廣仍然沒有對他足夠的重用。張須陀的戰死，意味著楊廣的剿匪大業也將走到盡頭。

張須陀帶軍還是很有一套的，也深得軍心。他能拚命去救回部隊，至死方休，這樣的將軍是值得尊敬的。張須陀失敗了，但他維護了軍人的榮譽。他的部下聽說他光榮犧牲之後，「晝夜號哭，數日不止」。他的失敗為大隋朝廷帶來的後果是：河南郡縣為之喪氣。

一人之生死，關係到一地之安危。

後來史家對他的評價也很高：雖功未存於社稷，力無救於顛危，然視彼苟免之徒，貫三光而洞九泉矣。

當時，張須陀的副手賈務本也受了傷，帶著張須陀的餘部跑到梁郡之後，也因傷而死。

楊廣聞報之後，也大為震驚，掩面而泣，追贈張須陀為金紫光祿大夫、滎陽郡守。然後命光祿大夫裴仁基為河南討捕大使，代領張須陀之眾，鎮守虎牢。

裴仁基也是個資深的將軍，還很小的時候，就表現得十分勇武，曾任過楊堅的隨身侍衛。他曾參加過滅陳之戰，因功而受封儀同，賜縑彩一千段。之後，他又成為楊諒的侍衛。楊諒反叛時，他苦苦勸諫，被楊諒關進牢裡。這一下，讓他因禍得福。楊諒後來果如他所料，全面失敗了。因為他被楊諒關過，所以楊廣對他非常讚賞，破格提拔他為護軍。這讓很多人知道，在這個官場上混，選邊站真的很重要。之後，他接連參加了幾次戰鬥，打過南方的蠻族，也打過吐谷渾，還打過靺鞨，最後還從征過高麗。戰鬥經歷非常豐富。

擊敗張須陀之戰，可以說是瓦崗軍取得的一次里程碑式的勝利。這次勝利，確立了瓦崗軍成為對抗楊廣朝廷的中流砥柱的地位，也讓李密脫穎而出。

翟讓對李密更是佩服有加，同意讓李密建立自己的營署，單獨統帥自己的部隊，號稱蒲山公營。李密有了自己的部隊之後，馬上整訓部屬，使得他的隊伍紀律嚴明，與普通盜賊的作風明顯區別開來，成為盜賊中第一支紀律嚴明的軍隊。李密雖然是貴族出身，但他衣著節儉樸素，獲得錢財，自己並不留存，全部分發給部下。大家都覺得李密是個好主管，願意為他效力。翟讓是瓦崗寨的創始人，他雖然心存仁厚，對李密也十分尊重，但他手下的士兵卻常常以瓦崗老大自居，看不起別人，也看不起李密手下的士兵，常常霸凌李密手下的士兵。那些受了霸陵的士兵當然會到李密面前拆苦，紛紛要求李密出頭去討個分道。但李密一概嚴加約束，因此無人敢進行報復。

翟讓雖然獲得了大勝，糧草充足，隊伍壯大，但他畢竟是一個沒有遠大理想的人，在滎陽一帶居住得久了，覺得還是瓦崗寨安全。他對李密說：「現在我們的軍糧已經不成問題了，我們還是回瓦崗吧。當然如果你不想去，我也不勉強，隨你的便了。不過，我從此就跟你分手了。」

李密能跟翟讓回去嗎？好不容易才打開局面，如今又回到原點，這哪是志在天下之人的做法？所以，李密堅決不回去。

翟讓就帶著自己的部隊返回瓦崗。李密則繼續向西進軍，占領了康城。他派出幾個口才很好的人，到處做說客，居然就勸降了幾座城池，地盤越來越大，而且還獲得了大量的糧食。

翟讓回到瓦崗後，還是很關注李密的動態的，看到李密向西發展，形勢如此大好，這時候才知道自己的返回，真的不對了。於是，翟讓又後悔了，帶著部隊又回來，跟李密合兵行動。這麼一去一返，使得翟讓在瓦崗軍裡的威望大為下跌，也使李密的人望更加高漲。

雖然李密天天動員翟讓要胸懷天下的大志，可是最先稱帝的卻不是瓦崗軍的老大，而是被稱為鄱陽賊帥的操師乞。這個人看到別人到處作亂，便也籠絡了一批人揭竿而起。他在宣布起事的同時，宣布自己是元興王，建元始興。

他開局很順利，一下就攻破了豫章郡，讓他有了一塊大地盤。他任命他的老鄉林士弘為大將軍。楊廣派御史劉翊去討伐這個操師乞。兩下交戰，操師乞表現得很不錯，親自衝在第一線。突然一支流矢飛來，正好射中了這個剛剛出現的興元王，使得他當場掛掉。於是，林士弘成為這支武裝的領導者，帶著隊伍繼續大戰。劉翊雖然靠一支流矢把對方老大打死在現場，但他並沒有掌握住這個戰場最為重要的關鍵點，奮力一擊，把對方全面打敗。林士弘當了老大之後，毫無懼色，帶著部隊繼續跟劉翊大戰。居然一戰就把劉翊打死，為操師乞報了大仇。林士弘由此名聲大振，隊伍也迅速發展到了十多萬人。林士弘覺得操師乞只當個「王」，理想不夠大，於是就自稱皇帝，國號楚，建元太平——其實是一點也不太平。他宣布建立政權之後，就率兵出擊，接連拿下了九江、臨川、南康、宜春等郡，真可以說是勢如破竹，攻無不取。很多當地豪強看到朝廷對他無能為力，便都紛紛響應，殺掉本郡縣的守令，把地盤劃歸「大楚」國的版圖。於是，林士弘的地盤迅速擴大，北到九江、南到番禺，都插上了他的旗幟。

到了這個時候，楊廣也有點緊張了，但他手下沒有得力的將領可以派出去打林士弘。他數來數去，好像只有李淵還有能力跟這些盜賊作戰。可是現在李淵還在西北，離南方很遠。而西北一帶也不安寧，還必須李淵去剿匪。現在楊廣還在江都遊玩，對西北局勢已經鞭長莫及，他只好把西北的一切都交由李淵去辦。這是第一次放權，而這次放權對於李淵來說，是非常重要的。

大業十二年，楊廣任命李淵為太原留守。大家一定要注意「留守」兩個字，留守不是職務，也不是級別，是非常設的責任名稱，是代替皇帝留在某個重要地方擔任首長的，是可以決定一切的。楊廣還任命王威和高君雅為李淵的副手，叫李淵盡快去平定那一帶的「盜賊」甄翟兒。

李淵現在看起來權力很大，其實手下的部隊沒有多少。他出發時，只能帶著幾千人，而現在「盜賊」們的規模都在幾萬以上。

李淵帶著幾千人去找甄翟兒。他很快就在雀鼠谷那裡跟甄翟兒的主力部隊相遇。

甄翟兒看到對方才幾千人，人數比例不到他的十分之一，不由得哈哈大笑，李淵，你找死也不必這樣找死啊。老子如果不打死你，別人還以為老子不會打仗呢。他下令把李淵的部隊重重圍住，務必把這支不知死活的部隊乾淨徹底地消滅掉——東南方瓦崗軍打得有聲有色，我們西北也要有所表現啊。

李淵看到包圍圈越來越小，自己的部隊越打越少，看來自己真的要完蛋了，不由得大叫苦也。

李淵正處於絕望之際，李世民突然奮發大呼，挑選精兵，全力向外衝擊。他一邊大呼一邊射擊，所向披靡，居然從萬眾之中，把李淵帶出重圍，使李淵絕處逃生。正在這時，李淵後援步兵趕到，兩軍合擊。甄翟兒畢竟是底層出身，也跟其他「盜賊」老大一樣，只能打順風仗，一旦局勢有所變化，立刻手足無措，優勢盡失。李淵和李世民一陣猛擊，把甄翟兒打得大敗。此戰，奠定了李淵在西北的地位。

9

當李密和林士弘在努力表演時，最先起來的那幾個老大也不甘寂寞。比如張金稱，他跟郝孝德、孫宣雅、高士達、楊公卿等人並沒有像杜伏威他們那樣南下開闢根據地，而是繼續在北方鬧著。他們重要的活動區域河北，已經連續「屠陷郡縣」，殺得朝廷將帥「敗亡相繼」，形勢也是一片高漲。

他們很快碰到了兩個硬骨頭。

一個是虎賁中郎將王辯，一個是清河郡丞楊善會。這兩個人的職務都不高，但戰鬥能力非常強——在楊廣的朝中，那些高位基本是宇文述之類的人占據了，稍有點本事又有能力的，不是被擠下來，就是提不上去，只能在基層領低薪資養命，如果天下不亂，他們根本沒有出頭機會，比如張須陀。楊善會雖然只是一個郡丞，但他卻跟「盜賊」們大戰七百多次，而且從來沒有過敗仗。可是這個成績，楊廣卻不知道，讓他仍然只當個郡丞。當張金稱他們在河北鬧得轟轟烈烈時，楊廣就派楊義臣為主將去專門討伐張金稱。

楊義臣到達河北之後，馬上帶兵出來跟張金稱對壘。

當時，張金稱駐於平恩縣的東北。楊義臣則引兵直抵臨清縣之西，據永濟渠為營，離張金稱的大營有四十里。這個人雖然率著部隊前來，一副與敵決一死戰的架勢，但到達指定地點之後，卻深溝高壘，高掛免戰牌。

張金稱這幾天都是在打勝仗，情緒處於高度興奮狀態，看到這麼大級別的官員出來討伐自己，覺得非常刺激，馬上帶著部隊來到楊義臣大營的西面，高聲大叫，請楊義臣出來決戰。

楊義臣披著鎧甲，率領士兵做出要出戰的姿態，與張金稱約定打一場，可是約定之後，卻沒有出來。張金稱等到天黑，仍然沒有看到楊義臣的一個士兵出來。張金稱只好破口大罵，說楊義臣他媽的完全沒有契約精神，明明說好了殺一場，到頭卻不敢來。你來這裡，究竟是來做什麼的？

第二天，張金稱繼續前來挑戰。

楊義臣繼續不應戰。

就這樣，雙方在這裡相持了一個多月，都是張金稱在營外破口大罵，楊義臣就是假裝聽不見。於是，張金稱認為楊義臣是個超級膽怯人士，就更加囂張了。他後來乾脆逼近楊義臣的大營，直接大暴粗口，猛烈問候楊義臣的十八代祖宗。

楊義臣就在營口那裡，對張金稱說：「你明天早晨來，我一定跟你交戰。一言為定。請記住時間。」

張金稱哈哈大笑，你除了玩這一套外，還能怎麼樣？你糊弄人就不能變個花樣？

楊義臣當然不能變花樣，如果他變了花樣，你張金稱能輕敵嗎？

張金稱對楊義臣已經徹底看低了，對他完全不提防。

就在這個夜間，楊義臣挑選了兩千精兵，乘夜渡河，趁著張金稱率兵離開營地時，即殺入其營，襲擊張軍的家人，並奪取了張金稱的所有軍用物資。

而這時，張金稱正帶著他的部隊到楊義臣大營面，準備耀武揚威。他還沒有到達指定地點，從大營裡逃出來的人，就氣喘吁吁地向他報告：老大，大營被敵人攻破了，我們沒有大營了。

張金稱一聽，立刻知道敵人的當了，急忙引兵回去，要奪回大營。

楊義臣早已經引兵繞道迂迴而來，從背後又給張金稱一頓猛擊，把張金稱打得大敗。

大敗的張金稱帶著殘餘逃到清河以東。他正在慶幸他躲過楊義臣的追擊時，又一個強者殺了過來。這個強者就是一直讓他膽顫心驚的楊善會。楊善會找到張金稱後，根本沒花什麼力氣，就把張金稱一把抓住，然後下令開斬。張金稱雖然徹底失敗，但這個人也是條好漢，在被押赴刑場時，不但毫無懼色，反而一路高歌，說是慷慨赴死，毫不為過。

楊善會對張金稱很憤怒，他砍了張金稱的頭之後，在鬧市中立了一根立木，將張金稱的頭掛在上面，展開他的手足，然後叫他的仇家來吃他的肉。楊善會的名字雖然有個「善」，可是其手段卻非常殘忍。

楊廣知道後，馬上下詔提拔楊善會為清河通守。

張金稱勢力滅掉後，河北一帶具規模的就是高士達勢力了。高士達是比較資深的「盜賊」老大，早在大業七年就開始革命了。這個人很有自知之明，知道自己的能力比不過竇建德，就任命竇建德為司馬，全面主持軍事工作。

涿郡通守郭絢看到楊善會等人連取大捷，滅了讓朝廷十分頭痛的張金稱，覺得自己再不出手，功勞就會被別人搶走，於是也帶著一萬多人來打高士達。

竇建德看到郭通守的大軍來了，不迎戰是不行的。他馬上進行了部署，請高士達守輜重，自己帶著七千精兵去戰鬥。

他知道自己的兵力不足，就玩了陰謀詭計，對外宣稱自己跟高士達產生了衝突，而且衝突已經到了不可調和地步，他這才帶著部隊叛逃出來。這些輿論做足之後，他派人去見郭絢，請求郭通守給他一個改過自新、重新做人的機會，接受他的投降。投降之後，他願為前驅，去打高士達來立功贖罪。

郭絢不加分辨地相信了竇建德的話，接受了竇建德的詐降，帶著部隊跟隨竇建德來到長河，準備對高士達來個致命一擊。

郭絢想不到自己出師居然這麼順利，還沒有開戰，敵方最得力的手下就投降過來，還主動為他去戰鬥，這跟天上掉下的禮物有什麼差別？哈哈，誰說天下沒有掉下禮物，那是因為你沒有碰到而已。他在夢中都大笑。

他萬萬沒有想到，竇建德要的就是這個效果。

竇建德看到他對自己已經毫無防備了，就把臉一翻，帶著部隊向郭絢發起襲擊。

郭絢哪來得及反抗？

竇建德毫無阻力地取得了全勝，俘獲數千人，連郭絢的腦袋也被斬下。

這一仗打得很漂亮，讓所有人對竇建德都佩服不已。正到處逃散的張金稱餘部，都跑了過來，投奔竇建德。

這一戰更驚動了楊義臣。楊義臣看到竇建德把一個通守殺得連命都丟了，當然不能置之不理，決定過去會一會竇建德，比比看誰的陰謀更陰。他很快就進至平原，準備進入高雞泊，跟竇建德面對面。

竇建德對高士達說：「遍觀朝廷諸將，沒有誰像楊義臣這麼善於用兵了。現在他滅了張金稱，銳氣正盛，其鋒真不可擋。我們不能跟他硬碰硬，只能引兵暫避，使其欲戰而不得，在浪費時間的同時，他的將士也會跟著疲倦。到了那個時候，我們就可以乘間擊之。只有這樣，才可以打敗他，否則，我們就只有完敗了。」

不管從哪方面來看，竇建德的這個分析是很有道理的，可是高士達卻不聽。這個人之前很低調，但自從取得上次大捷之後，突然變得信心滿滿，覺得朝廷的軍隊真沒有什麼可怕，為什麼要躲他們？他堅決否決了竇建德的建議，決定跟楊義臣大打一場。

這一次，高士達讓竇建德守營，自己率主力去迎戰楊義臣。

第一仗，高士達果然取得了勝利——當然是小勝。

但就是這個小勝，使得高士達更加驕傲，認為楊義臣根本不是威脅，每天縱酒高宴，完全不把楊義臣放在眼裡。

竇建德聞知之後，對大家說：「高老大並沒有破敵，只是略得小勝，就如此驕傲自大，其禍不遠矣。」

五天之後，楊義臣全面出擊。高士達這幾天，都在大喝特喝，居然一點防備都沒有，看到敵人大舉前來，猛吃一驚，只好倉促出戰，被楊義臣一陣猛打，全然找不著北。結果，楊義臣大獲全勝，將高士達斬於戰場上。

楊義臣大破高士達後，馬上高歌猛進，直衝高士達的大營。

本來營中的守兵就不多，聽說老大已經授首，前方主力全部就殲，個個膽寒，都丟下兵器，四散而逃。竇建德見機得快，帶著幾百騎兵奪路狂奔，這才逃得性命。

竇建德他們逃到饒陽縣，看到這裡居然沒有守備，就殺進去，武裝占領了饒陽，然後在這裡豎起大旗。那些潰散的士兵知道後，又都前來投奔。於是，竇建德手下又有了三千人。

此時，楊義臣犯了大錯。他以為他已經滅了高士達，這股「盜賊」基本就可以宣布摘牌了，雖然竇建德繼續在饒陽那裡宣布繼承高老大的遺志，但也不會翻出什麼大浪來了，因此對竇建德一點也不重視，更沒有馬上出手去打掉竇建德，而是引兵離去，讓竇建德有了一個寶貴的喘息之機。

正在提心吊膽的竇建德看到楊義臣居然無視他的存在，大大鬆了一口氣，帶著部隊又回到平原，收拾高士達的散兵，埋葬了戰死的兄弟，再為高士達發喪，「軍復大振」。竇建德也自稱將軍。竇建德不但打仗很有頭腦，而且很有政治頭腦。之前，這些勢力都是由最底層人士組成，大多人心裡都塞滿了仇官仇富情緒，只要俘獲隋朝官員或者士族子弟，基本都是一刀砍過去，殺了再說。唯獨竇建德沒有這樣做。他知道，這些人也是一個政治資源，要打倒楊廣的反動統治，必須團結這些人。因此只要他碰到這些俘虜，他都善待他們。於是，隋朝的守城官員看到他的部隊前來，都主動投降，不再抵抗。竇建德在很短的時間內，聲勢大振，手下部隊擴大到十多萬，成為具規模的武裝力量。

第五章 襲取洛倉，瓦崗軍如日中天；促父起兵，李世民謀定而動

1

各路反王鬧到現在，經過幾年的戰爭洗禮，能力差的老大基本上都被淘汰出歷史舞臺了，剩下的通常都是硬骨頭。這對於楊廣而言，其危險程度又增加了很多。很多人都已經看出來，大隋亡國已經是時間問題了，可是他仍然看不出來，仍然在江都盡情遊玩。

很多大臣都已經急得想哭，想把這些情況告訴他，讓他提起精神來，把遊玩業務讓位於「剿匪」工作，可是大家都知道，他不願意聽這些匯報，不想知道這些實情。

他們都希望他現在最信任的虞世基能把這些情況告訴他。

但虞世基能告訴他嗎？虞世基這幾天來，每天都接到諸將及各郡縣送過來的告敗求救信，但他沒有把這些內容轉告楊廣。他都把這些雞毛信進行技術上的處理，加以增刪，把「匪情」說得輕描淡寫。有時，

楊廣問起這些事，他就在那裡一臉微笑地說：「鼠竊狗盜，郡縣捕逐，行業殄盡，願陛下勿以介懷！」楊廣一聽，臉上也是一副放鬆的表情。有時，某個從戰地跑過來的使者，把實情告訴了楊廣。楊廣不但不信，反而說你這是在造謠傳謠、抹黑朝廷、嚇唬皇帝，然後下令武士將使者痛打一頓。大家看到這個畫面之後，誰還敢說實話？於是，「盜賊」越來越多，全國已無一處無「盜賊」了，楊廣卻還以為天下就要太平了。

直到楊義臣在河北大破「盜賊」幾十萬，把資料一一列舉上來，楊廣這時候才知道，現在「盜賊」真的很嚴重了，而且已成燎原之勢，不由得一聲長嘆：「沒有想到盜賊多到如此地步。光是楊義臣就降賊如此之多，其他地方呢？」

如果他此時覺悟，專心討賊，重用有能力的將領，也許情況還沒有那麼糟。但偏偏在他有所醒悟的時候，他的身邊還跟著虞世基。虞世基看到楊廣醒悟，心裡就一陣緊張——皇上要是相信楊義臣的話，相信「盜賊」越來越多的事實，把「剿匪」當成第一大事來抓，自己前些時候那些可恥的謊言就會穿幫。這個穿幫可不是普通的穿幫啊，楊廣大怒，所有的責任就都由他來扛了。他扛得起這個責任嗎？他當然扛不起，他也不想扛。他急忙對楊廣說：「這些人雖然數量比較大，但都是小賊而已，何足為慮？陛下儘可放心。我擔心的不是這些小賊，而是楊義臣。他現在擁有重兵，長期在外，從朝廷方面看來，這是很不合適的。」

楊廣一聽，馬上「恍然大悟」，說：「卿言是也。」二話不說，立刻派人過去，把楊義臣調回朝廷，並遣散他手下的士兵。

河北「盜賊」們看到自己的剋星突然被調走，無不高呼萬歲。如果他們知道這是虞世基弄出來的，一定會聯名寫一封感情誠摯的感謝信給虞世基。他們抓緊時間，全力擴張自己的勢力，很多本來都已經走向衰敗的「盜賊」，又抬起頭。

治書侍御史韋雲起看到國家都爛到這個地步了，楊廣居然還在相信虞世基的話，寧願放過「盜賊」們，也要防止楊義臣，這不是加速亡國的節奏是什麼？他忍無可忍，就上了一本彈劾奏章給楊廣，控告虞世基誤國誤民：「虞世基和裴蘊職掌機密樞要，負責處理國家內外大事，現在四方告變，他們卻不如實上報。盜賊的數量實際上已經很多了，他們卻在奏表上動手腳，刪減上報文件的數字，說盜賊越來越少。陛下聽說盜賊數少了，當然不會發兵，致使官軍在跟盜賊打仗時，往往寡不敵眾，常常不能取勝，使得賊黨越來越多。如此誤導陛下，應該將他們移交相關部門，追究他們的罪過。」

這個奏章上去之後，虞世基和裴蘊還沒有反擊，大理卿鄭善果已經搶先出手，上奏楊廣：「韋雲起誣害名臣，他所說的話，沒有一個字是屬實的。他這是誹謗朝政，居心叵測，請陛下明察。」

楊廣根本不讓韋雲起有分辯的機會，直接採納鄭善果的話，把韋雲起貶為大理司直——看誰還敢彈劾朕的寵臣？

收了楊義臣的兵權、處理了敢說真話的韋雲起，楊廣覺得心情大爽。他不能讓這些人影響了他的心情。這個人到現在仍然十分愛財。他到江都後，江淮一帶的官員們過來拜見，他不問別的，卻只問進獻的禮品有多少？然後按禮品的多少封給職務，禮多的就讓他們越級當上郡丞、縣守，禮少的則就地免職。

當然，送得最多最有創意的還是王世充。

這時，王世充的職務是江都郡丞。他獻給楊廣的禮品是銅鏡屏風，這個在現在也許算不了什麼，可是當時卻是天大的寶物，讓楊廣十分喜歡，馬上下令提拔王世充為通守。歷陽郡守趙元楷也很捨得下本錢，貢獻了一大批珍奇美味，讓楊廣吃得很開心，於是就讓他當了江都郡丞。雖然都是郡丞，但江都郡丞跟歷陽郡丞的差別是很大的。大家看到這兩人才把禮品送上去，馬上就飛黃騰達，眼睛也都紅了，都努力利用手中的權力，盤剝百姓，以便送給楊廣更多更好的禮物，讓楊廣高興。楊廣一高興，自己就可以得到實惠。於是，楊廣高興了，各級官員也得到實惠了，老百姓卻倒楣了——他們外為「盜賊」所掠，內為郡縣所賊，雙重盤剝之下，他們已是生計無著，再加上饑饉，很多人都不得不剝樹皮充飢，有的甚至搗藁為末、煮土而食。最後「諸物皆盡，乃自相食」。就在這樣的情況下，官府的糧倉裡還是很充實的，完全可以開倉賑饑。可是因為沒有朝廷之命，官員們畏懼刑法，不敢放糧救濟饑民。

王世充做得更絕，不但一點也沒有把老百姓的生命當一回事，反而祕密為楊廣挑選江淮民間的美女進獻。楊廣向來對江南美女非常偏愛。王世充這一手，讓楊廣更是心花怒放——王世充實在是深得我懷，怎麼到現在才發現這個人才呢？他立刻把王世充拉入寵臣的圈子裡，對他的寵愛是與日俱增。

當然，相對於虞世基和宇文述這幾個純奸臣而言，王世充除了迎合皇帝的本事出類拔萃之外，他還是有本事的——尤其是能上戰場、而且還能打勝仗。他被楊廣寵信的同時，還出兵去打了一仗。他打的對象叫格謙。格謙的活動範圍在河間，也是有十萬以上部眾的老大，而且自稱燕王。楊廣氣不過，派王世充出馬。王世充果然不負皇帝的期望，一戰把就格謙斬之，讓楊廣大悅，覺得自己真用對人了。只是王世充雖然斬了格謙，但並沒有將格謙的部隊全殲。格謙的部下高開道帶著餘眾逃到燕地，沒幾天又變得囂張。

2

各路造反老大鬧到現在，都有一個共識，就是發展隊伍並不困難，即使打了大敗仗，只要性命還在、旗幟還在，馬上就會有很多人跑過來投奔，讓你的隊伍瞬間規模擴大，但養這些部眾永遠是個難題。他們開始時，都靠破壞、搶劫來維持生活，可是現在遍地都是他們的同行，很多地區已經被他們這類人處理了很多遍，地都被翻了，還能搶到什麼？李密開了攻打朝廷糧倉的先河，使得他的部隊很穩定。大家一看，這才是養兵之道啊。於是都開始把眼睛盯向朝廷的那些糧倉。

涿郡是北方軍用物資累積最多的地方。這是因為楊廣這幾年來，一心一意要征伐高麗，就將涿郡當成征遼東的大後方，把全國的物資器械都運到這裡，再由這裡運往遼東前線，使得涿郡成為全國最為人富物豐的地區，更何況楊廣曾居住的臨朔宮裡，還有無數珍寶。那些老大都把目光投向涿郡，紛紛向涿郡前進，要搶這裡的軍用物資。此時，涿郡還有幾萬部隊，但哪能擋得住沒完沒了前來打劫的「盜賊」部隊？

涿郡留守官趙什住出兵打了幾下，都敗下陣來，然後不敢再戰。只有虎賁郎將羅藝還敢戰鬥。羅藝在後來也是非常有名，他的父親叫羅榮，曾任過左監門將軍，所以他也算是官二代出身。這個人生性凶暴，又剛愎自用，從不講義氣，人品超級壞，但他敢上前線，而且還是個出色的射手，一上戰場，就能殺敵立功。他也因此不斷地得到提拔，成為虎賁郎將。大業八年時，楊廣發兵打高麗，羅藝奉命督軍北平郡的新昌縣，受右武衛大將軍李景節度。這個人小時候接受過軍事訓練，所率的部隊都紀律嚴明，軍容整齊。只是本人卻十分任性，還看不起直屬上司李景，多次當眾凌辱李景。李景也是老軍頭出身，哪吃他這一套？

李景是上級，收拾一個下級，那是手到擒來，天經地義，因此，羅藝在跟李景的較量中，當然是吃了大虧，結果是自己弄不了李景，反而多次被李景折辱而大丟面子。他一怒之下，就誣陷李景造反，但卻沒有成功。你想一想，這樣能跟同事們建立良好的人際關係嗎？他連李景那樣的人都看不起，他能看得起趙什住這些草包嗎？在這幾個草包不敢迎敵的時候，他硬是單獨出戰，把前來打劫的「盜賊」一一擊敗，使得涿郡的物資沒有受一點損失。他的威名也在這些戰鬥中變得響亮。

趙什住他們本來就對羅藝很不爽，這時看到他的功勞越來越多，當然就變得忌恨他——再讓他立功下去，他轉眼就會成為領袖。他當手下都看不起別人了，如果成為他的下屬，你還有活路嗎？羅藝很快就從他們的表情裡看出了他們的想法，心裡當然很憤怒，既然你們不願意老子為朝廷立功，那老子就不當朝廷的將軍了。這個人本來就是一個狠毒的角色，這麼一想之後，馬上做好造反的前期工作。羅藝雖然凶暴，性格跟李逵沒有什麼兩樣，但李逵的智商卻差了他一個銀河系。他做事並不隨便，而是先做好輿論工作。他到處對士兵們說：「我們討賊立了多次大功，城中倉庫的糧食堆積如山，都掌握在留守官員手中。這些狗官卻不肯拿出一點來施捨給飢餓的老百姓，更沒有拿出什麼來獎勵打仗的將士。」大家一聽，都非常憤怒。

羅藝知道自己的煽動成功了。

他馬上帶著部隊回城。

郡丞出城來迎接，羅藝馬上把郡丞抓起來，然後排著佇列、威風凜凜入城、邁著整齊的步伐，向趙什住他們的住處大步而去。

趙什住一看，就知道大勢已經不妙。他們雖然看羅藝不順眼，忌恨他立了大功，但萬萬沒有想到他居然會來這一手，立刻嚇傻了，哪敢做什麼反制的動作？幾個人都乖乖地出來，對羅藝表示，以後永遠聽從羅老大的話、照羅老大的指示辦事。

羅藝板著那張臉，看都不看這幾個草包一眼，大手一揮，下令打開糧倉，拿出白花花的稻米，分給貧苦困頓的老百姓。如此一來，羅藝在涿郡的名聲迅速高漲，境內無不服從於他。接著，他把不願跟他一起造反的勃海太守唐禕等人全部斬首，更是威振燕地。柳城、懷遠等城都跑過來歸附他。之後，他自稱幽州總管。楊廣拚命經營了多年的涿郡後勤基地，最後全部資助了羅藝。

3

再說說杜伏威。

這個人上次連遭大敗、差點性命不保之後，經過近一年的休整，這時又恢復了。朝廷一看，這個人又成了心腹之患，便派右御衛將軍陳稜率兵去打他。

杜伏威率兵迎戰。

陳稜一看，杜伏威的部隊不但兵員多、氣勢足，而且軍容整齊、士氣高昂，於是就高掛免戰牌。他的這個策略其實是正確的，但接下來就不正確了。

杜伏威看到陳稜老是躲著不出戰，就知道這傢伙想消磨時間，等自己的銳氣消耗、防備鬆懈之後，再乘間出擊——楊義臣基本就是採取這個方法。杜伏威當然不能讓陳稜得手。他又想了一個辦法，派人送給陳稜一套花花綠綠的女裝，稱他為「陳姥」。

本來這是一個很幼稚的激將法，如果讀過三國的人一定會像司馬懿一樣，一笑置之，我就是陳姥又何妨，有本事你強攻過來？可惜當時還沒有《三國演義》，三國故事沒有像今天這麼流行，陳稜顯然對諸葛亮送司馬懿女人衣服的事不知道，再加上向來性格急燥，自尊心強而腦子又不靈光，一看到這套衣服、聽到這句話，立刻勃然大怒，敢稱老子陳姥。老子現在就打你，看看誰是女人。

他憤而披掛上馬，率兵衝出兵營。

杜伏威想不到這個傢伙腦子如此簡單，居然真的上了大當，不由得大喜，率眾奮擊，把頭腦簡單的陳稜打得毫無還手之力，瞬間就全面敗下陣來，結果陳稜僅以身免。

杜伏威在被連破兩場之後，尚且又在短期內重整旗鼓，聲威大振，現在打了一場大勝仗，聲勢就更加隆重了，歸附他的人員就更多了。他乘勢而上，再破高郵，然後引兵占領歷陽，自稱總管，下令輔公祐為長史，分派手下攻取江都郡所屬各縣，模樣做得越來越大，大軍所到之處，基本都毫無阻力地拿下城池。在這樣的形勢下，江淮一帶那些勢力弱小的「盜賊」都爭相歸附杜伏威。

杜伏威在治軍方面也有自己的一套。他組建了一支五千人的敢死隊，號稱「上募」，平時對他們的待遇很優厚，如果碰到硬骨頭，他都派這支部隊先行衝鋒。戰鬥結束後，他都審查這些敢死隊員，如果發現誰的背後有傷，就當場處死，理由：背部被打傷是因為後退。凡繳獲的軍資物品，他全部拿來賞賜兄弟們；

將士有戰死的，他就用死者的妾來殉葬。是的，你沒有看錯，杜伏威就是採用這個野蠻的手段來激勵手下的兄弟們去戰鬥。他的這些恩威兼施外加野蠻手段的辦法，的確使得他的部隊人才自為戰，個個拚命，所向無敵。

杜伏威的勢力進入了他的鼎盛時期，竇建德那邊也迎來了自己事業的高峰。

到了第二年，也就是西元617年。本來這年仍然可以說是大業十三年，因為楊廣並沒有改元，但因為後來發生的歷史事故，史學家們對他最後的存在採取了忽略的手法，在紀年上認定為義寧元年，我們也只好尊重這個既定事實。這一年的正月初五，竇建德在樂壽縣設壇，自稱長樂王，設定百官，改年號為丁丑。其實這一年也是丁丑年，跟不改年號真沒有什麼差別，他改年號只是為表示自己堅決不承認大隋年號而已。

還有一個老大也是在這個月稱王的。他就是盧明月。前兩年他被張須陀打得大敗之後，又死灰復燃，部隊人數又有了十萬人。他先帶著這十萬人攻打淮陽和襄城，然後大步進入河南淮北一帶，大量攻城掠池、發展力量，這時他的隊伍已經發展到四十萬人，浩浩蕩蕩，看上去十分嚇人。他看到很多人都已經稱王了，他現在手下的隊伍是所有同行中最龐大的，他當然更有資格稱王了。於是自稱「無上王」。

楊廣聽到「無上王」這三個字，就萬分惱火，你都無上了，老子在做什麼？他現在手中最厲害的大殺器就只有王世充了。他馬上叫王世充去把這個「無上王」打掉，讓盧明月變成「無頭王」。

事實證明，隊伍龐大並不代表實力強悍。盧明月雖然有四十萬大軍，但這些大軍都是業餘隊員，一上戰場，砍人的姿勢都不對，四十萬只是一堆泡沫而已。這支泡沫大軍跟王世充一硬碰硬，立刻被打得四分五裂，兵敗如山。一戰下來，盧明月被王世充斬首，無上王真的變成了無頭王。

4

儘管最為轟轟烈烈的盧明月隊伍被消滅了，但作亂的人仍然不為所懼。很多人都已經不把大隋當一回事了——即使是大隋內部的官員，也知道大隋已經是一條破船，如果不趕快跳船，另謀生路，就會與這條破船一起沉下去。

朔方鷹揚郎將梁師都在認真考量之後，果斷地殺掉他的主管郡丞唐世宗，然後自立門戶，自稱大丞相。他在這城作亂，還有個別人沒有的方便，就是地緣緊靠突厥。他宣布舉事之後，做的第一件事，就是北連突厥，把突厥當成自己最大的靠山和後路。突厥很多年以來，一直被大隋幾個突厥專家把持，直到始畢可汗掌權後，終於又恢復他們原來的本色，開始製造麻煩了——當然，如果大隋仍然處於原來的盛世時代，始畢可汗的麻煩也會很快被平息，讓他乖乖地當大隋的女婿。可是剛好在這時，楊廣把國家弄得一片混亂，現在他面對遍地的「盜賊」都已經無可奈何，哪顧得了突厥的那些麻煩？

另一個與突厥接壤的地方——馬邑也出現了狀況。

馬邑太守王仁恭，也是個貪官——在目前這個世道上混，不貪你還真不能當官，王仁恭在太守的位子上，重點工作就是收受錢財，其他的都不理睬，郡內的人民都已經餓得兩眼昏花，他的眼睛仍然死盯著白花花的銀子，對眾多人民的生死不聞不問，這讓全郡老百姓都很氣憤。更要命的是，他所轄的馬邑，地皮跟突厥連在一起。楊廣之前就要求他跟李淵重點對付越來越囂張的突厥。可是楊廣只給兩人五千兵馬。王仁恭知道現在突厥的勢力越來越強大，動輒數萬甚至十萬部隊猛打過來，他能對付得了才怪。李淵雖然也覺得任務太難了，但他還是用心去想辦法。他挑選了兩千多射擊能手進行特殊訓練，讓他們的飲食以及其他習慣都跟突厥一樣，培養了一支有突厥特色的大隋特種兵。他平時都把這兩千兵隱藏，一旦跟突厥人相遇，這支部隊就會從某個突厥人意想不到的地方出現，襲擊突厥人。突厥人雖然有作亂的愛好，但腦子並不靈光，多次發生意外之後，還不知道敵人的來龍去脈。只是覺得李淵真的很可怕，所以不敢對李淵怎麼樣。

可是王仁恭沒有別的辦法，只能在那裡被動地守著——既然打不過突厥，那就把全部精力放在貪腐上，弄得全郡老百姓恨不得吃了他的肉。

於是，王仁恭手下的鷹揚府校尉劉武周覺得機會來了。這個人的職務不高，但卻勇武任俠，又是當地的土豪，屬於地頭蛇一類人物，所以王仁恭對他還是很尊重的，把他當自己的親信，讓他帶著親兵駐防在太守官署——其實就是讓他當自己的警衛團長。

劉武周當了這個團長之後，就可以在太守官署裡自由往來了。這個工作其實是很輕鬆無聊的。他無聊的時間一長，就發現太守大人的一個侍女長得很可愛。於是，兩人就勾搭成就了好事。可是他們也知道，這對於太守大人來說，絕對不是好事。只要這個好事一洩漏，太守大人立刻就會翻臉，然後凶光畢露，然後他們兩個都會死翹翹。

劉武周在很懼怕的時候，突然發現全國已到處在反朝廷了，離他們不遠的朔方郡也已經宣布獨立，自己為什麼不能向梁師都學習？於是，他也把梁師都的作業拿來照抄，對大家說：「現在老百姓都在挨餓，路上到處是餓死者的屍體，可是我們的王太守卻關閉糧倉，不肯發點糧來救濟老百姓。這是一個父母官應該做的嗎？」

大家本來心裡就已經有氣，現在被劉武周一煽動，火氣就直接飆升到最高點，恨不得立刻把王仁恭打倒。

劉武周看到人們的情緒已經高漲，自己作亂的基礎已經打下，便稱病在家。

劉武周本來就是當地的地頭蛇，他一有病，那些所謂的「豪傑」便都過來看望。他看到大家都到齊之後，就殺牛置酒，請大家大吃大喝，對大家說：「英雄好漢向來不做坐而待斃的事。現在倉裡的糧食都已經堆積腐爛，而老百姓卻不斷地餓死。只怕再過幾天，我們也都會跟著餓死。不如把糧食搶過來算了。誰敢跟我一起去搶糧食？」

這些豪傑向來都是看著劉老大的臉色辦事的，現在劉老大帶他們去搶糧，他們當然都舉雙手同意。於是，劉武周帶著這群人衝到王仁恭的辦公室。

王仁恭這時正跟往日一樣，在那裡上班聽事，突然看到劉武周大步而來，不由得有點納悶：「你不是說病了嗎？病了就應該好好休息，哪用來上班啊。」可是再定睛一看，劉武周走得這麼底氣十足，根本不像有病啊。接著，他又有了一個發現：劉武周身後還跟著一群人。這群人可不是平時他帶的親兵，而都是馬邑城中的黑社會頭目。

他正想問劉武周你要做什麼？

劉武周身後的張萬歲等人都已經搶上來，直奔王仁恭的座位，手起刀落，然後拿著太守的腦袋，大步走出衙門，丟在大街上示眾。郡裡的其他官員看到太守都被砍了，誰也不敢說什麼。

劉武周就這樣全面奪取了馬邑的大權，他做的第一件事就是開倉賑濟饑民——楊廣當年為了保證軍用物資的供應，大量修建糧倉，儲備了大量的糧食。他以為如此一來，就可以保證了軍用糧草，沒想到他的這個決策，造成了平民百姓饑饉的因素之一，更成為「反賊」們煽動老百姓、獲取民心的有力武器，還為這些「反賊」們留下了大量的軍用物資。如果他認真想一想，一定會後悔得不得了。

劉武周接著馳檄境內屬城，大家都紛紛表示擁護劉老大的決策，跟劉老大做到底。劉武周就自稱太守，然後也像梁師都一樣，派使者到突厥那裡，表示當突厥的分部，讓突厥當自己的保護傘。突厥到了這個時候，又開始在歷史的舞臺上抬起頭。

當然，這幾個「反賊」，也只是玩玩而已。目前真正有大志的人，仍然是李密。

5

李密那雙眼睛此時比誰都明亮，比誰都看得遠。當別人仍然為打勝一個反圍剿之戰而興高采烈時，他的目光已經鎖定東都。他知道，只要拿下大隋的一個首都，對楊廣精神世界的打擊將是非常大的，大隋朝廷都有可能因此而發生雪崩。

他對翟讓說：「現在東都不但空虛，而且僅有的那幾個守兵又缺乏訓練。留守的楊侗又是個小屁孩，什麼都不懂，留守府的那些官員向來都只會爭權奪利，已經造成號令不一、士民離心的局面。留守府的實際領導者段達和元文都都是昏庸無能的廢料，以我看來，他們根本不是老大的對手。如果老大敢進取，天下真的揮手可定。」

翟讓馬上派人到洛陽去偵察，探聽東都的虛實。

可是由於弄得動靜太大，東都留守府的人都知道了。他們也變得驚慌，趕快做好防備工作，並派人急馳江都，向楊廣告急。

李密對翟讓說：「事情到這個地步，我們真是不可不發了。兵法云：『先則制於己，後則制於人。』現在百姓饑饉，而洛口倉卻堆積著很多糧食，那裡離東都有一百多里。如果老大親率大軍，輕裝前進，對洛口倉掩殺襲擊。他們那裡因離東都很遠，一時無法請援，又無防備，老大取洛口倉就像拾丟在地上的東西一樣容易。等對方得到消息，老大已經得手了。老大得手之後，馬上開倉放崇賑，遠近的老百姓都會潮湧而來，爭相歸附。百萬之眾，一個早上就可以召集到。我們乘得勝之威，養精畜銳，以逸待勞，即使朝廷派大軍前來，我們也根本不用怕他們。然後，我們就可以發檄天下，號召四方響應，招賢納士，聽取他們的策略，挑選精兵勇將，全面進擊，推翻隋朝暴政，這難道不是一件可載史冊的盛舉嗎？」

如果是別的老大聽到這番話，當場就會熱血沸騰，拍案而起，立即行動。可是翟讓雖然長得外表粗獷，但卻是一個缺乏遠大抱負的男人，性格跟他的名字「讓」沒有什麼差別，聽了李密的話後，很低調地說：「這是英雄的韜略，不是我這樣的人可以承擔的。我已經幫自己定位了，就是只聽命於你，然後盡力當你的助手。這樣吧，請你先行出發，我作殿後。一切以你為主。」

二月初九，這的確是一個值得記住的日子。就是這一天，李密和翟讓率領數千精兵，從陽城北出發，越過方山，直插羅口，突襲興洛倉。而且一切如李密所料，輕鬆拿下了楊廣在東都修建最大的糧食儲備重地——興洛倉。

李密得手之後，馬上打開糧倉，號召百姓前來取糧。

一時之間，前來取糧的老弱婦孺，擠滿每條路。

拿下興洛倉，瓦崗軍的聲威更是大振，不光很多老百姓前來歸附，就是很多隋朝官員也望風歸順。其他有識之士，也馬上理解到，瓦崗軍的志向，已經不是普通的「盜賊」可比了，都跑過來加入。當時，最有名的人士就是祖君彥。這個人可不是普通的名士。他的老爸就是南北朝時期鼎鼎大名的祖珽。他的老爸口才很好，而且十分嘴硬，可是他的口才卻不怎麼樣，言辭有時還有些不順暢。但他的才學非常高，曾有人向楊堅隆重推薦過他。楊堅聽說他是祖珽的兒子，就沒有重用。楊廣即位後，對名士就更不管了，根本不讓他這樣的名士留在首都，直接把他調任東平郡參軍、檢校宿城縣令。他雖然口才不如他老爸，但那個性格卻絕對是一個工廠出品的。他被無端地貶謫，心裡當然有氣，對楊氏父子十分憎恨，天天盼望著天下大亂，而且盼望這個亂勢能把隋朝掃進歷史的垃圾堆。這時他看到瓦崗軍的事業旺盛，馬上認定，他們一定能取隋而代之，心裡興奮不已，立刻背起行李，離開昌平，前來投奔瓦崗。

李密老早就聽說過祖君彥的大名，現在看到他主動前來投靠，心裡大喜，馬上引為上客，軍中的所有文件，都由他來把關。

興洛倉的失陷，對隋朝的震撼是很大的。

東都留守府得知後，馬上派劉長恭和房帥帶兩萬五千人前來反擊李密。

留守府發出征討李密的號召時，很多東都的人都認為，李密部隊也跟其他「盜賊」一樣，是餓得沒有辦法了，才出來搶興洛倉的。李密部隊現在都已經餓得皮包骨，走路都搖搖擺擺，連刀都舉不起，這樣的軍隊你不打他都會自動垮掉，完全是一支劣質的烏合之眾。於是，都跑過來要求參軍，到戰場上立功受獎，發家致富，就連很多國子、太學、四門三館的學士和那些貴族子弟也前來應徵入伍。再加上東都向來繁華，儲備充足，因此這支部隊才一組建，不管是軍裝還是武器，都非常嶄新亮眼，看上去軍容齊整，十分威武。

劉長恭看著這樣的部隊，信心十足。他自己帶著這支部隊作前鋒，直接與李密軍面對面，叫裴仁基帶其他各路部隊從汜水進軍，從背後突擊李密軍。他們約好十一日在興洛倉城南面會師。

這個策略看起來很不錯，一前一後，對李密部形成夾擊之勢，讓他顧頭不顧尾、顧尾不顧頭。

可是李密能讓他們成功嗎？他在提出攻打興洛倉之前，就已經把這些都考慮在內了。所以，當他得知隋兵開發時，根本不用再開什麼軍事會議，就有了應對的部署。

劉長恭的策略看起來很不錯，可是在執行時卻打了折扣。他親自率領的東都部隊，大概士兵們非常興奮，行軍速度很快，在裴仁基的大軍還在半路上急跑時，他們已經到了指定地點。他們由於跑得太快，到了指定地後，心情還處於高度的亢奮狀態，而劉仁恭的心情比他們還要興奮，也不等那邊的友軍前來，再按計畫行事，連早餐都不吃，下令大家空著肚皮渡過洛水，在石子河西列陣。這個戰陣很長，有十多里。

劉長恭看著自己的陣地，臉上都是驕傲的神態。

李密就更開心了。他本來都預料到自己會受兩邊夾擊，現在敵人的一邊還在路上，而這一邊卻先來向自己叫板，讓他鬆了一大口氣。他和翟讓挑選強壯的士兵，分為十隊，令其中的四隊埋伏在橫嶺下等待裴仁基，剩下的六隊則在石子河以東列陣，跟劉長恭對壘。

劉長恭看到對面的戰鬥人員就那麼一點、零散地排在那裡，不由得哈哈大笑，眼裡都是輕蔑的神色，大手一揮，下令開打。

兩軍一接觸，劉長恭這時候才知道，對方的人數雖少，穿著雖然一點也不光鮮，但他們單兵能力都十分強悍，反倒是自己這方面，士兵們在列隊時，軍容整齊、旗幟鮮明，但真正砍殺時，姿勢都不怎麼適當，更不能相互配合，完全是烏合之眾的打法，面對敵人的進攻，無不左支右絀，場面很難看。

劉長恭終於清楚，自己的計算真的失誤了，不但對敵方的虛實沒有掌握，就連自己這邊的戰鬥力也沒有算準，典型的不知己不知彼，瞬間就陷於了不利的局面。

李密知道敵人已經開始混亂了，便親自率領所部大喊大殺，橫衝敵軍的陣地。此時，隋兵都已經餓得全身發軟，戰鬥力直線下跌，面對李密的衝殺，已經毫無還手之力，被李密打得大敗。劉長恭雖然拚命叫喊，想重振旗鼓，堅持下去，等友軍到來。他叫喊了一陣子，終於發現，他的大喊大叫已經完全無效，全軍的指揮系統已經斷線。他腦袋一陣嗡響之後，馬上理解到，如果再不逃跑，就跑不掉了。他轉眼看了一下戰場形勢，真的已經萬分危險了。他急忙脫掉衣服，換上小兵的服裝，混在一堆亂軍之中，這才得以潛逃出去，拚命跑回東都。所帶過去的部隊，大半都光榮犧牲在戰場上。

劉長恭跑去向楊侗請罪。楊侗比他老爸開明得多，並沒有惱羞成怒，把老劉處理掉，而是免了劉長恭戰敗之罪，然後好言勸慰。

劉長恭帶去的那些精良武器以及很多輜重，當然都歸瓦崗軍所有，使得瓦崗軍的聲威再次大振一番。

這兩場勝仗，使得翟讓對李密更加佩服。在他看來，這樣的算計，他不但算不出來，而且即使李密提出來，他都不敢想像能夠大功告成。他覺得自己真的不如李密。於是，他決定把老大的位子讓給李密。他的謙讓絕對是真心的，早在他的軍師賈雄跟他對話時，他就已經表明了讓位的態度，現在李密指揮了這兩場戰鬥，聲望如日中天，剛好是讓李密出來扛旗的最佳時機。

李密當然是當仁不讓。於是，在翟讓的主持下，李密稱魏公。

義寧元年二月十九日，瓦崗軍在興洛倉設壇，弄了魏公即位儀式，宣布瓦崗軍現在開始，由李密為最高領導者，瓦崗軍進入了李密時代。李密拜翟讓為上柱國、司徒、東郡公，東郡公府裡可以設定長史以下的官屬。當然，數目比李密的元帥府少一半。其餘的高層也各有職務：單雄信為左武候大將軍，徐世勣為右武候大將軍，各領所部；房彥藻為元帥左長史，東郡邴元真為右長史，楊德方為左司馬，鄭德韜為右司馬，祖君彥為記室。一套政府機構就這樣形成了。他們的地盤也比以前擴大了很多，影響力更加大增，魏、趙以南，江淮以北地區的「盜賊」，莫不響應，就連那些都混出一些名堂來的隊伍，比如孟讓、郝孝德、王德仁等人都毫不猶豫地歸順了李密。想當初，李密曾經放下身段投奔過郝孝德，然後盡力推銷過他那一套「志在天下」的理論，郝孝德們基本都把他當成神經病，沒想到，現在他們都得跑到李密的帳下，稱他為主公了。

李密都一一授予他們官爵，讓他們各自統領自己的部隊。雖然一切都在按李密設計的指令碼發展，但他顯然還沒有做好足夠的準備，在接納這些武裝時，沒有能力進行有效的改編，使他們從內到外，都打上自己的烙印，成為自己真正的部屬，他只是做了一個百營薄來跟他們接洽——其實只是備案在冊。他現在更像是這些隊伍的共主，而沒有真正把他們控制在手。其他小型武裝倒是直接開過來，向他投奔，當時通往興洛倉的道路上，成群結隊，都是投奔李密的隊伍，最為龐大的居然有十萬之眾。

李密看到自己的實力已經雄厚，而且發展得大幅超過自己的期望值，心裡非常高興。他命護軍田茂築洛口城。很多人都以為，洛口城作為他臨時的駐地，規模不會很大。可是拿出規劃圖一看，此城方圓足足四十里。現在李密手下有的是人，他的命令一釋出，成千上萬的部隊立刻變身建築工人，投入建設城池的建設，很快就建成了洛口城。李密自己就進駐新城，然後派房彥藻率兵東略各地。此時，隋朝在這些地區的防守已經十分脆弱，守將也都對楊廣失去信心，看到瓦崗軍一到，基本上都不怎麼抵抗。於是，房彥藻很快就把安陸、汝南、淮安、濟陽以及河南諸縣都劃歸瓦崗軍的版圖。

6

到了這個時候，大隋的版圖基本都已經被各地群雄分割，身在江都的楊廣根本無法把整個局勢當一盤棋來規劃了。很多郡縣的老大，已經很久沒有跟朝廷取得聯絡了，尤其是北方的那些郡縣，面對這樣的形勢，大多數郡守都不知道該怎麼辦。當然，有些郡縣的官員還在忠於職守，帶著部隊自覺地跟「盜賊」們戰鬥。

雁門的郡丞陳孝意和虎賁郎將王智辯看到劉武周公開造反，已經危及到他們的地盤了，就帶著部隊前去討伐劉武周，包圍了劉武周的桑乾鎮。這兩個人忠心可嘉，但能力有點不足，他們只看到劉武周在造反，只看到劉武周的力量還不夠雄厚，卻沒有看到劉武周已經成為漢奸賣國賊，投靠了突厥。也就是說，他們根本沒有看到劉武周的背後還站著一個生猛的突厥。當他們包圍劉武周的部隊時，劉武周一點也不擔心。他派人去見了一次始畢可汗。始畢可汗二話不說，立刻派出大隊騎兵，與劉武周合力夾擊王智辯。王智辯沒想到突厥的鐵騎突然滾滾而來，馬上就慌了手腳，亂成一團，結果被敵人斬於馬下。陳孝意逃得及時，得以奔還雁門。

劉武周贏了這一仗，信心大增，乘機擴大地盤。三月十七日，劉武周率兵襲擊樓煩郡，並奪取了汾陽宮。汾陽宮也是楊廣很用心打造的一處行宮，宮裡不但有很多金銀財寶，還有很多楊廣備用的美女。劉武周把這些美女全部拿去孝敬始畢可汗。

始畢可汗突然看到這麼多中原美女出現自己的視野裡，個個都漂亮又溫柔，兩眼一傻之後，立刻心花怒放，覺得劉武周太能為自己著想了。但他還是講點人品的，覺得不能這麼白拿別人這麼多美女，於是替劉武周送了一大批戰馬，作為回報。劉武周的軍勢一下就大振。他帶著這支全新的騎兵，繼續前進，又攻陷了定襄。

始畢可汗接報後，認為劉武周不但能孝敬自己，還很能往中原地區深入地打下去，是個了不起的人才，這樣的人才不能就只當個太守。他就立劉武周為楊可汗。為什麼是楊可汗，而不是別的可汗？據說始畢可汗在定這個稱號時，還是費了一番功夫的。按照他的解釋就是，期望劉武周能打到江南，平定揚州。然後還送給他一面狼頭旗。當始畢可汗做完這一系列動作時，他一定有股無限驕傲的心情洶湧澎湃在心頭。以前，都是大隋皇帝幫他冊封，現在終於輪到他行使這個權力了。

劉武周畢竟是中原人士，長期受中原文化的薰陶，看到自己突然被封了楊可汗，不管怎麼想，都覺得十分彆扭。他實在受不了這個有突厥特色的稱號。而且這樣的稱號，在中原除了被別人笑話之外，根本沒有什麼號召力——除非你跑到突厥境內討生活，也許能嚇唬那裡的人。與其當個人人看不起的楊可汗，不如稱皇帝還來得爽。於是，他乾脆即皇帝位，改元天興，任命了一大批文武官員，然後引兵圍攻雁門。

陳孝意前次冒然出擊，被劉武周和突厥聯手打了全軍覆沒，逃了回來，十分狼狽，但他對楊廣卻十分忠心，而且守城也很拚命。劉武周包圍了雁門之後，雖然拚命進攻，但就是攻不進去。陳孝意反而天天站在城頭上，觀察對方情況，一旦看到對方的漏洞，就帶兵出來猛擊一頓，居然經常取得勝利。但劉武周的兵力實在太多，陳孝意這些小勝，對劉武周根本沒有造成致命的打擊。反倒是雁門由於遠離內地，外無援軍，被圍多時，已經越來越困難了。陳孝意不斷地派出使者到江都告急，請楊廣派兵前來救他——陛下再不出手，雁門以後就會被劉武周獻給突厥了啊。陳孝意的求救信雖然寫得十分悲壯，但都沒有回音。然而，他仍然沒有放棄，發誓一定與雁門共存亡。他每天都向存放皇帝詔敕的府庫跪拜，每次跪拜都痛哭流淚，他身邊的人十分感動。

但這些感動也救不了雁門。

雁門被劉武周鐵桶般的包圍了一百多天，城裡的糧食都已經吃光。雖然劉武周還沒有打進來，但城裡的人都已經絕望了。最後，雁門校尉張綸實在撐不住了，便一咬牙，把陳孝意殺掉，出城投降。

投靠突厥的造反武裝，除了劉武周外，還有那個梁師都。這個人也沒有消停。他先後略定雕陰、弘化、延安等郡，覺得自己的版圖也不少了，看到比自己崛起還晚的劉武周都稱帝了，自己為什麼還謙虛？

於是，也宣布即皇帝位，國號梁，改元永隆。他之前也是突厥的分部，突厥既然都冊封劉武周為可汗了，當然也不會忽略他。於是，始畢可汗又把一面狼頭旗送給他，封他為大度毗伽可汗——完全就是突厥那一套了。

劉武周當了皇帝之後，只從突厥那裡要些戰馬，而梁師都卻不同，硬是把突厥的勢力引進來，深入到河南地區（是黃河以南之地，不是現在的中國河南省），跟他一起攻下鹽川郡。

這兩個突厥立的兒皇帝在西北邊陲這麼橫衝直闖，到處攻城略地，大隋朝廷根本無暇顧及。很多人看到這個情勢，覺得也可以出來混水摸魚了。

7

第一個作亂的是郭子和。這個人本來是個犯人，被流放到榆林。他來到榆林時，正遇上大饑荒，民心已經亂成一團。這個人在流放前，是黑社會一類的大哥大，對操作黑社會業務是很熟悉的。他到了榆林之後，就結交了一批亡命之徒。經過一段時間的策畫，他帶著這幾十號亡命之徒，攻打榆林郡門。榆林郡的老大王才，其實是一點才也沒有，每天只顧貪錢貪財，別的一概跟他無關。郭子和幾十個人，衝到城門，居然一攻而下。郭子和他們殺進城後，馬上就抓住王才。郭子和這個流放犯人，此時一臉正氣凜然地數羅著王才的罪狀。王才也從一個曾經官威十足的郡首長變成被人批鬥審判的階下囚。人就是如此，角色一轉換，整個神態就不一樣。

郭子和數羅完王才的罪名後，下令把他斬首，接著開倉賑民，馬上得到大家的擁護，他也自稱永樂王，改元丑平。這個人雖然起點不高，目前規模也不大，但在作亂時，居然還不忘記為老爸賺個面子，尊其父為太公，然後任命他弟弟的兒子郭政為尚書令。另外幾個高層也都是他家的子弟。郭子和進行了一番動員之後，有一批人過來跟他做事業。他清點了一下人頭，才兩千多人。目前全國各地的其他勢力，動輒數萬，可是在經歷一番爭鬥之後，馬上就消失。因此他知道他這點力量如果去做土匪還是可以的，但要把這個永樂王繼續當下去，真的有點難了。且不說別的，就是劉武周和梁師都前來打他，他都擋不了幾個回合。為了防止劉武周和梁師都前來野蠻併購，他也向這兩位過來人學習，先去歸附突厥，然後再跟南邊的梁師都結好。為了表示自己的誠意，他還派兩個兒子分別到兩家去當人質。

突厥的始畢可汗看到又一個人前來歸附，心裡更是高興。他決定又把這三個從中原來投靠自己的老大提拔一下，任命劉武周為定楊天子、梁師都為解事天子，郭子和為平楊天子。如果這幾個傢伙受過一點教育，一定會哈哈大笑。天子是你一個突厥老大可以封的嗎？但現在他們都是反賊，而且也都是半斤八兩的人。只是郭子和覺得自己的實力太過薄弱，跟個大號土匪差不多，哪能當什麼天子？於是，他就推辭了。始畢可汗就又任命他為屋利設。屋利設可不是管屋子裡的擺設，而是突厥的官名，等於三國時期的大都督大將軍之類的。

那個薛舉看到郭子和一個流放的犯罪分子都能做出這種成績，占領了一個郡，過著威風凜凜的老大生活，自己長得這麼武勇，家裡又有這麼多錢財，不出來亂個事，實在太浪費資源了。這個人本來是汾陰人，一直僑居金城，戰鬥能力很高，而且富甲一方，人緣又非常佳，有很多豪傑朋友，老早就稱雄西邊。他還混了金城府校尉。當時，西部也進入了混亂狀態，到處是大大小小的土匪橫行。金城令郝瑗保土有責，募得兵員幾千，交給薛舉去打這些土匪。

義寧元月年四月初三，郝瑗把這幾千兵員集中，弄了武器發放儀式。他把武器一一發放到士兵們的手裡之後，還設宴犒勞大家。

開始時，場面還很活躍。大家正吃吃喝喝間，突然薛舉站起來，他的兒子薛仁果以及另外十三個死黨也都刷地站起，各自抽出兵器。他當場扣住郝瑗，板著那張黑臉，要求郝瑗出兵，監禁郡縣的官員。然後也像其他人一樣，開倉賑濟百姓。他在當地本來就聲望非常高，再來這一招，大家就更加擁護他了。薛舉馬上自稱西秦霸王，改元秦興，把自己一大批親戚都封了官。

郝瑗徵了那幾千兵，本來是想交給薛舉去打土匪的，可是現在卻把薛舉弄成了大「盜賊」，那些本來等待圍剿的土匪這時也都過來投奔薛舉。

薛舉現在手下只有幾千部隊，力量並不雄厚。他的目光盯住了抱罕的皇甫綰部。皇甫綰這時手下有一萬兵力。薛舉決定把這支力量吃了。

他率兩千人出發，向抱罕發起襲擊，果然一舉吞掉皇甫綰的部隊。岷山的羌族武裝老大利俗看到薛舉勢力很猛，便也帶著自己的兩萬人前來歸順，一下就讓薛舉的部眾浩浩蕩蕩。

此時，西部已經沒有什麼人統管了，薛舉一作亂，馬上就暢通無阻，他派兵四處出擊，很多地方都望風歸順，先是西平、澆河兩郡劃入他的版圖，接著隴西之地，都為他所有，手下的武裝力量沒過幾天就發展到十三萬。

當然，相比於李密的瓦崗軍，西部和北部的這幾個勢力，簡直是太弱了。

8

此時的李密繼續奉行他的擴張主義。

他已經把目光投向了東京。

也是這年的四月初九，李密手下的總管孟讓帶著步騎兩千，半夜殺入東都外城，然後縱火焚燒豐都市，直到天亮才收兵而回。

孟讓雖然沒有展開軍事行動，但這番劫掠，對東京民眾造成了非常大的震恐。他們紛紛擠進宮城。臺、省、府各個辦公室都住滿了神色慌張的人。

鞏縣的老大柴孝和以及監察御史鄭以城乾脆向李密投降。

對於大隋而言，東都已經危在旦夕。當此之時，東都城裡的那些高層，唯一能做的就是精誠團結，齊心協力，度過難關。可是他們並沒有這麼做。

東都的軍事核心之一裴仁基還是很想把局面扳回來的，他深知軍心的作用，因此每次他打了勝仗，一有所獲，都拿來當獎品獎給將士們。

可是監軍御史蕭懷靜認為，按相關法規，繳獲的所有東西都應該充公，不能這麼直接分給將士，這跟土匪有什麼分別？因此堅決不同意裴仁基的做法。

他不同意裴仁基的做法，裴仁基還沒有發表意見，那些士兵就已經先不滿了，一有時間就罵蕭懷靜。

蕭懷靜當然氣不過，他無法堵這些士兵們的嘴巴，就想把裴仁基抽定。他到處蒐集裴仁基的把柄，以便向朝廷彈劾裴仁基。

在這個時候找一個帶兵將領的把柄真的太容易了。

他很快就找到了一個足以令裴仁基掉腦袋的大把柄。

這個大把柄就是上次倉城之戰。當時，裴仁基跟劉長恭約好會師的時間，可是他卻失期不至，導致劉長恭孤軍作戰，被打得大敗。更要命的是，他聽說劉長恭不利之後，又畏敵不前，只在百花谷那裡駐足觀望，固壘自守，放任李密全力打擊劉長恭。這個罪名一成立，裴仁基就是有一萬個腦袋，楊廣也會全部砍掉。

裴仁基知道蕭懷靜在做這些事後，心裡很緊張。

不光裴仁基知道蕭懷靜在做這些事，連李密也了解到這個情況。裴仁基目前還掌握著朝廷的一支兵馬，如果利用這個因素，完全可以策反裴仁基。李密馬上派出使者，直接去見裴仁基，把形勢全面分析給他聽，現在你既無法打贏瓦崗軍，又為朝廷所疑，進退都已經不可能，不如投降瓦崗軍，只要你投降過來，保證你一生富貴。當時，賈務本的兒子賈閏甫也在裴仁基的軍中，很得裴仁基的信任。他也力勸裴仁基當機立斷、棄暗投明。裴仁基之前已經被李密派來的說客洗腦，再加上現在形勢對他的確不利，他知道蕭懷靜正在把他弄死，而楊廣向來又殘暴而沒有擔當，如果接到蕭懷靜的彈劾奏章，大機率是會把他按拉下去砍腦袋的。他這幾天來對此事已經作了長考，現在賈閏甫又過來勸說，他就下了決心，他對賈閏甫說：「假如真的像你說的那樣，那蕭御史怎麼辦？」

賈閏甫說：「蕭大人現在就像是一隻棲身於樹上的雞一樣，如果他不懂得隨機應變，就在於老大一刀了。」

裴仁基說：「好，就這樣決定了。」

他派賈閏甫去見李密，請李密接受他的投降。

李密大喜，馬上任命賈閏甫為元帥府司兵參軍、兼直記室事，派他回去覆命。他還寫了一封信給裴仁基，對裴仁基表示慰問，歡迎他的加入。

裴仁基帶著他的部隊撤回虎牢。

蕭懷靜又寫了密表上報朝廷，說裴仁基在東都危急的時候，擅自撤軍，其罪當誅。裴仁基這時對蕭懷靜已經嚴密監控，知道他還在控告自己，不由得大怒，馬上把蕭懷靜抓起來，一刀砍死。裴仁基向蕭懷靜一下刀，他的退路就已經全部堵住了，他馬上宣布歸順瓦崗軍，獻出重鎮虎牢城。

李密大喜，封裴仁基為上柱國、河東公，封裴仁基的兒子裴行儼為上柱國、絳郡公。

裴仁基不但貢獻了虎牢城給李密，而且還貢獻了三個強者。一個是秦叔寶，另一個就是著名的程咬金，還有一個就是羅士信。秦叔寶本來是跟張須陀過來征瓦崗軍的，張須陀敗死之後，他就轉到裴仁基帳下。現在也隨裴仁基投了李密。程咬金是濟州東阿人，還很年輕時，就表現得十分驍勇。演義裡說他的絕技是在夢中學到的三板斧，事實上他最善使的卻是馬槊。他在鄉里很有威望。大業六年時，山東一帶「盜賊」四起，程咬金就號召了一支幾百人的武裝，保護鄉里，不受亂軍的擄掠。不久，全國各地都是盜賊蜂起，程咬金終於知道，他這麼防範是保護不了鄉里的。於是，他就跑了出來，決定找個有前途的勢力加盟進去。他很快就看中了瓦崗軍，於是就跑了過來。

李密看到他是一條好漢，心裡非常喜歡，就讓他和秦叔寶一起為驃騎。李密這時手下設有四個驃騎。他從軍中挑選出勇烈之士八千人，分別由這四個驃騎帶頭，擔任他的侍衛。可以說，這八千人是精銳中的精銳。李密組建了這支內軍後，很得意地說：「此八千人足當百萬。」

這麼多歷史強者齊聚李密帳下，而現在李密的勢力也是最為生猛的，照理說，以這樣的勢力去爭天下，難度已經不大。但李密最後仍然失敗了。當然這是後話，先按下不表。

李密得到裴仁基的軍隊後，馬上就讓他和孟讓率兵去襲擊回洛東倉。

回洛東倉兵力已經不多，被裴仁基和孟讓一陣強攻，便宣布陷落。

裴仁基拿下回洛東倉後，還不過癮，又叫士兵把天津橋也燒了，然後毫無顧忌讓大家大掠一場。這個人只顧著破壞、搶劫，卻沒有顧及這裡離東都很近。東都城裡的守軍看到裴仁基太過囂張，心裡氣不過，衝了出來，對瓦崗軍一陣大打。裴仁基沒有提防，被打得大敗而逃。李密也帶著部隊回洛倉。瓦崗軍這時對東都的兵力很不看好，其實此時東都的兵力還有二十萬。他們看到瓦崗軍在周邊大力開展破壞、搶劫活動之後，也變得驚懼，加緊防備，晝夜不解甲，在城上敲擊梆子巡邏，倒把東都守得十分嚴密。

李密看到東都防守得嚴密，一時攻打不下來，就派兵進攻偃師和金墉，但都沒有攻下來。李密沒有辦法，只好返回洛口。

就在前些日子，瓦崗軍聲威大振，已經成為民心所向的一支力量，大量武裝力量排隊前來投奔，隋朝很多官員也向他們舉手投降。東都也進入岌岌可危的境地，連裴仁基這樣的人都歸順了，好像接下來，他們只要傳檄所至，就可以應聲而下了。可是就在這樣的巔峰時期，李密的軍事行動卻全部宣告失利。

原因何在？

原因很簡單。李密雖然有著「志在天下」的遠大理想，其理念跟普通的「盜賊」老大似乎有著很大的區別，他的策略目標很遠大，對形勢的分析也很到位。縱觀他每次對翟讓洗腦的演說中，都能說出翟讓驚為天人的理論，但這些理論裡都有一個缺失：民心。他從來沒有提到過如何去爭取民心，以致於在打仗的時候，從來沒有約束士兵們，制止士兵們的搶掠活動。瓦崗軍在這方面的紀律，其實跟那些「盜賊」還是毫無二致的。由於他們在東都城外的搶掠，讓東都軍民感到害怕，更堅定了東都軍民堅守的決心，使得瓦崗軍的勢力又停頓下來。

另外，李密還有一個重要的失誤，沒有集中兵力攻下回洛倉！

其實，此時的東都已經到了最後關頭。城裡的糧食已經嚴重缺乏，但布帛卻還堆積如山。他們就用絹作汲水的繩子，用布來燒火煮飯。楊侗突然清醒過來，城中沒有糧食，但回洛倉還有啊。他馬上派兵把回洛倉的米運進城中，解了燃眉之急。有了這些糧食，軍心又穩定了下來。然後他派五千部隊屯豐都市，再部署五千人屯上春門、五千屯北邙山，分為九營，首尾相應，以防瓦崗軍。

當然，這個時候，瓦崗軍仍然處於強盛時期，他們又攻克了汝陰，逼得淮陽太守獻郡投降。

不過，李密現在的目標仍然是東都。他的這個定位當然沒有錯——拿下東都，就可以宣布隋朝的都城已經失陷，身在江都的楊廣，就變成了在野黨，這對楊廣以及他的那些死黨造成非常大的心理壓力。而瓦崗軍占領了東都，其號召力也會瞬間狂漲，李密就完全可以站在洛陽城頭、睥睨天下了。

李密帶著三萬部隊又回到洛倉，然後大力修築塹壕，不斷地逼近東都。東都主管軍事的段達，看到李密步步為營而來，心裡也有些焦燥，帶著七萬部隊出來跟李密唱反調。沒想到，這正中李密下懷。李密這麼多天，對洛陽毫無辦法，就是因為東都兵死守城中，讓李密無可奈何，現在他們主動出城，那是求之不得。兩下一戰，段達的部隊毫無懸念地大敗，都抱著腦袋回到城裡。

四月二十七日，李密開展了一場聲勢浩大的政治攻勢，請祖君彥寫了一道討隋檄文，大爆楊廣十宗罪，傳檄各郡縣。這篇檄文洋洋灑灑、文采飛揚，其中就有這兩句：「罄南山之竹，書罪無窮；決東海之波，流惡難盡。」祖君彥在這裡為我們貢獻了「罄竹難書」這個成語。

段達出戰遭敗之後，對楊侗的打擊很大。畢竟他還很年輕，卻承擔著這麼大的壓力。他對前途也已經絕望。他守著此城，已經幾個月。在這幾個月裡，他時刻都盼望他的父親派兵前來救援，打破瓦崗軍的包圍。可是他已經望斷秋水，不但沒有看到朝廷的援兵，連他父皇的最高指示也已經很久沒有收到了。他絕望之際，就派太常元善達穿過李密的封鎖線，去江都面見楊廣。

元善達還真能混過李密的封鎖線，來到了江都，見到了楊廣。

他對楊廣說：「現在李密有百萬大軍，包圍了東都，還占據了洛口倉。現在東都城內，已經沒有糧食。守城將士越來越艱難了。如果陛下能回東都，李密的烏合之眾必定潰散。否則，東都很快就會失陷。」

他說到最後時，已經嗚咽淚流，語不成句。楊廣在旁聽著，也不禁為之動容，那張長得很嚴肅的臉，不斷地歪扭——畢竟東都被圍，對於一個皇帝來說，實在不是一件光采的事，而且兒子也處於極險之境，他能不動容才怪。

正在楊廣大動感情的時候，虞世基又出場了。

虞世基必須出場。因為現在元善說李密的部隊有一百多萬，這個數字太亮眼了，跟他之前說「盜賊越來越少」的話根本不一致，如果楊廣相信元善的話，那他虞世基就是欺君之罪。他長期跟著楊廣，深知楊廣一暴怒，是什麼事都可以做出來的。他不能讓楊廣相信元善的話。他在楊廣還沒有表態時，就搶著說：「陛下，這些人都欺負越王年輕，就都糊弄他。要是真像元善達說的那麼嚴重，他又是怎麼來到江都的？難道他會飛？難道他是土行孫？哈哈，我看他既不會飛，也不是土行孫，他就是個糊弄專家。」

楊廣一聽，情感立刻轉向，瞬間怒容滿面，喝道：「元善達小人，敢廷辱我！」

這次，楊廣沒有開殺戒，而是派元善達穿越「賊軍」的轄區到東陽去催運糧食——你不是說你能穿過李密百萬大軍的封鎖線來到江都嗎？現在我不讓你穿一百萬大軍的封鎖線，就穿越這一小塊敵人的占領區，你一定會不辜負朝廷的期望，完善地完成任務。

元善達想不到自己千辛萬苦前來求救，居然會是這個下場。他沒有辦法，只好去執行這個任務，結果毫無懸念地被別人殺掉。幾乎所有的人都知道，元善達報告的情況是絕對真實的，但他卻為說真話丟了腦袋。從此之後，大家都緊閉大嘴，就連「盜賊」的話題都不敢再說。

虞世基看到這個情況，心裡哈哈大笑，誰敢揭穿老子的話，老子就讓他死。這個人雖然是有名的奸臣，但卻長得一副正能量的相貌，看過去深沉穩重，可信度非常高，楊廣一看到他就很喜歡，再加上他對楊廣的想法掌握得很好，只要一開口，就能說出楊廣最喜歡聽的話，楊廣就更加覺得他可愛，對他最為寵信，朝中大臣無人能比。身為隋朝末期有名的奸臣，虞世基也跟很多史書上說的那些奸臣一樣，不是他一個人在戰鬥，他也有很多黨羽。他的這些心腹，也都跟他一樣，仗著他的權力，天天都在開展售官買官的活動，而且做得公開透明，毫不遮掩——楊廣自己就到處強迫官員們為他進獻錢財，其他貪官當然都得跟他保持高度一致。大家都知道虞世基的能量，想當官的都盡力前來巴結他。而這個社會的人個個都想當官。於是，虞世基的府第時刻都「其門若市」。雖然大家都巴結他，在他面前展現著卑微的笑臉，拍他的馬屁，排隊為他送錢，但大家心裡又都恨他，背後一談到他，就都咬牙切齒——這永遠是人們對貪官的態度。

封德彝是虞世基集團的核心成員，最得虞世基的信任。虞世基雖然能精準地揣摩出楊廣無時無刻的所思所想，但對為政之要務，卻不怎麼熟悉，全靠封德彝在幕後為他籌劃，如何去傳布皇帝的命令，如何去順從皇帝的聖意。群臣的表奏中有偏離皇帝旨意的，他們都丟到垃圾堆裡，根本不上報到楊廣那裡。

他們深知楊廣既殘暴，又小氣。因此在審理案件、實施刑法時，大多都引用那些嚴峻苛刻的條文，從嚴從重處理。而論功行賞時，他們審得非常嚴格，以從雞蛋裡挑骨頭的工作態度，盡量把立功受獎人員的功勞貶、降到最低程度，這讓楊廣十分高興，但卻讓朝政滑向不可挽回的深淵。

9

連遠在太原的李世民都看得出，大隋氣數已經到了彌留之際。李世民是李淵的次子，他上面還有個哥哥叫李建成，下面還有三個弟弟李玄霸、李元吉、李智雲，一個妹妹。這個妹妹嫁給柴紹，柴紹目前的職務是太子千牛備。

可以說，李淵的幾個兒子都不錯，但尤其以李世民最為聰明，而且識量過人，雖然年紀不大，但前些日子都已經有過精彩的表演。當然，如果只憑著一身本領在千萬人的混戰中，往來衝殺，如入無人之境、把老爸救出來，羅士信他們也能做得到，基本上不算為奇——在亂如一團的時代裡，這樣的人有很多。李世民不但能衝鋒殺敵，血戰沙場，而最可貴的是那雙明亮而青春的眼睛，能看透天下大勢，理解到這是英雄脫穎而出的大好機會，於是「陰有安天下之志」。天下亂到這個時候，很多英雄、梟雄、狗雄都已經出鏡，大砍大殺，盡力攪局，為亂世添磚加瓦、忙得不亦樂乎，殺得天下百姓屍橫遍野，但真正提出以天下為己任的，似乎只有李密一人，其他人都是在蠻幹，殺一天算一天，認真歸納，只能算是職業「盜賊」。李世民是第二個懷有這個夢想的人。這兩個人，有個共同點，就是都是貴族的後代，受過良好的教育，不像其他「盜賊」老大，大多出身底層，都是被逼得無路可走，這才不得不造反，心裡根本無法產生別的想法。就連長得英雄勇武讓那個黃獄吏都佩服得五體投地、不惜冒死相救的翟讓，一聽到李密的勸說，就不敢擔當「天下」這兩個字，最後心甘心願把位子讓給李密。兩人的不同點是，李密雖然懷抱著遠大理想，卻沒有自己的實力，只好到處遊說別人、推銷自己的理想，最後才被翟讓他們接受。他把所有的希望都寄託在別人的身上。

李世民卻不同，他的父親李淵是太原留守，手下有幾萬人可以作為基本盤。李世民就是盯著這個盤子，開始在心裡進行籌劃。他知道，要在亂世中實現自己的抱負，是需要大量的人才相幫的。如果手下沒有人才，你再怎麼有萬夫不當之勇，也只能做別人手下最優秀的爪牙，到頭來不過是一個當代的樊噲而已。所以，他開始「傾身下士、散財結客」，把大家都團結到自己的身邊，成為自己的死黨。當時，很多英雄也在觀望，尋找可靠的主公。他們看到李世民散財養士，便都紛紛前來投奔，於是，「群盜大俠，莫不願效死力」。而李密就缺少了這個環節，現在他的力量雖然雄厚，但真正能為他盡心盡力的人不多。大家都是懾於瓦崗的實力而投奔過來的，並沒有多少人服他的個人魅力而加入的——即使是那個八卦大師，也是因為迷信〈桃李子〉那首歌謠而跑來的。

李世民現在的身邊，已經有很多死黨在圍著他團團轉了。他娶了右驍衛將軍長孫晟的女兒，於是，長孫家的幾個兄弟都成了他的心腹。

在李世民那一群死黨中，有幾個傢伙後來都非常有名。一個是裴寂，一個是劉文靜。

裴寂幼年喪父，由兄長撫養成人。這個人雖然有點苦，但卻長得眉目清秀，姿容俊偉，完全是帥哥一個。當然，長得美最多只能算是撩妹高手，與其他無關。最關鍵的是這個人是天生的人才，才十四歲就被補任并州主簿。楊堅即位後，他又轉換身分成為大隋的公務員，把職務當到晉陽宮副監。如果這個世界就這樣運轉下去，裴寂也許就在晉陽宮裡把晉陽宮監做到老死的那一天，以後誰也不知道中國歷史曾有過裴寂這個人。大業十二年，李淵來到太原任太原留守。不但李淵的命運得到了改變，裴寂的命運一樣得到了改變。

裴寂跟李淵有舊交，李淵來到太原後，看到老朋友還這裡，非常高興，經常請他來吃吃喝喝，而且常常喝得夜以繼日，盡情方休。李世民就此跟他相識。李世民當時就像憤青時代的李密一樣，心裡有了想法，就想推銷出去。當然，李密都到「盜賊」的老大那裡宣傳，而李世民卻只想幫老爸直銷。李世民這時不到二十歲，在大人的眼裡，仍然是小屁孩一個，因此他知道，如果由自己直接向老爸開口，老爸說不定會打他的嘴巴。他現在必須有一個父親絕對信得過的人出面，幫他把這件事情挑出來。他很快發現，裴寂是最佳人選。

李世民下決心要把裴寂拉進自己的圈子裡。他想了一個辦法，偷偷地拿出數百萬錢財（富二代就是厲害），交給龍山縣令高斌廉，讓他去跟裴寂賭博，而且只許輸不許贏。裴寂一下贏得百萬家產，高興得連上廁所都在張開大嘴哈哈大笑。當然，最後裴寂知道這是李世民送給他的。於是，他跟李世民就成了無話不談的忘年之交——拿錢財開路，辦事效率就是高。

再說一下劉文靜。

劉文靜有個書生一樣的名字，其實他倒是軍人的後代。他的父親叫劉韶，在他還很小的時候就在戰場上光榮犧牲。他因此得襲其父之職，被授儀同三司。這個人也是個大帥哥，長得風流倜儻，人見人愛。到了隋朝後，他擔任晉陽縣令，也就是太原縣令。他在這裡結識了裴寂，兩個大帥哥一見面，就成了好朋友。他們經常在一起聊天。有一次，他們看到城上的烽火，裴寂一聲長嘆：「貧賤到如此地步，又趕上如此離亂之世，我們靠什麼過下去呢？」

劉文靜笑著說：「老兄不必悲觀。形勢是可以預測的。你我二人如此志同道合，何必為貧賤而憂慮？」

後來，劉文靜見到李世民，立刻「異之」，覺得這個少年真是曠世奇才，以後必成大事業。當此亂世，必須結交這樣的人。於是，他對李世民就「深自結納」，謂老朋友裴寂說：「此非常人也，豁達類漢高，神武同魏祖，年雖少，命世才也。」

裴寂一聽，不會吧？一個小屁孩子，居然是劉邦和曹操的結合體？所以，他剛聽到劉文靜的話時，並未「然之」，覺得劉文靜是在亂吹牛。你想巴結李家，也沒有什麼難度，我幫你一把，馬上就成了李家的高朋，何必如此肉麻去吹捧一個小屁孩。

李世民當時正廣攬英雄豪傑，看到劉文靜主動靠攏過來，當然十分高興。他也很快就發現劉文靜的見識也是很不普通，是個大人才。

可是不久，劉文靜的麻煩就來了。這個麻煩並不是他惹出來的，而是受到李密的牽連。本來他是李密的姻親，現在李密公然造反，李密的親戚當然是受誅連的對象，而且是被列為朝廷要犯。於是，劉文靜被關在太原的大牢裡。

李世民知道後，非常著急，馬上到監獄裡看望自己這個死黨。

見面後，劉文靜也不說什麼客套話了，直接對李世民道：「天下大亂，非高、光之才，不能定也。」直接說劉邦、劉秀這樣的人必須現身了。

李世民比他更加自信，也直接說：「老兄怎麼知道現在沒有這樣的人呢？只是大家看不出來而已。我現在來看望你，並不是為了個人情誼，而是要跟你商量大事。你有什麼謀畫嗎？」

兩人都講得很直接，完全沒有花言巧語。花言巧語是解決不了問題的。

劉文靜說：「現在皇上巡遊江淮，李密圍逼東都，群盜遍地，不下於萬計。如果在這個時候，真主出現，登高一呼，驅使駕馭這些人，奪取天下，易於反掌。現在太原百姓為躲避盜賊都已經搬入城內，我當過幾年縣令，對這裡的情況還是很清楚的，也跟這裡的豪傑之士有所交往。只要把他們拉來，發起號召，完全可以得到十萬人。再加上令尊手裡的幾萬部隊，力量已經足夠強大。憑藉這些力量，一言出口，誰敢不服從？以此兵力乘虛入關，號令天下，不過半年，則帝業成矣。」

李世民一聽，笑道：「君言正合吾意。」

李世民說完之後，滿意地離開了。他回來之後，就暗中做好準備，但沒有讓李淵知道。他怕李淵不答應，所以一直不敢在李淵面前公開這些事。

劉文靜一看，一定不能再這樣遮遮掩掩下去的——他的計畫就是半年可以成功，時間十分緊張。他看到李世民不敢直接跟李淵開口，就想出了辦法，由等裴寂出面，把這件事向李淵挑明。

李世民之前以賭博方式送裴寂之計，就是劉文靜出的主意。老朋友算計老朋友，當然是手到擒來。所以，裴寂很快就進入李世民的朋友圈。裴寂在跟李世民的交往中，覺得這個人還真像劉文靜說的那樣，不是普通人啊，對李世民十分佩服。

李世民看到裴寂已經完全成為自己的手下了，就把自己的計畫向裴寂全盤推出，請他去做李淵的說客，勸李淵當機立斷。

裴寂自是一口應承。

但這是需要個適當的時機的。

正好這時，突厥兵侵犯馬邑，李淵派高君雅帶兵與馬邑太守王仁恭一起抵抗突厥。兩人打了敗仗。消息傳來，李淵十分鬱悶。他怕楊廣會因此治他之罪。

李世民一看，時機已經到了，好像裴寂仍然沒有開口，他也顧不得這麼多，找了機會，把旁邊的人全部支走，然後對李淵說：「父親，皇上是個徹頭徹尾的無道昏君，弄得百姓窮困得無法生計，現在晉陽城外，都已經變成戰場了。父親大人雖然還在苦苦保持著小節，可是下有盜賊，上有嚴刑峻法，父親能躲得過兩面逼迫嗎？所以，不如順應民心，興起義兵，轉禍為福，這是老天爺送給我們的大好時機啊。」

李淵一聽，臉上馬上露出一副大吃一驚的表情。這個人原來也曾結交豪傑，很有一番雄心壯志，後來被楊廣一猜疑，嚇得天天喝酒裝頹廢，這才保住一命，從此小心謹慎，不敢再有什麼露骨的言行，哪怕在兒子們面前，他也必須中規中矩。現在聽到李世民突然說了這些話來，哪敢接下去：「你怎麼能說出這樣的話來，我要把你綁起來向交給相關部門處理。」他一邊說著，一邊取出紙筆，準備寫狀表。——當然，這都是他裝出來的——史書上對這個細節的描述是：高祖初陽不許，欲執世民送官，已而許之。那個「陽」字，就是裝的意思。

李世民並沒有嚇得面無血色，而是一臉平靜地說：「老爸你先聽我說說。天下大勢，已經到了無可收拾的地步，如果不做好準備，我們都會葬身於亂世之中。因此，我才敢對父親大人說這些話。如果父親一定要把我交給相關部門，我也不敢辭死。」

李淵一聽，放下筆，說：「我怎麼會忍心告發你？以後你不要再說這樣的話了。」

沒想到，第二天，李世民又過來找李淵，說：「父親大人，現在盜賊一天比一天多，天下遍地都是。父親大人受詔討賊，可是你能討平這些盜賊嗎？這樣下去的結果就是，父親大人最終還是不免獲罪。而且，現在到處都在傳說李氏應當應驗圖讖。就是因為這個傳說，李金才根本沒有什麼罪過，卻在一個早晨被滅族了。如果父親大人能將盜賊盡滅，到時功高不但不能受獎，反而還會更危險。不滅賊招罪，滅賊又招忌，無論如何都逃不掉。只有昨天我給的那個建議才能讓我們全家安然避禍。那絕對是萬全之策，請父親大人不要再遲疑。」

李淵也做過徹夜長考。這時他聽過李世民的話，再也沒有板著那張臉叫他閉嘴，而是一聲長嘆：「我一夜都在考慮你的話，你的話很有道理。我也沒有別的話要說了。今天就是家破人亡也由你，變家為國也由你啦。」

這幾句話，把李淵的性格很好地展現出來。

李世民大喜。他萬萬沒有想到，老爸的說客做得這麼容易。其實之前，裴寂已經暗中為他進行了鋪陳。他接受李世民交給他的任務後，就得用職權，從晉陽宮裡挑選了美女來陪李淵喝酒。別人紅袖添香，他紅袖添酒，讓李淵喝得十分暢快。

裴寂乘李淵喝得血壓有些升高、神經也有些活躍之時，從容對他說：「老大，你家二公子一直陰養士馬，準備舉大事，但又不敢對老大直言，就請我想辦法。為了讓老大下定決心，我才採取這個辦法。私自讓宮女陪老大過夜。老大是知道的，此事一旦洩漏，大家都會獲罪被誅。現在我們都已經沒有退路，就等老大發話了。老大意下如何？」

李淵這幾天因為戰敗之事，已經有些焦頭爛額了，現在聽到裴寂這麼一說，知道又中兒子的計了。可是事已至此，你還能怎麼樣?他對裴寂說：「吾兒誠有此謀，事已如此，當復奈何，正須從之耳。」

由此可見，李世民跟他挑明之前，他就已經有心理準備了，他之所以說要把李世民告官，其實也只是想看看這個兒子的意志如何，是不是個做大事的人。

可以說，李世民和裴寂做李淵的說客做是很及時。因為正在這個時候，楊廣聞知王仁恭的失敗，心頭大怒，已經派人過來，要把李淵和王仁恭押送江都法辦。

李淵大懼，一時不知如何是好。

李世民卻大喜，他預測的事終於發生，李淵終於被逼到了死角。他馬上跟裴寂等人去見李淵，對李淵說：「現在皇上昏庸、國家大亂，為這樣的朝廷盡忠，已經毫無益處。本來是將佐們出戰失利，現在他卻拿父親大人去法辦。現在事情已經迫在眉睫，應該早定大計。況且晉陽兵強馬壯，宮監裡積蓄的軍用物資堆積如山，以此舉兵，何患無成？雖然有個代王在長安坐鎮，但他一個小孩子，什麼都不懂。關中豪傑到處造反，但都不知歸附於誰。父親大人要是大張旗鼓向西進軍，誠心招撫他們，他們完全可以為我所用。有這樣的優勢而不舉事，為什麼要甘願聽任一個使者的監禁，然後等待別人的殺戮呢？」

到了這個時候，李淵哪還會反對李世民的話？他馬上採取行動，祕密進行部署。

正在李淵一切準備就緒，行將宣布舉事時，楊廣的使者又急馳而到，宣布赦免李淵和王仁恭，讓他們官復原職。

李淵鬆了一口氣，又推遲了舉兵的計畫。

李淵還在猶豫，但他的部下已經不想再猶豫了。李世民他們知道，再用形勢逼人之類的話來勸，估計已經沒有用了。於是，他們只好再想辦法。他們很快就想到了一招。這一招，其實也很簡單，也很荒唐——就是利用迷信。

李淵的手下也有個大師。這個大帥叫夏侯端，向來跟李淵很不錯。李淵被任命為河東討捕使時，就請朝廷派夏侯端當他的副手。夏侯端別的能力如何，不得而知，但據說他很善於占侯及相人——也就是能看天相，還能看人的面相。

他才當李淵的副手，就對李淵說：「老大，我這幾天認真觀察天象發現：玉床搖動，帝座不安，參墟得歲，必有真主起於其分。這難道不是應在老大的身上嗎？現在皇上猜忌成性，而且最忌的又是李姓。李金才已經死了，老大如果還不思變，就會成為第二個李金才。」這些話後半部很容易看懂，前面那幾句都是迷信界的術語。按迷信界的說法，北極五星中的第二星主帝座，這裡是說帝座星已經有點灰暗了。參墟則是指參晉星。古代人依據十二個星次的位置劃分地面的州，使地面的州次與天上的星次相對應。而晉陽對應參星，所以稱為參墟。這句話就是，現在剛好是歲星居參，利在大人啊。

李淵聽了他這番話後，並沒有說什麼。

後來，另一個大師出馬。這個大師叫許世緒，他對李淵說：「老大的姓跟圖讖吻合，而名又跟歌謠對應。現在手握五郡之兵，據守四戰之地，舉事則帝業可成，如果只端坐不動，則指日可亡。我只能說到這裡了，老大自己想想。」

可是李淵仍然沒有說什麼。

那些部下看到迷信大師都說不動李淵，都變得著急，紛紛跑過來勸他。

唐儉對他說：「老大北招戎狄，南收豪傑，以取天下，此湯、武之舉也。」

李淵搖搖頭說：「湯武我絕對不敢去比。我現在的作為，在私則圖存，在公則拯亂。你先不要說得太多。我會好好考慮的。」李淵這時已經決心舉兵，只是因為他的兩個兒子李建成和李元吉還在河東，他必須等他們回來再宣布。但他又不好意思說出來。

劉文靜看到李淵突然這麼猶豫，心裡比別人更著急，對裴寂說：「先發則制人，後發則制於人。你為什麼不早勸老大舉兵？讓他老是推遲遷延。老兄身為宮監，卻用宮女來待客，你死就算了，為什麼一定要誤老大？」

裴寂沒有想到老朋友把話說得如此嚴厲，也嚇傻了。他知道，李淵推遲一天起兵，他的危險就多了一層，因此不斷地去催促李淵起兵：老大啊。你要是再不起兵，一旦我用宮女接待老大的事被別人知曉，我和老大都得全家性命不保啊。

李淵也覺得這件事要是被張揚出去，後果真的很嚴重，便決定去做。他叫劉文靜製作一份假敕書，命令他轄區內的太原、西河、雁門、馬邑之民，二十歲以上五十歲以下的男丁全部當兵，規定年底在涿郡集結，去攻打高麗。

這個敕書一發，大家看到楊廣又要去打高麗，都不由得人心惶惶。在這樣恐怖的氛圍下，大家最想的就是造反，只有造反，才能逃脫去遼東送死的命運。

李世民看到李淵只把氣氛製造了，但實質性的動作還是沒有，心頭異常著急，可是又拿李淵沒有辦法。

他抓了幾下頭皮，又想到了逼迫李淵的把柄——就是劉武周前一段攻占了汾陽宮，還把宮女貢獻給突厥可汗，便跑過去對李淵說：「父親大人身為留守，可是劉武周卻竊離宮，如果皇上知道，則大禍立至。」

李淵一聽，也嚇了一大跳，你想想，自己中了裴寂的計，享用了宮女，這對於他來說，心理陰影面積已經很大了，現在李世民又指出離宮失守之事，他還坐得住嗎？

李淵終於不再遲疑，馬上展開行動。

他雖然是太原留守，是關中首長，但由於楊廣對他很提防，事先也為他配備了兩個副手，一個是王威，一個是高君雅，調動部隊，通常都得跟他們商量，使得李淵也是個跛腳留守。如果不先把這兩個傢伙解決，他們仍然無法順利作亂。

當然，身為領袖，很多主動權都是掌握在李淵的手中。

李淵把所有的部隊都召集過來，開了會，宣布了事：「劉武周據汾陽宮，我們卻不能制止。論罪該當滅族。怎麼辦？」

他說著，用眼睛掃了一輪王威和高君雅。

兩人一聽，都是大懼，再三向李淵拜謝，請老大趕快定計，平定劉武周之亂，我們的性命全靠老大了。

李淵要的就是這個效果，他收回目光，道：「按照規定，朝廷用兵，所有行動，都得向上級稟報，必須受上級的控制。可是現在盜賊在數百里之內，而江都在三千里之外，再加上路途艱險，又還有其他盜賊盤踞，派人去請示，得花多少時間？而在這個時間內，我們只能眼睜睜地看著劉武周在離宮那裡作亂、到處進攻，而毫無辦法。可是我們又不能這樣放任盜賊的胡作非為啊。我們真的到了進退維谷的境地了。怎麼辦才好？」

王威說：「老大既是宗親又是賢士，跟朝廷關係最為密切，同國家命運也是休戚相關的。要是等著奏報，時機早就丟到外國了。我想，現在是滅賊要緊，專一下權是可以的。不必那麼死板吧。」

其他人也都贊同王威的話。

李淵看到王威果然上當，心裡鬆了一大口氣，但他仍然裝著無可奈何的樣子，在那裡猶豫了大半天，這才道：「真的沒有別的辦法了，那我們就集結兵力吧。」大家當然同意，不集結部隊，拿什麼去打敵人？

李淵終於可以公開透明地招募兵員了。他命令李世民和劉文靜、長孫順德、劉弘基等人分頭出去募兵。這幾個男人努力工作很有效，到處動員，遠近的老百姓，都匯集而來，十天之內就有一萬多人前來應徵入伍——劉武周之類的「盜賊」都能在很短的時間內，把隊伍發展壯大，何況李淵以政府的名義招兵，大家不來才怪。

李淵還祕密派人分別到河東和長安把李建成、李元吉、柴紹召回來。

李建成和李元吉接到通知後，居然連他們的小弟李智雲也不管，直接衝出家門，向太原狂跑。當地官員抓住李智雲，送到長安砍頭。李建成和李元吉在半路上碰到柴紹，結伴而行。

10

在李世民他們把工作做得熱火朝天時，王威和高君雅看到軍隊大集，就有點不對勁的感覺。他們由此懷疑李淵真的有「異志」。他們的這個感覺絕對沒有錯，李淵現在就是有了異志。可是他們在處理這件事時，卻大錯特錯。他們居然傻傻地問武士眜：「長孫順德和劉弘基好像都是戴罪之身啊。他們逃脫兵役，其罪當死，現在怎麼能夠出來統兵？是不是把他們抓起來論罪？」

武士眜說：「這二人都是老大的賓客。如果把他們抓起來，老大的臉上一定不好看。到時會引起紛爭，也不好收拾啊。」

兩人想想，也對。就不再提這件事了。

留守司兵田德平也覺得事態不怎麼正常，就想去見王威，勸他們好好調查下募兵的實際情況。可是他卻先向徵求武士眜的意見，武士眜說：「討捕之兵，全部隸屬於李老大，他是太原留守，至於高、王兩位，也只是在唐公帶領下工作。你向他們匯報，他們能管這些嗎？」

田德平一想，也對。於是作罷。

李淵對王威和高君雅一直就很提防。到了這時，如果不徹底解決這兩個人，就會出現意想不到的波折。正好這時，晉陽鄉長劉世龍前來向李淵告密：「王威和高君雅準備到晉祠祈雨。我想，他們這樣做，對老大將是非常不利。」

其實現在沒有人告密，李淵也會把這兩個解決。

他決定對兩人動手了。

義寧元年五月十四日的夜裡，李淵派李世民帶兵伏於晉陽宮城之外，做好防備。

第二天早上，他跟王威和高君雅在一起辦公。

這時，劉文靜領著開陽府司馬劉政會的人進來，聲稱有密狀。開陽府靠近突厥，他的狀子一定是很重要的。

李淵向王威使眼色，請他過去接狀子。但張政會不同意，說：「我告的就是王威和高君雅。所以這個狀子只能交給李老大。」

李淵一聽，假裝大吃一驚，道：「難道會有這樣的事？」他看了狀子之後，緩緩道地：「王威和高君雅暗中跟突厥有勾結。」

高君雅一聽，立刻捋起衣袖大罵道：「你這是為了造反而陷害我們。」

但到了這時，他再怎麼叫嚷也只表示他本人的音量很高，別的已經毫無作用了。李世民他們已經在大路上布滿了軍隊，做了一切防範。劉文靜帶同劉弘基和長孫順德等人，在留守府的辦公大廳裡把怒火沖天又無可奈何的王威和高君雅抓起來，投放監獄——罪名當然是勾結突厥入侵晉陽。

這本來就是個誣陷，但很多事就是那麼巧合。

就在這個時候，突厥硬是像配合李淵一樣，派出幾萬騎兵衝進晉陽境內，而且輕騎直接跑進晉陽外郭北門，再從東門出去，如入無人之境。

此時，晉陽城裡只有新招的那些新兵，還沒有進行過訓練，如果出戰，只會被突如其來的突厥騎兵打得落花流水。晉陽城立刻進入危險狀態。

李淵只好下令，先叫裴寂等人做好戰鬥準備，然後大開所有城門。

突厥兵來到晉陽城後，看到大門都已經打開，城中似乎也沒有什麼慌亂的跡象。如果他們讀過三國，就會知道這一定是那個著名的「空城計」。可是突厥人這幾年來，上中原人的當太多了，一看到這個樣子，感覺一定是中原人的手段，是在騙他們進去，然後關門打狗，他們一個都跑不出來。於是，他們在那裡看了看，不敢殺進城裡。

於是，王威和高君雅就倒楣了。所有晉陽的人都認為，突厥就是他們勾結進來的，不殺他們真是不平民憤。

兩人有口難辯，只好滿懷憤怒地被押送刑場，然後被開斬。

這時，李淵的部將王康帶著一千多人從城裡殺出，去衝擊突厥，結果全部被突厥殲滅。

城中更是一片驚懼。

李淵看到空城計雖然嚇阻了一下突厥，可是他們並沒有退走。再空城下去，只怕要露餡。他又想了一個辦法，半夜裡讓城裡的部隊悄悄出城，等天亮了再從各個路口敲鑼打鼓，好像是外地的部隊前來增援一樣。

突厥看到這個模樣後，當然更不知道這是空城計的加強版，心裡更加驚疑不定。他們驚疑不定兩天之後，覺得還是小心為妙——反正他們就是想弄點戰利品回去，並沒有占領晉陽的打算，何必冒著巨大的危險攻打晉陽？於是他們在城外毫無顧忌、大肆劫掠一番之後，宣布撤軍。一陣煙塵滾滾之後，突厥鐵騎就已經消失得無影無蹤。

李淵那顆已經塞到喉嚨的心這才落到原地。

他的干擾已經完全排除。他站在晉陽城頭，舉目向中原望去……

第六章
力排眾議，李二公子哭諫成功；勢如破竹，關中豪傑齊迎唐師

1

在李淵宣布舉事時，楊廣正在江都那裡調動軍隊，打算救一下東都。他雖然相信虞世基的話，現在全國各地的盜賊已經越來越少，但他又相信，東都真的被李密包圍著，而且已經動彈不得，必須他出手了。他派監門將軍龐玉和虎賁郎將霍世舉帶著關內的部隊去完成這個任務。

對於李密來說，現在他已經處於個人成敗的關鍵時刻。即使比起李淵來，他一樣是一個家大業大的大老闆。如果處理得當，後面的歷史，說不定他就是主角，而且也有人為他指出一條正確的道路。

這個人就是柴孝和。

柴孝和看到李密在東都這裡已經多時，但卻沒有取得一點進展，瓦崗軍的勢力已經變得有點疲軟。要改變這個疲軟的狀況，就必須改變策略著眼點——即放棄進攻東都，開闢另一個根據地。他對李密說：

「老大，秦地山川之固，天下稱最，秦、漢就是憑此而成帝王之業。可以說，誰得了秦地誰就得了天下。現在長安空虛，剛好是奪取的大好時機。可以留孟讓守洛口，裴仁基守回洛，老大親自率精銳西進襲取長安。京師既克，則基業可固，兵勢將更加強盛。然後就可以揮師向東平定河、洛地區，再傳檄四海，天下可定。」

攻占西京，也是當年李密苦勸楊玄感的策略，因此他對這個策略是很清楚的。

他聽了柴孝和的話後，點點頭說：「這的確是上策，我也一直在思考這個問題。現在隋王室已經失去了它的基業，天下豪傑竟相逐鹿，如果不早些舉事，就會有人早我們一步下手了。到那時，我們就只有後悔而已。只是還有一件事，楊廣這個暴君還活著，他手下的部隊還很眾多。我們的部隊都是山東人。他們看到洛陽未下，就不肯隨我西進。諸將又都是盜賊出身，留在這裡圍困東都，他們一定會互相不服，最後會一爭雌雄。這樣我們的大業就會失敗。」

這個人當初勸楊玄感西行時，楊玄感一樣是這個顧慮。事實已經證明，一有這個顧慮，結果就會非常不妙。更何況洛陽是四戰之地，無險可守，大軍匯集於此，其實是萬分危險的。

柴孝和只好說：「大軍既然不能西上，就請派我過去探探路，順便在各個勢力之間做些統一工作。」

李密答應了他。

柴孝和帶著幾十騎兵來到陝縣。那些盤踞在山中的「盜賊」聽說他來了，都跑過來歸順，柴孝和的隊伍一下就擴充到一萬多人。

此時，瓦崗的聲勢如日中天。李密也是意氣風發，覺得隋兵完全可以任意欺負了。他經常在有好心情的時候帶著部隊衝進皇家園林找隋兵打仗。

這些仗對大局毫無幫助，完全是李密為了滿足一下自己的情緒而跑過去打著玩的，跟平時打獵沒有什麼兩樣。可是上戰場畢竟是有風險的。在一次作戰中，李密被流矢射中，敗下陣來。老大受傷，對軍心的影響無疑是巨大的。

洛陽城中的隋兵很快就知道李密受了傷，無不歡呼雀躍。楊侗馬上抓住這個機會，派段達和龐玉帶著部隊連夜出發，在回洛倉西北列陣，向李密叫板。

之前，東都的隋兵一直表現得很疲軟，基本都在被動挨打，因此李密對他們已經十分輕視，認為他們根本不敢出來挑戰。沒想到，在自己受傷的時候，他們卻來了。

李密也顧不得身上有傷了，馬上跟裴仁基帶兵出來，跟段達大戰。結果被段達打了大敗，所部損傷過半。李密只好放棄回洛倉，奔回洛口。

李密的這場大敗，讓還沒有站住腳跟的柴孝和也跟著直接走下坡路，那些剛剛歸附的部眾，聽說連李密都被打得丟了回洛倉，馬上信心大跌，紛紛離開柴孝和。柴孝和只好又跑回來到李密的身邊。大家可以想一下，如果是李密帶著精銳部隊進入潼關，以他如日中天的聲勢作號召力，歸附過來的人不浩浩蕩蕩才怪。可是他卻放棄了這個機會，不但沒有開啟關中的局面，反而在洛陽一帶損兵折將、喪師失地，陷於被動局面。一不小心，往往會造成全面被動，而且很多歷史之機，一旦失去，永不再來。

2

再來看看李淵那邊。

在推動李淵作亂時，李世民一群把前途描繪得很十分光輝燦爛，好像憑他們現在的實力，揮軍而出，天下唾手可得。可是真的宣布舉事，李淵才發現，他們的實力還是有點薄弱了，不說前進中原，橫掃群雄，就連幾萬突厥殺到門前，也不得不用加強版的空城計糊弄過去。如果突厥再次打過來，恐怕連空城計進階版都對付不了。

李淵一臉憂色地看著劉文靜，你這謀主，還有什麼辦法？

劉文靜當然有辦法，只是這個辦法有點丟臉，即向劉武周他們學習。當然，我們不能說是投靠突厥當兒皇帝，我們只是說跟突厥加強聯合，請突厥援助兵馬以壯大聲勢，這叫借雞生蛋，與兒皇帝有著本質的區別。否則真擋不住突厥的進攻，到時就不是丟臉的問題而是丟腦袋的問題了。李淵雖然辦事不果斷，性格裡有軟弱的一面，可是他並不是蠢材，知道這是目前唯一能保命的辦法。他在邊境多年，又跟突厥專家長孫晟是親戚，對突厥還是很了解的，知道突厥雖然熱衷於製造麻煩，但還是容易對付的。於是，他親自寫了一封信給始畢可汗，信裡的言辭十分卑微。把文明古國創造出的那些最低調的言辭，全部寫上，然後又對始畢可汗大加讚美，讓始畢可汗讀得心花怒放、覺得老子天下第一之後，才說：「欲大舉義兵，遠迎主上，復與突厥和親，如開皇之時。若能與我俱南，願勿侵暴百姓；若但和親，坐受寶貨，亦唯可汗所擇。」派人帶著這封信以及一大批珠寶一起送給始畢可汗。這裡，李淵為始畢可汗提供了兩個選策：一是帶著大兵去把楊廣迎回來，以後可汗就繼續當大隋的女婿，一切如開皇年間；二是與李淵合兵南下，奪取天下，但突厥兵不能再發揚破壞、搶劫等製造地方混亂的優良傳統。如果可汗只想繼續和親，就請坐在那裡接受我送的禮物吧。

始畢可汗讀了這封信後，對他的手下說：「楊廣的為人，我是最了解的。如果把他奉迎回來，他必定會先害李淵，再打我們。如果李淵能自稱天子，我就無條件地支持他。」

劉文靜的策略完全成功。

始畢可汗馬上命人把他的意思轉告李淵。

李淵的部下聽到後，都萬分高興，紛紛請李淵按突厥可汗的話去做，馬上稱帝。

李淵卻揮揮手，表示時機未到。

裴寂和劉文靜都說：「現在我們的義兵都已經匯集，但還缺乏大量的軍馬，我們可以不需要突厥兵的幫助，但必須要他們提供軍馬啊。如果再拖延不回覆始畢的信，只怕他又要反悔。」

李淵一聽，這也是個大問題，道：「大家再動動腦筋，想想如何解決這個問題。」

最後，裴寂認為，既然現在不好直接宣布打倒楊廣，又不能失去突厥的軍馬，那就折衷一下：尊楊廣為太上皇，立代王為帝，以安撫隋王室；但要移檄各郡縣，旗幟全部改換成紅白相雜的顏色，向突厥表示他們跟隋朝是不一樣的。

李淵笑著說：「這是典型的掩耳盜鈴啊。可是形勢所迫，不得不然。」

於是，下令按裴寂的話去做，然後派人去通知突厥。

李淵的檄文發出之後，並不是所有郡縣都開始響應，派出隊伍地來跟他一起去戰鬥。西河郡首長就態度堅決地表示，我繼續當大隋的忠臣，不跟李家玩。

李淵大怒，他當然不能讓西河郡這樣囂張地跟他作對，他馬上派李建成和李世民帶兵去攻打西河。這是李淵宣布舉兵後的第一仗，他還是很謹慎的，還派太原令溫大有跟著兩個兒子前去。出發時，他對溫大有說：「我這兩個兒子還年輕，打仗沒有經驗，這才讓你去當他們的顧問。我們事業的成敗，經此就可以預測出來了。」

李建成他們帶的部隊都是新兵，根本沒有上過戰場，帶這樣的部隊直接上前線，困難可想而知。

李建成和李世民卻完全沒有懼色，他們知道士氣和人心是重要的，因此一路上都跟士兵們同甘共苦，完全沒有特殊化，行軍打仗，他們都衝在最前面，而且紀律十分嚴明。當時剛好是六月天，沿途瓜果很多，但他們規定，路邊的瓜果，如果不是付錢買的絕對不准吃。發現有士兵摘了別人的瓜果，他們立刻找到主人，照價賠償，而且也不責罵摘果的人。如此一來，老百姓和士兵對兄弟兩人都心悅誠服。這是其他隊伍都做不到的，連李密的部隊也根本沒有這樣的紀律。雖然都是李姓，雖然都跟圖讖上的內容暗合，但光從這點上看，李密比李氏兄弟就有了本質的差別。

他們的部隊還在半路，好名聲就已經到處傳頌。當他們來到郡城下後，老百姓想進出城中，他們根本不管，都聽任大家自由往來。

西河郡的郡丞叫高德儒。

高德儒在拒絕跟李淵合作時，態度很強硬，但他這時他卻縮在城裡，不敢出來跟李氏兄弟對打。李氏兄弟做好準備之後，向西河城進攻。第一輪進攻，就把城池拿下，抓到了高德儒。李世民指著高德儒，列舉其罪：「你指野鳥為鸞，欺騙皇上，獲得高官，我們興義兵，就是要誅殺你這樣的奸佞。」

然後將高德儒斬於軍門前，再不戮一人，對城內更是秋毫無犯，城內各行各業，照常運轉，城內百姓，一如既往地安居樂業。附近的郡縣知道後，都非常高興。

李建成和李世民率兵往返一共花了九天時間。

李淵十分滿意，說：「以此用兵，雖橫行天下可也。」

李淵覺得很幸運，他慶幸自己生了兩個好兒子。

李淵不再猶豫了，決定率兵入關。

他也像其他勢力一樣，先打開糧倉，以賑貧民。這個方式都是楊廣為他們準備的，再弱的舉事者都會用。晉陽地區也跟全國其他地區一樣，到處是流民，只要你把大旗一豎，就會有大量衣衫襤褸的人前來當兵吃糧。李淵的隊伍一下就變得龐大。他把招募來的新兵分為左右三軍，通稱義士。

裴寂認為，既然是興義兵，帶頭大哥總得有個高級的頭銜——那些「盜賊」都能稱某公、某王、甚至是天子，李老大也得有個閃亮的光榮稱號。於是他建議李淵稱大將軍。李淵愉快地接受了這個稱號，並組建大將軍府，任裴寂為長史，劉文靜為司馬，溫大雅為記室。另外武士彠以及長孫順德、劉弘基等人都各有職務。當然，他把軍隊都交給兩個兒子主管，任命李建成為隴西公、左領軍大都督，率左三軍；任李世民為敦煌公、右領軍大都督，負責右三軍。柴紹為左領軍長史。李淵的這些安排，也明顯區別於其他「反王」，其他各路「反王」不管聲勢做到多大，但管理機構都一片模糊，根本沒有一套嚴謹的指揮系統，即使李密主抓的瓦崗軍，目前的指揮系統也很粗糙，以致手下集中著全國最為龐大的武裝力量，到現在仍然不能有效地動用，每次戰鬥，都是他自己親自指揮。

就在這個時候，李密又帶著他的大軍向東都出發。李密現在就像之前的楊廣征伐高麗一樣，拚死都要打下東都。

高麗成為楊廣的死結，東都也成了李密無法踰越的心理障礙。

當然，李密的作戰能力要遠遠高於楊廣。

他經過上次大敗之後，這一次，他重整旗鼓，高歌而來。

東都的隋兵取得了幾場勝利，而且還把李密射傷，膽子也漸漸變大，看到李密隆重而來，也鼓起勇氣出來迎戰——這個世界誰怕誰。

雙方在平樂園相遇。

李密馬上排出了戰鬥隊形，騎兵在左、步兵在右，中軍則是強弩兵。他這次是憋足了氣，看到敵人，兩眼通紅，一聲令下，千鼓齊鳴，全軍向敵人陣地猛衝而去，直接就把隋兵陣地衝垮，把東都兵打得大敗。李密順勢又攻取回洛倉，軍勢復振。

那邊李淵也還在跟突厥談判，始畢可汗看到李淵的回覆後，派他的柱國康鞘利送一千匹馬到李淵處進行交易，而且還答應發兵送李淵入關，至於需要多少兵力，由李淵自己定。

六月十八日，李淵跟始畢可汗的特使康鞘利舉行會見。李淵在這場會見中，始終保持低調的作派，對康特使也是畢恭畢敬，並送給康特使很多厚禮。然後，李淵只在這一千匹馬裡挑選了其中的良馬，最後成交五百匹。其他「義士」們看到老大怎麼不把馬買完，以為老大沒有錢，就紛紛出來，請求由他們集資把剩下的馬匹都收購了。李淵很冷靜地對他們說：「突厥有很多馬，也很貪。如果我們把所有的馬都買光，他們就會不斷地送過來。到時恐怕你們就買不起。我少買的原因就是向他們表示我們沒有錢，而且也不是那麼急著用。我應當替你們付錢，不能讓你們破費。」

大家一看，老大原來是在玩策略，講政治的人就不一樣，總能看到你永遠看不到的那一面。

李淵之所以放下身段跟突厥結盟，是為了不被突厥和劉武周等人襲擊，免除北顧之憂，得以專心向關內進軍，並不是真的想請突厥兵幫他打天下。馬匹的事解決了，但現在始畢可汗還想派兵「送」李淵入關。李淵必須拒絕。一來，引胡兵進入中原，他這個大漢奸的帽子就會被戴到地老天荒，不光中原的菁英階層，就是普通老百姓對他都會抵制到底，政治方面馬上得零分。二來，突厥兵向來沒有紀律，難以約束，到處鐵騎橫行，只能添亂，沒有別的好處。但你又不能態度堅決地拒絕始畢可汗的熱情，為此他專門委派劉文靜出使突厥，解決這個問題。

劉文靜出發時，他對劉文靜說：「要是讓胡騎進入中原，必是黎民之大害。我們所以要突厥發兵，主要是怕劉武周勾結突厥共為邊患。而胡馬是放牧飼養的，不用耗費草料，所以才跟他們要了一些馬匹。另外，我們跟突厥結盟，只是借他們的兵馬來壯一下兵勢，幾百人就足夠了，要多了也沒有用。」

劉文靜到達突厥，與始畢可汗舉行會見，與達成出兵的協議。劉文靜給的條件是：進入長安後，民眾和土地歸李淵，那些金銀財寶都歸突厥。

劉文靜的這個條件非常合突厥的胃口。他們多年來，一直南侵，其志向來不在疆土，而只是要錢要物。他馬上派大臣級失特勒去向李淵通報，說已經發兵。

七月初四，李淵決定行動，他讓李元吉為太原太守，留守晉陽宮，主持後方的事務。他自己率三萬部隊從晉陽出發。當天，李淵「杖白旗，誓眾於野」，歷數楊廣各種罪名，宣布帶領大家進軍關中，以便「廢昏立明，擁立代王，匡復隋室」，然後移檄各郡縣，痛斥楊廣「聽信讒言，殺害忠良，窮兵黷武，致使民怨沸騰」，已經失道失德，必須推翻，現在他已經擁立代王為帝，請大家一定要與新的國家領導者在政治上保持高度一致，一起出兵去伐無道。做完這些後，他就率部向關中開路。西突厥阿史那大奈也帶著他的部眾前來助威，跟他一起南下。

七月初八，李淵來到西河郡。這個人從宣布作亂到現在，並沒有開展多少軍事活動，而是一直在努力開展政治活動。到了西河之後，他親自出面，慰勞當地的官員，而且宣布只要年滿七十歲以上，都封個散官，讓他們成為退休公務員，可以領薪資過晚年了——當時人均壽命並不長，七十歲老人的數量，大概等於現在的百歲老人。結果是官帽沒有送出幾頂，風評卻越來越高。至於那些有能力的豪傑，李淵也都召來，親自面試他們，然後量才錄用。一天之內，經李淵親自簽發的委任狀就有一千多張。這幾年來，朝政都被那幾個奸臣把持，誰想當官，都得先出錢。這些有能力而沒有錢的人，基本都沒有機會。現在看到李淵一來就讓他們憑本事當上公務員，個個高興得要命。

李淵把這些政治秀做完之後，形象當然變得高大。他接著又往前進，進入雀鼠谷。七月十四日，在賈胡堡駐軍。此地離霍邑只有五十里。而代王楊侑的部下虎牙郎將宋老生就在這裡據守。宋老生手下有兩萬精兵。李淵雖然高調宣布自己擁立代王楊侑為主，其實並沒有徵得楊侑的同意。現在楊侑仍然奉他爺爺楊廣為帝。如此一來，他就必須派兵以拒李淵。於是，李淵就必須跟他剛剛擁立的「新領導者」對打。不管你如何去想，都覺得這件事也太奇葩了。但這個世界就是由無數個奇葩的事把歷史情節向前推動的。

楊侑不但派宋老生帶著兩萬人在霍邑擋住李淵前進的去路，還派另一個強者屈突通帶著一支部隊屯駐河東，也是專門對付李淵的。

更要命的是，連續下了幾天大雨，李淵根本無法進軍。

屯駐在這裡是很消耗軍糧的。李淵只好派沈叔安帶一批老弱士兵回太原，運送一個月的糧草過來。在李淵很鬱悶的時候，他的另一路部隊在張綸的帶領下，攻克離石郡，殺了隋朝的太守楊子崇。

李淵知道現在各路「反王」中，瓦崗軍勢力最大，他跟李密又是著名的「八柱國」的後人，應該有點共同的語言，於是就派人去見李密，請李密跟他合作。

李密一看，合作當然可以。但現在我的力量比你強很多倍，這個盟主理所當然由我來當，你就當老二吧。這個年代的規則就是誰拳頭大誰就是老大。他叫祖君彥寫了一封回信給李淵說：「與兄派流雖異，根系本同。自唯虛薄，為四海英雄共推盟主。所望左提右挈，戮力同心，執子嬰咸陽，殪商辛於牧野，豈不盛哉！」信中還叫李淵馬上率幾千部隊到河內，兩人當面締結盟約，共同把事業進行到底。

李淵接到信後，並不惱火，只是笑了笑，說：「李密妄自尊大，不是一紙書信就能招來的。我們正致力於關中，如果馬上斷絕與他的來往，等於又樹了一個強敵。不如拍拍馬屁穩住他，以驕其志，還讓他順便為我們擋住成皋之道、牽制東都之兵，使我們可以專心西征。待關中平定以後，我們依據險要之地，再坐觀鷸蚌之爭以坐收漁人之利，未為晚也。」

從兩人第一次交手看，就知道李密差李淵很多。

李淵這時力量不雄厚，還被宋老生阻擋在那裡，進退不得，當然不敢暴露什麼鋒芒——連突厥他都還低三下四，對李密就更能放下身段了，他叫溫大雅幫他起草回信：「吾雖庸劣，幸承餘緒，出為八使，入典六屯，顛而不扶，通賢所責。所以大會義兵，和親北狄，共匡天下，志在尊隋。天生民，必有司牧，當今為牧，非子而誰！老夫年逾知命，願不及此。欣戴大弟，攀鱗附翼，唯弟早膺圖，以寧兆民！宗盟之長，屬籍見容，復封於唐，斯榮足矣。殪商辛於牧野，所不忍言；執子嬰於咸陽，未敢聞命。汾晉左右，尚須安輯；盟津之會，未暇卜期。」

李密看到「當今為牧，舍子而誰」時，滿臉笑容地對他的手下道：「唐公見推，天下不足定矣！」卻沒有認真分析最後那兩句：汾晉左右，尚須安輯；盟津之會，未暇卜期。這根本就是託詞，不想來跟他會盟而已，什麼推他為盟主，都是在糊弄他。照理說李密是個聰明人，對這種一點也沒有深度的糊弄是一眼可以看穿的。可是，他居然笑呵呵地上了李淵的當。原因就是太自信了。為了籠絡李淵，他不斷地寫信給李淵，李淵當然每次都恭敬地回覆。於是，兩人的信使往來不絕。

李淵雖然成功地糊弄了李密，可是卻糊弄不了老天。老天仍然在下著雨，部隊已經面臨最嚴重的問題——缺糧。通常到這個時候，謠言就會出現。此時，劉文靜出使突厥還沒有回到李淵身邊，向他交差，可是另一個難以判斷的消息卻傳來：「突厥與劉武周聯合行動，已經準備乘虛襲擊晉陽。」

這對李淵是個考驗。

信還是不信？

如果相信，就必須立刻帶主力狂奔回去。這對於事業的影響將是巨大的。如果不信，繼續留駐此地，而消息是真的，那後方就會完蛋，後方完蛋，他的事業就可以宣布直接打了水漂。

李淵想了整整一夜，心理壓力非常大，覺得還是先回去，保底為妙。他把大家召集起來，說我們還是北還吧。

裴寂等都同意他的決定，說：「現在宋老生、屈突通連兵據險而守，在短期內是難以拿下的。李密雖然同意跟我們聯手，但這個傢伙也很奸詐，我們也不能全信。突厥的本性就是言而無信、唯利是圖。劉武周是個徹頭徹尾的漢奸，一定會抄我們的後路。太原是我們的大後方，我們義兵的家人都在那裡，如果被攻打，那就真的完了。所以，我們堅決支持老大還救根本的決定，以圖後舉。」

李淵看到大家都有這個想法，覺得自己的選擇真的沒有錯了。

他正要宣布拔寨而起，李世民卻站起來，對大家說：「不能撤回去啊。現在剛好是秋收時節，遍地是稻穀，為什麼怕缺糧？宋老生雖然名叫老生，其實為人輕狂浮躁得要命，完全可以一戰而擒之。李密雖然不可信，但他是不會捨棄他的糧倉到別處謀求發展的。劉武周雖然跟突厥互相勾結，但他們實際卻互相猜忌。即使劉武周想攻取太原，但他能不顧離他最近的馬邑嗎？我們本來就是高舉大義的偉大旗幟，奮不顧身以救蒼生，就應當勇往直前，殺入咸陽，號令天下。現在遇到一點困難、碰到幾股小敵，就掉頭而去，只怕跟隨我們起義的人馬上就會離散。我們即使能成功地還守太原，但也已經變身盜賊了，最後還能自我保全嗎？」

李建成也贊同李世民的話。可是李淵不聽，所有的人都認為撤軍沒有錯，就你們兩個小屁孩膽子大。他不理兩人的勸告，下令全軍撤退。

李世民覺得如果真的北撤了，他們的事業基本就到此為止，而且做得還不如李密的風風火火，心裡大急，又進去勸父親。可是天已經入黑，李淵已經熄燈就寢。李世民不得入，就在帳外大哭。這個人此時年輕，中氣充沛，聲音洪亮，隆重地傳進帳中，吵得李淵睡不著，便把他叫進來，問他為什麼哭？而且哭得這麼大聲，一點都不怕丟臉。

李世民說：「現在我們舉兵是為大義，只要進軍就能攻必克，後撤就只有潰散。到時，眾散於前而敵乘於後，我們被滅亡的時間馬上近在眼前。我想到這些，哪能不哭？」

李淵一聽，頭腦猛然清醒過來，覺得李世民說的太對了，當下抓著頭皮說：「軍已發，怎麼辦？」

李世民說：「右軍只是整裝而未發；左軍雖然已經出發，但還沒有走遠。我現在馬上去把他們追回來。」

李淵笑道：「我的成敗都在於你。既然你知道該怎麼辦，就不必再問我了。」

李世民和李建成連夜狂奔而去，追上左軍，又把他們帶了回來。

過了幾天，太原方面的糧食也送到了。既解決了軍中的缺糧問題，也讓大家知道太原並沒有被突厥襲擊，使大家的心都放了下來。

3

李淵這邊稍有點穩定，西邊五郡波瀾又起。

薛舉在金城作亂，似乎已經完全控制了西部，但武威鷹揚府司馬李軌卻不服。這個人也跟薛舉差不多，是當地的土豪，除了有錢之外，還「任俠」。通常有這種個性的人，都是不服別人跟他們硬來的。他看到薛舉作亂，馬上就跟他的幾個心腹曹珍、關謹、梁碩、李贇、安仁商量。他對他們說：「薛舉下一步一定會前來打武威，武威的高官都是膽小之輩，一定不能抵擋。薛舉是什麼人？我們為什麼一定要當他的手下？所以，我們一定要努力抵抗他，保據河右，靜待天下之變。」

大家認為很正確，但必須推選出一個帶頭大哥。但在選舉過程中，所有的人都發揚謙讓的精神，誰都說自己無德無能還無資歷，哪能當這個老大。

後來，曹珍說：「這個不必再討論了。你讓我也讓，結果就不用辦事了。很久以來，就有圖讖預言說李氏當王。現在李軌老兄就在我們這裡，這不是天命是什麼？」

於是，大家都拜李軌為老大。在這樣的形勢下，李氏都有著天然的優勢。

李軌本來就是倡議人，老早就想當這個帶頭大哥了，只是不得不弄個民主推舉，看到大家推舉來推舉去，心裡已經有些鬱悶了，自己又不好意思站出來拍胸膛說我做了。好不容易大家達成這個共識，他馬上就當仁不讓，宣布自己當老大，以後兄弟們就必須聽我的話了。

李軌現在只是這個犯罪集團的老大，他還必須抓住武威的郡守，拿到武威郡的軍政大權，才能實現他的目標。他派安修仁去把武威郡裡諸胡的老大都召來，再煽動一批民間「豪傑」，跟隨他一起舉兵，然後衝進衙門，把虎賁郎將謝統師和郡丞韋士政打倒，順利地接管了武威軍政大權。李軌武裝奪權之後，自稱河西大涼王。

闞謹建議，把那幾個大隋命官全部砍掉，然後分他們的財產。這個人兩隻眼只盯著那幾個貪官的財富。李軌說：「各位既然推我當老大，就應該聽我的號令。我們興義兵是為了拯救百姓於水火之中。現在才出來，就殺人越貨，這跟強盜有什麼差別？」阻止了闞謹的行為。

現在東突厥雖然很囂張，但西突厥卻頑強地處於分裂狀態。處羅可汗的弟弟闕達設這時占據著會寧川，自稱闕可汗。可是又怕自己力量不足，便派人前來向李軌請降，請李軌當他的保護傘。

李軌出來作亂，主要藉口是為了有效地防禦薛舉。照道理薛舉在知道這件事後，就應該馬上狂奔而來，在李軌還沒有站穩腳跟時，解決李軌，否則就應該主動跟李軌講和，劃好勢力範圍，井水不犯河水。可是薛舉卻先忙於稱帝——自稱秦帝，立他的兒子薛仁果為太子。薛仁果也跟他的老爸一樣彪悍，當了皇太子之後，馬上舉兵進攻天水，而且很快就打下了。薛舉很高興，從金城搬到天水，並宣布在此定都。

薛仁果長得比他老爸更能武，騎射的能力更高，他還有個外號「萬人敵」。但這個傢伙很殘暴，貪財好殺。他曾經抓到庾信的兒子庾立，叫庾立投降。庾立不降。他一怒之下，將庾立放在火上燒死，然後分其屍，再一塊一塊地割下來，叫軍士們吃人肉燒烤。他打下天水之後，最先做的不是安撫百姓，而是把天水城中的士豪們全部叫來，什麼話也不說，直接叫士兵們把他們通通倒掛，再用醋水灌進他們的鼻子，逼迫他們把財寶繳出來。

就連薛舉對他的這些行為都看不下去，對他說：「你的才略足以辦大事，但是生性太過嚴苛殘酷，對人不能施恩，以後終當覆國家啊。」可是薛仁果能聽進耳裡嗎？

薛舉「遷都」之後，決定大力出擊，擴張自己的地盤。他先派他的另一個兒子薛仁越率兵殺向劍口，然後又派部將仲興渡過黃河去打李軌。從他的這個部署看，薛舉對自己的力量十分自信，敢幾面出擊，主動樹起幾個敵人。

薛仁越來到河池郡時，就被擋住了。因為河池郡的太守就是蕭瑀。而蕭瑀的姐姐就是當今皇后，別人可以造反也可以對盜賊採取不抵抗政策，但他必須抵抗。他帶著部隊把敢犯境的薛仁越死命地擋住。仲興那一路更不順利。他渡過黃河後，早有準備的李軌派李貲出來迎戰。雙方在昌松相遇，展開激戰，結果仲興全軍盡沒。

李軌決定把仲興以及所有的俘虜都放回去。

李貲說：「眾多官兵拚命作戰，這才將他們俘虜過來，現在又把他們放回去，再次當我們的敵人。這樣做不好啊。不如把他們全部坑殺了。」

李軌說：「如果上天賜福於我，就應該抓住他們的老大。這些人最終還是為我所有。要是我事業無成，留下他們又有什麼好處呢？」於是把他們全部放走。這個人的格局還是很不錯的，可是他卻生在一個英雄遍地的亂世當中，自己的才能沒有匹配上來，結果也成就不了大事。

當然，他說了這番話之後，在政治上很得分，成為西部地區名聲最好的老大。李軌接著也向進攻，連續拿下張掖、敦煌、西平、抱罕等，於是，河西五郡都劃歸李軌的版圖。

4

當這些老大不斷地劃走地盤時，楊廣心裡當然很氣憤。不過，現在他最為惱火的一定是李密。李密帶著十萬大軍不依不饒地圍困著他的東都，東都一旦被他攻陷，自己的臉真是丟不起。他雖然很相信虞世基的話，認為目前全國各地的「盜賊」不多，但看到洛陽被李密圍了這麼久，仍然無法將李密擊敗，也覺得問題有點嚴重，就下令左御衛大將軍涿郡留守薛世友帶領三萬北方精兵南下，進討李密，而且要求王世充等人也要率兵配合，接受薛世雄的控制——不給李密一點顏色是不行了。

楊廣在下達命令的時候，特地說明，薛世雄等人在進軍的時候，只要是「盜賊」，都可以隨意「誅剪」。

薛世雄受命之後，迅速南下。他還沒有進入瓦崗的勢力範圍，就先來到河間，跟竇建德部相遇。竇建德雖然很厲害，但之前也只跟隋朝的地方軍打來打去，現在突然看到朝廷的精兵殺進來，心頭也是一陣緊張。手下的將士更加臉色發白了。竇建德也知道，以現在的軍心士氣跟薛世雄唱反調，他只有大敗。於是，他只好縮小戰線，從占領的各城池中撤出，向南而去，並且還高調宣稱回豆子去。

薛世雄看到自己的部隊才大步前來，竇建德就拔營而去。

什麼是望風而逃？

這就是。

薛世雄不由得哈哈大笑，幾個毛賊有什麼了不起？老子一出馬，管教他們無路可逃。竇建德你以為你拔寨而去，就能逃得了我的掌心？老子再讓你逃一逃，等你情緒穩定了，再打你，把你打得心服口服。他這次出征，重點任務是消滅李密，至於打竇建德，那是順路功勞，是打李密前的熱身運動而已，所以他不慌不忙。

竇建德一邊撤一邊注視著薛世雄的動靜。他看到薛世雄對他已經完全沒有防備，知道做掉這個傢伙的時機就在眼前。於是，他在離薛世友一百四十里之處安下營寨，挑選了二百八十人擔任敢死隊，自己親自帶著先行，其餘部隊再跟上。他對大家說：「現在我們全力狂奔而去，如果夜間到，就直接攻打他們的營寨；如果是白天到，我們就投降他們。」這個人做動員工作還是很有辦法，為大家都想好了後路。

他們一夜狂奔，眼看就要到薛世雄的大營那裡了，可是天已經矇矇亮。他們目測離薛營還有一里路。竇建德也有點懼怕，悄悄跟幾個心腹商量，看來還是投降算了。你想想，連老大都是這個樣子了，其他人還敢怎麼樣？竇建德正想拍板，要求大家放下武器，舉著白旗向薛世雄列隊走去。突然眼前湧起大霧，而且厚度濃重，咫尺之間，人不相辨。竇建德大喜，說：「真是天助我也！」其他人一看到這個情況，信心片刻大增，他們沒有理由不相信這是老天爺在幫他們。於是，人人奮勇，殺進隋兵的大營。

薛世雄就是打死他都沒有想到已經「望風而逃」的竇建德突然回來，向他發起襲擊。士兵們在酣睡中被震天的殺聲驚醒，知道被突襲了，無不亂成一團。薛世雄很會驕傲，但應急能力等於零。他出來之後，雖然連續發了幾道命令，要求大家冷靜下來，不要怕敵人。可是完全沒有產生一點效果。薛世雄看到自己平時顯得十分威嚴的聲音，這時全部淹沒在慌亂的噪音中，立刻知道真是大勢去矣。他看著亂遭遭的軍營，他引以為傲的子弟兵們，到處抱頭鼠竄，哭爹叫娘，找不著北，一直想在那裡放聲大哭，怎麼會變成這個樣子啊。

他當然不再去分析個中原因了——他再分析下去，敵人的大刀就會砍過來。他帶著左右數十騎，乘亂奪路而逃，跑回涿郡。他跑回到涿郡之後，越想越是悲憤，手下明明帶著號稱全國最精銳的部隊，已經把敵人嚇得望風而逃，結果卻因為輕敵，反而被敵人來個全殲，而且毫無還手之力，讓竇建德的勝利幾乎沒有成本。輕敵啊，輕敵。幾乎所有帶兵的人都知道，上戰場之後萬萬不能產生輕敵的心態。可是他硬是去犯這個錯誤。於是，一念之誤，誤了全軍，也誤了自己，更誤了朝廷大事。這個人雖然在帶兵出征時，輕敵驕傲，但抗壓性太過脆弱，他回去之後，立刻陷於鬱悶後悔自責的泥潭中不能自拔，不久就「慚恚發病卒」。

竇建德勝了這一仗，馬上進入意氣風發的全盛時期，帶著部隊包圍河間。

5

竇建德把薛世雄部全部殲滅，他自己固然是大贏家，而對於李密而言，也是十分利好。他馬上避免了幾路夾擊的危機。當然，李密的大軍還隆重地包圍著洛陽，對於李淵而言，一樣是十分利好。李淵在那裡冒雨駐軍已經半個多月。這場雨從七月上旬一直下到八月初才宣布停止。泡在大雨中二十天，人都差不多發霉了，更不要說鎧甲和其他器械。在大雨停下的第二天，李淵就下令大家把發霉的鎧甲和其他物資都拿來曝晒。

一切收拾完畢之後，李淵率兵從山腳下的小路向東南前進、直抵霍邑。

鎮守霍邑的就是宋老生。李淵現在不怕打仗，而是怕宋老生不出戰，讓他打不了仗。他問兩個兒子，如果宋老生不出戰，怎麼辦？

兩個兒子都說：「宋老生雖然四肢發達，但腦子很遲鈍，最受不得刺激。我們用輕騎去向他挑戰，他一定會出來。」

他要是不出來呢？

答：「我們就誣陷他已跟我們達成互不交火的協議。他怕別人奏報他，哪敢不出戰。」

李淵笑道：「你們分析得很透澈。在賈胡堡時宋老生不能迎戰我軍，我就知道他是沒有作為的。」

李淵率幾百騎先行出發，到東門那裡等待，而主力部隊隨後再發。

李建成和李世民率領幾十個騎兵來到城下，舉鞭揮旗，做出部署包圍城池的樣子。而且時不時還指著城頭，罵幾句，說宋老生該改名叫宋老死了。

宋老生在城頭一看，果然大爆粗口，就你這幾個兵居然要包圍我的霍邑？太他媽的不把老子放在眼裡了。老子馬上出來打你們，看看誰該改名。

他看了看敵情，李建成和李世民這兩個不知死活的小子在城南比劃、說著不知天高地厚的話，而李淵又在城外那裡駐著，身邊也只有幾百個騎兵稀落地排列著。想也不想，馬上把三萬大軍分成兩路：一路從南門出擊，一路從東門殺出，務必把李淵父子全部解決。

李淵看到宋老生上當得這麼爽快，實在是大幅超出他的意料之外，而且居然兵分兩路，自動弱化自己的戰鬥力。這種腦子，居然也上戰場。他馬上下令催促後軍上來。

後軍很快就來到。李淵正要下令大家趕快吃好飯，然後殺敵。

李世民急道：「時不可失！」

李淵一聽，馬上清醒過來，便叫李建成跟他一起在城東列陣，叫李世民在城南列陣。

李淵和李建成這邊跟隋兵一接觸，就發現宋老生部隊的實力真強，對打一陣之後，不得不悄悄後退。李世民跟段志玄帶兵從南原急馳而下，從背後直擊宋老生的陣地。李世民知道，宋老生雖然頭腦不怎麼強大，但戰鬥能力高強，戰鬥力十分強悍，如果一擊不勝，接下來就麻煩了。他親自揮舞著兵器衝在最前面，殺得狀若發瘋：大刀飛舞之下，連續砍翻幾十個人，砍得兩把大刀都缺口了，鮮血順著大刀流滿了他的袖子。他甩了甩血袖，又衝出大戰。把宋老生的部隊砍得有點發呆了。

李淵這邊的士氣這才又提振。他對著大家大叫：「已經活捉宋老生。」

這一聲喊，李淵部隊的士兵還處於將信將疑的狀態，宋老生那邊的士兵們卻先信了。他們驀然之間，覺得老大沒有了，還打個屁。於是鬥志頓時跌落到地板上。

李淵的部隊看到對方突然疲軟下來，也都相信宋老生已經完事了，現在只要加把勁就可以結束戰鬥了，便都鼓勇而上，把對方往死裡打，將宋老生的兵打得大敗。

宋老生的部隊抵擋不住，只好掉頭往城裡跑。

沒想到，李淵十分缺德，早已命令騎兵先搶到城門前，城裡的隋兵只好把門關上。

宋老生帶著他的部隊來到城門前時才發現，他已經進不了城。他想再逃出去，但自己身邊的士兵已經亂成一團，而且敵人的部隊乂已經喊殺連天地圍攻過來。他終於真切地體會到進退無路的困境。最後他一咬牙，從馬背上翻身下來，然後縱身一躍，跳進塹壕裡。但塹壕水淺，根本淹不死人。劉弘基趕來，將他一刀斬首。

宋老生的部隊就更加混亂了。李淵的部隊滿戰場追殺隋兵，使得隋兵死屍遍布幾里。

這一戰，從早上一直殺到天黑。

李淵在清除城外的戰場後，下令登城。

當時，他們並沒有帶攻城設備，但將士們硬是打赤膊上陣爬上城牆。如果是在往時，這種最原始的攻城方式，跟送死沒有區別。但因為宋老生已經被打死，城外數萬主力也已經被全殲，城裡少量的敵兵看到城外自己的同袍們被打得滿地找牙，紛紛身首異處，早就嚇破了膽，再加上沒有人指揮，因此城頭已經沒有什麼人來拒守了。

李淵就這樣攻下了霍邑。這是李淵舉事以來第一仗，也是一次突破瓶頸之戰。他開始時，一直擔心過不了這一關，在開戰時，心理壓力很大。如果不是兩個兒子力勸，現在他已經回了太原，撫著心口自己為自己壓驚。後面的事業如何，真的不好說了。

李淵滿懷勝利的喜悅為將士們論功行賞。當時有的人認為那些以奴隸身分參戰的人，不能和良人一樣論功。

官。」

李淵笑道：「在拚殺的時候，都不分貴賤，論功行賞時，更不要講究等級差別。必須一樣按功頒賞授官。」

第二天（八月初四），李淵繼續發揚他親民的作風，會見了霍邑的官民代表，好言好語地慰問他們，說以後我們都是一家人，希望大家繼續安居樂業，不要有其他想法。這跟他在河西郡的做法一樣，讓霍邑老百姓很高興。李淵的政治秀做得很出色。這幾年來，不管是楊廣還是那些高舉造反的偉大旗幟的盜賊們，都沒有誰把老百姓放在心上。雖然很多盜賊都做過開倉放糧的工作，但他們在沒有糧食時，照樣到處燒殺擄掠，搶劫百姓也並不手軟，基本上沒有誰在自己的占領區裡做安撫百姓的工作。現在大家看到李淵很和靄可親，好像很把他們當人看待，都是滿心高興。

李淵安定了民心之後，就在霍邑徵兵，補充自己的部隊。關中的軍士如果不願繼續跟他革命，想回鄉的，他也授五品散官，發給路費，讓他們放心回去。

有人看不下去了，覺得老大封官封得太濫了吧？

李淵說：「隋氏吝惜勳賞，因此而大失人心。我當然要反其道而行之。而且用官職來收攏民心，比用兵要強千萬倍啊。」

初八，李淵進入臨汾郡，繼續沿用霍邑模式，很快就讓臨汾的民心大安。

十二日，他率大軍來到鼓山，再往前就是絳郡的地盤了。

絳郡通守陳叔達已經做好迎戰的準備，就等李淵過來。

李淵當然不會怕他，第二天就下令全軍出擊。陳叔達雖然沒有像宋老生那樣出城打野戰，被敵人打得連逃回去的時間都不夠，可是他仍然擋不住李淵的進攻。陳叔達也乖乖地成了俘虜。這個人仗得十分無趣，但出身卻十分高貴——他的老爸就是南陳的皇帝陳頊，其軍事能力很低下，但學問十分了得，也算是個人才。李淵仍然好言好語地慰問他，然後「禮而用之」。

李淵用霍邑模式得到很好的效果，就是每打到一個地方，這個地方就被納入他的基本盤。不像其他「盜賊」，每天都風風火火，這裡打一槍，那裡殺一頓，跟流寇沒有沒什麼兩樣，從來沒有好好地建設並擴大自己的根據地。

八月十五日，李淵率軍來到龍門，而這時劉文靜和康鞘利也帶著五百突厥兵以及兩千匹戰馬來到。李淵大喜，一來有了新生力量的援助，二來終於知道突厥還沒有背盟，他的後方目前安然無恙，可以放心向前大打出手了。只要拿下長安，他的基本盤就牢不可破。而且長安還必須很快拿下，否則李密哪天突然覺悟，搶先出手，自己就真的得當他的手下了。他對劉文靜說：「我們向西走到黃河，突厥人才到達，而且是兵少馬多，都是你老兄的功勞啊。」

薛大鼎對李淵說：「老大，千萬不要去攻打河東，應該直接從龍門渡過黃河，搶占永豐倉。那樣一來，老大馬上就兵精糧足，雄踞一方，然後號令四方，傳檄各地，關中地區就可以坐而取之。」

李淵一聽，這才是取關中的捷徑啊，馬上採納了這個建議，並任命薛大鼎為大將軍府察非掾。

正好這時，任瓌過來向李淵建議：「現在關中的豪傑對隋朝都已經失望，都盼望義師早日入主關中。我在馮翊那裡混過很多年，對那裡的情況比較熟悉，有一些人脈。請老大派我去做宣傳工作，他們一定會望風而從。然後大軍從梁山渡過黃河，直指韓城，逼近郃陽。蕭造是個文官，看到大軍殺過來，只有望風而降；孫華那樣的人一樣沒有什麼志氣，恐怕看到大軍的旗幟，就會遠迎義師。如此一來，老大就可以大張旗鼓地進軍，直接占領永豐倉。雖然還沒有得到長安，但關中完全可以算作老大的基本盤了。」

李淵一聽大喜，馬上任命任瓌為銀青光祿大夫，派他依計行事。對比一下李密，雖然自己也知道關中十分重要，重要到得關中者得天下，但硬是沒有前來大步搶占關中，而帶著幾十萬大軍頓於堅城之下，除了能幫李淵擋住楊廣的主力之外，沒有別的意義，對自己更是有害無益。即使有人多次建議他調整策略，把精力放到關中來，他仍然不理。而李淵在這方面的表現，就比李密強多了。一路下來，李淵一直能納諫如流，起步雖然艱難，但終於突破瓶頸，踏上了希望的征途。

李淵為了奪取關中，做了大量收攏民心的工作，這些工作很快大見成效，他還沒有進入關中，名聲已經在關中地區廣為傳頌。當時，關中的「群盜」中，孫華最為強悍。

李淵來到汾陰時，並沒有擺出要消滅孫華的架勢，而是修書一封，派人送到孫華面前。孫華二話不說，立刻帶著輕騎出來面見李淵。李淵握著他的手，並排坐下，跟他談笑風生，有如故人相見，然後任命孫華為左光祿大夫、武鄉縣公，領馮翊太守。孫華手下的頭目，也都個個有官做，使得他們皆大歡喜。不光孫華部眾皆大歡喜，沿途民眾也皆大歡喜。李淵來到壺口時，每天過來獻船的人都有幾百人。李淵就順著把這些人編入部隊，組建了一支水軍。

李淵派孫華先行渡河，接著派王長諧和劉弘基等人率步騎也從梁山渡過黃河，在河西紮營，等待大軍的到來。

李淵派任瓌進韓城去做宣傳工作。韓城守將看到形勢已經如此，也不敢抵抗，宣布歸順義師。

情節發展到現在，李淵最擔心就是屈突通。屈突通是戰場老手了，而且帶的都是精兵，要是他突然赴來，真不好辦。幸好，他現在還只是縮在城裡，沒有出手，讓李淵占領了大片區域，順利渡過黃河，收編了很多「盜賊」。長安城已經在望。

屈突通雖然沒有出來打李淵，但李淵必須想辦法對付屈突通了。他對王長諧說：「屈突通手下都是精兵，離此地也只有五十里。但他居然不敢前來迎戰，足以說明其眾不為所用。但是他一定會怕獲罪，最後也不得不出戰。如果他渡河去攻打你們，那麼我就乘虛擊河東，他一定不能守河東；如果他全軍守城，你們就大膽地拆毀河上的橋梁。如此一來，我們前扼其喉，後攻其背，他不逃走必定被我們擒獲。」

李淵的另一路由張綸帶領，此時也已經連下龍泉、文成兩郡。

屈突通果然像李淵所料的那樣，怕別人告他畏敵不前，派手下的虎牙郎將桑顯和帶著幾幾千「驍果」兵，夜襲王長諧之營。這支部隊的確很厲害，王長諧雖然拚死抵抗，但始終處於下風，難以扳回局面。幸虧孫華那邊也早有提防，知道隋兵襲擊王長諧營後，立刻跟史大奈兩人帶著騎兵出來，自背後衝擊桑顯和。桑顯和沒想到這一招，突然之間背腹受敵，終於堅持不住，被對方「大破之」。結果，桑顯和拚命突圍，躲到城裡。這個人為了不讓對方過來攻城，居然自毀黃河橋梁——本來李淵就計劃毀掉這座橋，以斷其生路，現在他卻幫李淵完成了這個任務。

馮翊太守蕭造看到李淵勢大，而且攻無不克，連桑顯和這樣的猛將去夜襲都被大破一場，自己這點能力，何必去丟人，於是主動投降了李淵。

河東郡周邊的郡基本上都劃歸了李淵的勢力範圍。

李淵終於可以集中力量包圍河東郡。屈突通也不敢出戰，只是死守在城中。河東城牆非常高峻，一看就知道不好強攻。李淵挑選了一批勇士，嘗試強攻。城南也有千多人配合進攻。正好下起雨來，李淵只好下令撤回。當時一部分勇士都已經登上城頭，這時只好又下城撤退。很多人都覺得甚是可惜。李淵說：「屈突通帶的部隊都是宿衛老兵，戰鬥力向來破表。他們不擅野戰，但防守卻非常強悍。我們那些衝上城頭的部隊，近來都打勝仗，入城之後，一定很輕敵，只怕會有去無回。今天嘗試登城，只是向他們示威，嚇一嚇他們。今天並不是真正的攻城之時。再說，殺人得城，也不見得是一件好事。」

李淵其實並不是在試攻城，而是因為突然下起暴雨，後續部隊難以跟進，不得不撤下來，然後說這番話，用來安撫一下大家。否則士氣就會下跌。

當時，李淵在三輔地區的聲望不斷刷新歷史紀錄，眾將都說李老大可以官升一級當太尉了。李淵也爽快地答應——他要是不自我提拔，手下的官員就無法再提拔了。李淵當太尉之後，手下的人當然也跟著水漲船高。三輔地區那些豪傑也都看出形勢，此後的天下一定是李淵的了——圖讖上的幾個關鍵處，都跟他對應，而且他一路殺來，都十分順利，才短短的幾個月，就已經做出了成績，於是，都組團跑過來投靠他，有時每天前來登記的有上千人。

如果是別人，此時一定會飄飄然不可一世的樣子。但李淵仍然冷靜——他就是靠冷靜，才一路不敗而來。他冷靜地面對形勢，認為河東不可久圍，如果再圍下去，自己跟李密也就沒有兩樣了。他清醒地記住，自己的目標是長安，而不是河東。

他在做這個決定時，他也猶豫了很久，最後準備下決心時，裴寂還勸他：「老大，屈突通擁有大軍、占據堅城，如果我們棄之而去，要是進攻長安而不下，後退就會被屈突通追擊，那樣一來我們就處於背腹受敵的境地。這是十分危險的策略。所以還是先把河東攻下，然後無憂西上。長安那邊一直靠屈突通為援。屈突通一敗，他們就會膽落，我們完全可以輕鬆地拿下他們。」

李淵一聽，覺得很有道理。

可是李世民卻反對：「裴寂大人說的似乎很有道理，其實是大錯特錯。大家都知道兵貴神速的道理。我們現在必須乘著屢戰屢勝的軍威，收編安撫歸順過來的部隊，然後大張旗鼓西行，聲勢就會越來越浩大，長安那邊就會望風而驚懼，腦子還來不及思考，部隊還來不及部署，我們就已經殺到了。如此一來，攻長安則如催枯振槁。如果繼續屯兵於堅城之下，他們那邊做好準備和動員，再以逸待勞。我們已經在此地浪費大量時間，銳氣盡失，眾心也到離散的地步，那我們的大事真的要去矣。而且，關中蜂擁而起的很多老大目前都還沒有宣布歸屬誰，我們必須盡快地把他們收編帳下，壯大我們的力量。屈突通只是一個僅能自守的人而已，實在不足為慮，不必為了他而丟掉我們宏偉的策略決策。」

李淵一聽，更有道理。於是，他都採納了：留下諸將繼續圍困河東，自己則率軍西進，向長安前進。一路下來，蒲津、中潬二城的守將看到李淵大軍來到，都直接打開大門，以和平的方式獻出城池。華陰令李孝常看到別人都投降得沒有商量，也乾脆把自己的轄區貢獻出來。永豐倉就在李孝常的地盤上，楊廣很早就在這個糧倉裡堆滿了糧食。李淵也很早就盯著這塊肥肉了。他本來以為攻打永豐倉，會遇到一場惡戰，沒想到只是在文件上辦理了交接手續。

華陰歸入李淵的版圖，使得李淵的東路與西路連成一片，永豐倉不但讓李淵的主力部隊免了糧草短缺之憂，還可以接應河西諸軍，使得整個勢力連成一片，方便統一協調。京兆諸縣看到李淵的勢力已經足以稱雄西北，而楊廣已經很久沒有替這邊發過什麼重要指示了，便都宣布脫離楊廣的統治，加入李淵集團。

6

楊廣很久沒有替西北發出最高指示，並不是他不想管關隴地區了，而是實在沒有精力往那邊看一眼了。這時他雖然還堅定不移地相信虞世基的謊言，認為「盜賊」並不多，但他身邊的那些「驍果」對形勢卻看得十分透澈，知道這個「建築狂魔、巡遊達人」的末日已經近在眼前，再跟他下去，只有死路一條了，於是都偷偷地溜走，今天溜幾個，明天又跑幾個。

「驍果」是楊廣的直屬部隊，他又非常怕死，因此對這支部隊的情況基本是即時掌握的，誰也糊弄不了他，也不需要誰在這裡糊弄。這時他看到這支部隊的人數越來越少，心裡就有點不安了。他問裴矩：「士兵們好像都留不住，怎麼辦？是不是情況越來越糟了？」

裴矩說：「這跟形勢沒有什麼關係。他們都是從全國各地來的，在江都待得久了，長期獨居，沒有配偶，所以就待不下去了。請陛下允許他們在這裡成家，解決生理問題。這個問題就可以解決了。」

如果是別人，一定會當場把裴矩的嘴巴打得稀巴爛。但楊廣一聽，覺得大有道理：如果讓他在某個地方住上一段時間，身邊沒一個美女夜夜為他紅袖添香，他能活得下去嗎？只怕不過兩天，他就全面發瘋了。呵呵，朕是人，士兵們也是人啊。於是，他很高興地採納了裴矩的這個餿主意。

他下令把江都境內（現在他的下令也只能在江都境內暢通了）的寡婦和未婚女性們都召到宮下，然後讓將士們像領救濟金一樣，過來領取一個美女回去過夫妻生活。

在江都的將士們獲賞老婆的時候，李密又有了一次大收穫。

武陽郡的郡丞元寶藏也對楊廣非常絕望，便決定跳槽到李密陣營。李密白得了一個武陽郡，心裡當然高興，馬上任元寶藏為上柱國、武陽公。元寶藏拿到委任狀的當天，就派他手下的一個門客去向李密致謝，順便建議李密改武陽為魏州，然後派他領所部向西攻取魏郡，向南與諸將會合攻取黎陽倉。

於是，又一個歷史強者出場。

他就是魏徵。

魏徵後來很出名，但他出身並不怎麼顯赫，出來混時的起跑點也不高。他從小就很困苦，但喜歡讀書，抱負很遠大，卻不善於經營個人的事業，因此即使長大成人了，仍然頑強地生活在貧苦的生活狀態下，以致為生活所逼，不得不出家為道士。元寶藏知道他很有能力，就把他召來當自己的門客——等於元寶藏的私人祕書，平時為元寶藏起草一些重要文件和書信。這一次，元寶藏要感謝李密，當然勞動魏徵大駕，先為他寫好信，然後還讓他帶著這封感謝信去見李密。

李密也是當時有名的才子，讀了魏徵起草的這封信，不由得大喜，好文章啊好文章。馬上提拔元寶藏為魏州總管，答應了武寶藏的所有請求，然後把魏徵召到自己的身邊，任文學參軍，掌記室。

當元寶藏建議李密去攻取黎陽倉時，河南山東正遭遇大水，到處是餓死的屍體。這一次，楊廣終於得到準確的消息，也採取了補救的措施，下令開黎陽倉賑濟百姓。楊廣好不容易以人為本一次，可是負責發放救濟的各級官員又個個懶政，接到詔書後，並沒有抓緊時間貫徹落實，迅速打開糧倉把糧食分發出去，弄得大量老百姓無法度過饑荒，每天都有幾萬人死去。

徐世勣看到這個情形，認為李密動手的機會到了，便對李密說：「老大，現在的大亂，根本原因就是饑饉造成的。如果我們得到黎陽倉，則大事濟矣。」

李密馬上派徐世勣率五千人從原武渡過黃河，與元寶藏、郝孝德等人一起奔襲黎陽倉。黎陽倉那群狗官，搶百姓利益、貪國家金錢、發國家之財是很生猛的、是毫不手軟、是毫不留情的，當面對瓦崗軍的衝殺時，就毫無還手之力了。徐世勣一鼓作氣，拿下了黎陽倉。徐世勣拿下黎陽倉之後，馬上開倉放賑，聽任老百姓前來就食，果然大得民心，只十天時間，就徵到二十萬精兵，附近的武安、永安、義陽、弋陽、齊郡相繼向李密投降，把瓦崗的事業又推上了一個新的高潮。

連北邊的強者竇建德都有些慌了，他跟另一個老大朱粲也派人帶著書信過來，向李密表示歸順的良好意願。

李密很高興，任命朱粲為揚州總管。

李密還在得意的時候，泰山道士徐洪客寫了一封信給李密，對李密說：「老大，這麼多的人馬聚在一起，天天吃吃喝喝，只怕不用多久，就會把糧食吃完。而出師征討日久，將士就會產生厭戰的想法，結果就難以獲得成功。現在老大一定要乘著大家都還有進取之心，以及全軍正高昂的鬥志，沿河向東，直取江都，活捉獨夫民賊，號令天下。」

李密看完這封信之後，覺得這個道士很有能力，就派人把他召來。但徐洪客卻沒有應召而來。

7

當初，楊廣命薛世雄當剿匪總指揮，可是這個人帶著全國最精銳的部隊，居然連竇建德那一關都過不了，直接被敵人全軍覆沒，最後他也鬱悶而死。王世充他們本來是奉楊廣之命匯集東都，準備全面接受他的控制。現在總指揮死了，王世充他們都已經來到東都。只有王隆還沒有到來。

東都城裡的人看到他們盼望得眼睛都出血的援軍終於來到，士氣又馬上高漲。楊侗派劉長恭、龐玉帶著留守府的部隊配合王世充在龍門主動向李密發起進攻。

雙方接觸一陣之後，沒有勝負，於是就夾洛水對峙。

楊廣下詔命令各軍都受王世充指揮。

可以說，薛世雄之死、燕兵全軍覆沒，對於這些造反部隊而言，實在是一把雙面刃。雖然他們取得了一場足以鼓舞人心的大勝，但王世充卻因此而成為隋兵的總指揮。王世充雖然把大量精力投放到拍馬屁的工作上，但他軍事能力卻比薛世雄強了無數倍。他這時冒出頭來，對李密並不是一件好事。

雖然很多人對楊廣都已經深惡痛絕，但他的朝廷裡仍然有真正的忠臣。攝江都郡丞的馮慈明就是其中之一。這個人奉命到東都去傳達楊廣的指示，但卻沒有辦法突破李密的封鎖線，被李密抓個正著。李密向來敬佩馮慈明，就親自把他叫來，對他「禮意甚厚」，然後對他說：「老兄也是個明理人，現在隋祚已盡，何必再跟著楊廣做垂死掙扎？不如跟我合作，共建大業。」

馮慈明說：「你家歷事先朝，榮華富貴兼備，卻不能好好恪盡職守，先是跟楊玄感造反，僥倖逃脫性命，這才得有今日，可是你仍然一心一意造反。我對你實在是難以理解。你翻歷史書看一看，那些比你更厲害的歷史造反專家，比如王莽、董卓、王敦、桓玄等等，哪個沒囂張過？可是後來都死得很慘，而且還罪及祖宗。我清楚地告訴你，今日你不用多說了，我唯有一死。」

李密這幾天來，投奔他的人都大排長龍，他簽得手麻了，沒想到這個傢伙居然如此不識抬舉，自己都把身段放低到這個地步了，他不但沒有歸順，反而還拿個大道理來教訓他一頓，他不生氣他還是瓦崗軍領袖李密嗎？不過，他雖然大怒，但並沒有狂性大發而把老馮的腦袋砍了，只是把馮慈明關起來。

馮慈明也像當年的李密一樣，硬是憑著三寸不爛之舌說通看守，把他放了出去。

馮慈明實在是一個大忠臣。他出來之後並沒有抓緊時間逃命，而是先在某個陰暗角落寫了一份調查研究報告，把李密的形勢進行一次全面的分析，分別抄送楊廣和東都守將，然後才繼續趕路回去。可是這個人突破封鎖線的能力實在太低，才到雍丘，又被李密手下的李公逸抓獲。

李密知道後，下令將他放走。

馮慈明看到老朋友都放他一條生路了，便放心地向營門走去，準備公開透明地離開這個地方——反正潛逃的能力等於零，倒不如大搖大擺而去，更何況又有了李密的手令，誰也不會對他怎麼樣了。可是他才大搖大擺地來到營門，又被翟讓一把抓住，然後被砍了腦袋。

接著，又出現了一個跟馮慈明一樣的傢伙。這個人叫張季，是箕山府的守將。

當時，大量地方強者都看好李密，天天派人過來辦理歸順手續，箕山四周的郡縣都已經插上了瓦崗軍的偉大旗幟，可是張季卻更是跟李密對抗到底。

所有的人都知道，現在張季手下的兵馬不足一千，看起來真的不堪一擊了，就派人去叫他投降，免得打敗了丟臉甚至丟命。沒想到，張季不但不降，反而跑到城頭，指著李密用全世界最髒的話，把李密從頭到尾罵了一遍。

李密大怒，這小子都死到臨頭，還如此囂張。他下令全軍火力全開，務必把張季的部隊打成爛泥。

李密現在的部隊是幾十萬人，而張季手下只有幾百。但張季硬帶著這幾百個人，日夜堅守，任憑李密如何強攻，就是打不下來。李密也來了臭脾氣，一點也沒有撤兵的意思，叫將士們天天進攻，不讓城裡的人士兵休息一刻。不久，城裡的糧食和水都供不上了，很多士兵的身體都被拖得垮了下來。張季一天到晚都跑在這些士兵面前，慰問他們。這些士兵雖然都已經絕望，卻沒有一個人願意離開張季。張季堅守了幾個月的時間，城池這才宣告淪陷。

張季被押送到李密面前。他面對李密時，仍然高昂著那顆已經瘦得變形的腦袋，不肯向李密跪拜，說：「天子爪牙，何容拜賊！」

在場的人一聽，都恨不得把這傢伙的脖子扭斷。

李密雖然恨張季恨得想吃掉他的肉，但李密畢竟名士出身，雖然當了瓦崗軍的老大，但身上仍然保持著濃重的名士情結，看到張季的這個態度，覺得他很有風骨，就勸他投降。可是張季硬是不吃這一套。李密只好把張季殺了。

李密殺了囂張的張季，的確是爽了心情，可是數十萬大軍，為了攻打一個惹他生氣的箕山，白白地花了很多時間，實在是得不償失。從這點上完全可以看出，李密的確比李淵差太多。

8

李淵這時已經率部隊渡過黃河，來到朝邑，進駐長春宮，長安已然在望。關中人士都潮湧而來，投奔李淵。

李淵派李建成和劉文靜等人率幾萬部隊屯於永豐倉；派李世民和劉弘基帶幾萬人向渭北開展軍事行動。

屈突通看到李淵率主力離去，而目標卻是長安，心裡也有點慌了。他是老將，深知如果長安有失，他再怎麼守住河東也是支撐不了多久的。況且如果楊廣接到長安淪陷的消息，一定會龍顏大怒，追究下來，他會成為第一負責人。這個責任他真不敢承擔。他急忙提拔堯君素代河東通守，去守蒲坂，然後自己帶著幾萬部隊向長安出發，要全力去救長安——即使救不了，也已經全力去救了。可是才到半路就被劉文靜的部隊擋住去路，再也無法前進。

屈突通一看，長安還看不到影子，卻先在這裡被困住，心裡非常焦燥。他只好又把目光到處亂投，發現劉綱還在控制著潼關，其大軍屯於都尉南城，就決定先到那裡去，跟老劉合兵一處，再做打算。屈突通正要下令向潼關前進，可是那邊王長諧好像同時得知屈突通的想法一樣，已經帶著部隊向劉綱發起突然襲擊。劉綱沒有提防。王長諧一舉成功，不但大破其軍，而且連劉綱也被斬首。王長諧占據了劉綱曾經駐守的城池，坐等屈突通前來。

屈突通只好在心裡大叫苦也，哪敢鼓勇強攻？只好夾著尾巴撤回北城，在那裡後悔不迭，但又無可奈何。

這時，李淵的另一個堂弟李神通又出現了。

話說柴紹得到李淵的通知、準備離開長安赴太原時，跟他的妻子，也就是李淵的女兒李氏告別時，對她說：「現在你老爸將舉義兵，召我過去。你無法跟我一路同行，留在此處，又很危險。你說怎麼辦？」

李美女說：「你只需馬上動身，不要再耽誤了。我一個女人容易躲藏。到時自有辦法。」

這個美女的確是個女漢子，辦事也很講效率，柴紹前腳一走，她就偷偷回到鄠縣老家，把家財全部散盡，用來招兵買馬，居然也拉出一支隊伍。到了這個時候，你不得不佩服李淵的這幫後浪，男的造反得很出色，女的也有這個膽量，一家人不分男女，都是造反的好料，可以說是造反之家了。李美女拉了隊伍，並不是想自己當首領，而是拉著這支隊伍去投靠她的堂叔李神通。

李神通本名李壽，是李虎的孫子、李亮的兒子，也就是李淵的堂弟。這個人年輕時很輕財尚義——這樣的人是最容易亂事的好漢。他一直都在長安居住。李淵在太原宣布起兵時，朝廷理所當然地到處抓捕跟李淵有瓜葛的人士。他身為李淵的堂弟，當然在抓捕的黑名單上。李神通當然不能坐在家裡等那幫差役前來將他逮捕法辦，他搶在時間的前面逃出長安，回到老家雩縣山區之南。他當然也知道，如果他只躲在這裡，仍然會被敵人抓住。於是就跟與他一起逃出來的長安大俠史萬寶、裴勣、柳崇禮等人，聚眾起兵，響應李淵。正好有個胡族的商人何潘仁覺得這個世界太亂、做生意不如做強盜的有賺頭，早就帶了一批土匪占據司竹園，專做打家劫舍的勾當，而且有幾萬部眾，聲勢也很浩大。這個人還劫持前尚書右丞李綱當他的長史，看起來還是有點眼光的。剛剛拉起隊伍的李美女派她的家奴馬三寶前去跟他見面，請他跟自己一起去投奔李神通。

何潘仁現在雖然勢力很大，但他精明得要命，拿著算盤一打，就知道自己跟李家比起來，實在是太弱了，以後這個天下——至少關中這個地方，不用多久就會成為李家神聖不可侵犯的地皮，現在有李美女過來邀請自己去入夥，剛好是求之不得，於是就爽快地答應了。李美女得了這一支生力軍，膽子也變大了，去進攻雩縣，雩縣既沒有多少武裝力量，又沒有做好準備，被李美女一舉攻克。於是，李神通的勢力也開始壯大了，他自稱關中道行軍總管，也任命了一批手下，做得有模有樣。李美女又派馬三寶到處遊說，把周邊的「群盜」都拉進她的帳下。

西京留守府也坐不住了，幾次派兵過來攻打何潘仁等人，但都失敗了。李美女的膽子越來越大，率著部隊四面出擊，連續拿下盩厔、武功、始平等地，隊伍居然發展到七萬人，比她的叔叔李神通厲害多了。假如這個美女是個男的，以後唐家的天下是誰的，還真不好說。

李美女做得風風火火，李淵的另一個女婿段綸（即段文振之子）這時也召集了一萬多人，在藍田舉事，霸占一方。他們都在當地作亂，擴充自己的勢力，等待李淵的到來。這時，李淵大軍渡過黃河，前進關中，他們都過來迎接李淵。

李淵大喜，任命李神通為光祿大夫，段綸為金紫光祿大夫，其他老大也都封了官。柴紹帶著幾百騎來到南山，把親愛的女漢子老婆迎接回去。這些新入編的武裝，都歸李世民的帳下。

隨著李淵勢力的日益壯大，長安迅速陷於孤立無援的境地。長安留守府裡主管軍事的是刑部尚書領京兆內史衛文升。衛文升當年在高麗戰場上，其他部隊全部失敗，只有他一人能整軍而回，讓楊廣的面子沒有丟乾淨，所以楊廣對他非常器重。但這個人由於年紀已老，雖然掌握著關中的軍事大權，但手裡並沒有多少武裝，眼看李淵的勢力不斷地發展壯大，關中很多郡縣都望風而降，李淵舉事到現在，還沒有打多少場惡戰，就拿到了這麼多地皮。現在李淵的目標已經很明確，就是大步殺向長安。衛文升看著李淵步步逼近，自己卻無力抵擋，心裡非常憂懼。沒幾天就憂懼成疾，無法視事。於是，他的副手骨儀就不得不接過他的班，輔佐楊侑據城堅守。

九月二十一日，李淵來到蒲津，第二天就從臨晉渡過渭水到永豐，檢閱慰勞部隊，而且還宣布開倉放糧。他把政治秀做足之後，又返回長春宮。

李淵這時已經成竹在胸。而現在李世民的力量也在不斷地壯大。李淵在分配工作時，身為唐公世子的李建成只是負責留守，而開拓進取的責任則由李世民承擔。於是，李世民帶著部隊四處征戰。這個人不但是上戰場的好手，政治工作也做得十分熟練，所到之處，「吏民及群盜歸之如流」。我們不知道這時李世民究竟心裡是否已經有想法，但他就是在這個時候，已經注意打造自己的班底了。他從這些投奔而來的豪傑中，選取人才「以備僚屬」。當他進軍到涇陽時，他手下的精兵已經有九萬，是李淵集團中實力最強的軍團。正在這時，他的姐姐帶著一萬精兵來到渭北，與他勝利會師。

李淵對自己的這個女兒也很高興，讓她和柴紹各自設定幕府。李美女的部隊號稱「娘子軍」。

李美女很善於做統戰工作。她的隊伍並不是全靠打拚過來的，大多是透過做說客拉進圈子裡的。前一段時間她還一個人時，就拉了很多老大進群，其中有一個老大叫丘師。丘師投奔「娘子軍」前，雖然也是個「盜賊」的老大，其實他的出身是很厲害的，他的老爸叫丘和，封爵譚國公。由於世道亂了，他和自己的弟弟丘仁恭也拉起隊伍，然後歸順李美女。丘師一直全神貫注地盯著扶風。他看到有一股平涼武裝力量在圍困扶風。扶風太守竇璡雖然兵力不多，但守得很牢固。那幾萬「盜賊」又沒有受過嚴格的軍事訓練，雖然攻得很急，但就是攻不下扶風。大家都知道，這些「盜賊」大多都是由饑民組成，這類武裝的特點就是通常沒有後勤保障，全靠破壞、搶劫等維持生活，當然說得好聽點就是「以戰養戰」。這群「盜賊」圍攻扶風幾個月，雖然每天都在奮勇作戰，但仍然在城外前赴後繼著。他們還沒有累倒，但糧草已經沒有了，廚房處於停工狀態。他們退也不是不退也不是。

在這個關頭，丘師就派他的弟弟丘仁恭率五百人擔著米麥還有牛肉以及酒來到他們的軍中，說是支援一下友軍——大家都是反抗暴隋的武裝，敵人的敵人就是朋友啊。這個武裝集團的老大正在為吃飯發愁，看到老丘居然發揚國際主義精神，為他們雪中送炭，哪能不喜出望外？直呼丘老大是他們的大救星。他親自出來迎接丘仁恭，對丘仁恭長揖施禮，那些由衷感激的話，正要噴薄而出，丘仁恭突然臉上凶光大現，用力地拔出佩刀，出手如電，只看到寒光一閃，那個老大的腦袋就已經落到地下，一陣鮮血狂噴之後，那具還保持著長揖姿態的身體才倒下去。

所有在場的人都目瞪口呆。

丘仁恭對拿著那把還在滴血的大刀，對大家說：「兄弟們本來都是良民，為什麼要跟這樣的盜賊、甘願被別人稱之奴賊？」

大家一聽，都跪拜在地，說：「我們願聽你的指揮。」

丘仁恭就跟他的哥哥帶著這支隊伍來到渭北，編入李世民的部隊。李世民大喜，任命丘仁恭為光祿大夫。

也是在這個時候，又有一個強者前來投奔李世民。

他就是房玄齡。

房玄齡十八歲時，透過科舉進入仕途。他先授職羽騎尉，後來又補隰城縣尉。楊諒事件時，他受到誅連，被謫於上郡，沒有了官職。他對隋朝早就看穿了，因此對於這次丟官，他並不怎麼鬱悶。不久，天下果然就亂了。他知道他崛起的時代就要到來。他在那緊盯著天下形勢，做好出來一展抱負的準備。不久，他的父親病重。他只好在家裡服侍老爸，據說他在老父的病榻前歷時十旬，衣不解帶侍奉藥湯。老父去世後，他居然酌飲不入口達五天之久。

雖然當時西北已經很亂，遍地是造反的隊伍，但房玄齡沒有急於投奔誰，直到李世民率部來到渭北。房玄齡透過對這些來往的老大的反覆考察，認定只有李世民才有資格當他的老大。於是，他來到軍門謁見李世民。

兩人一談之後，大有相見恨晚之感。李世民任命他為記室參軍，把他當成自己頭號謀主。房玄齡也是把李世民當成唯一的知己，更是對李世民盡心盡力，知無不為。

當李世民不斷地打造自己的班底時，李建成什麼都沒有做。

李淵叫劉弘基和殷開山分兵向西，去攻取扶風。兩人帶著六萬多人出發，向南渡過渭水，屯駐長安故城。長安故城中的隋兵看到敵人都打到自己的眼前了，再不表示一下，實在是太窩囊了，就來迎戰，但大敗。

此時，李世民也已經引兵至司竹，他手下的李仲文、何潘仁、向善志也都率所部過來匯合。各路大軍屯於阿城，總共有精兵十三萬。大軍號令嚴明，秋毫無犯，讓當地官民看到，無不覺得耳目一新。從南北朝以來，北朝的軍隊向來不怎麼有紀律，尤其是北魏前期，所有貴族都靠搶劫來維持腐敗的幸福生活，民眾所看到的朝廷的軍隊跟土匪沒有什麼差別。後來的北周或者隋兵，稍微有所改善，但還是有很多帶兵的將軍，不把紀律當一回事，搶掠行為從不間斷。於是軍隊沒有紀律似乎已經成為一種傳統。這時李世民的部隊突然弄得紀律嚴整，真的讓人刮目相看。

九月二十八日，李世民在做好準備之後，派人去向李淵提出，應該在近期內攻取長安，免得夜長夢多。李淵在接到李世民的請求後，說：「屈突通現在已經向東而去，一時之間是不能西顧的，他已經不足為慮了。我們完全可以放心地集中兵力攻打長安了。」

李淵叫李建成挑選永豐倉的精兵，然後從新豐直抵長樂宮。

李世民率領那些新歸附的各軍向北進軍，在長安故城紮營，等待命令。

9

大家看到這個架勢，知道長安之戰即將一觸即發。延安、上郡、雕陰等地的守將也都看得出，長安的隋兵遲早會被李氏父子的大軍打垮。如果他們占領了長安，就會乘勝把矛頭指向他們。他們能是李家父子的對手嗎？到時只有投降了——與其晚投降不如早投降。於是，他們都派人出來跟李氏父子取得聯絡，表示棄暗投明。

長安就更加孤立了。

九月二十九日，李淵率軍西行。這一帶都是長安附近，楊廣老早就在這一帶修建了很多宮苑。李淵一路而來，經過每一個宮苑，他都下令全部關閉，放出裡面的宮女，讓她們回到自己親人身邊、十月初四，他終於來到長安城下，在春明宮西北紮營。

此時，各路大軍都已經集結完畢，計有二十萬兵力。

李淵深知，長安之戰，不但是彰顯他軍隊威武之師，更要讓全國人民知道他的軍隊是仁義之師。因此他重申軍令，要求眾多官兵們，沒有接到命令，都得待在軍營內，不得進入村落擾民。然後多次派人到城下進行廣播，宣稱自己堅定不移地尊奉大隋朝廷，而且來長安就是為了擁立楊侑為新領導者的，請衛文升出來對話。

但衛文升沒有出來，其他人也不理他的喊話。

李淵當然也知道他們是不理他的喊話的，但他必須這樣做。一來，可以讓大家看到城中的將士已經膽落，連個話都不敢出來應答；二來搶占道統制高點，說自己仍然是大隋的忠誠衛士，前來是為了保大隋的江山，可是你們卻不讓我進來——如果不理虧，你們會這樣做嗎？

十月十四日，李淵下令部隊圍城。

第七章　數番大戰，李魏公力破王世充；無計可施，屈突通被迫作降將

1

在李淵下令圍困長安時，巴陵一帶有個強者又出現了。

這個強者叫蕭銑。如果讀過南北朝，就知道蕭姓曾經很厲害，江南四朝，其中兩朝的國姓都是蕭。這個蕭銑的曾祖父就是蕭詧。蕭詧雖然當皇帝很窩囊，但他的學問很強大，是中國歷史上最強大腦之一。只可惜因為爭當皇帝，誤了學問，然後又把大量的書籍燒掉，順便也把中國文化也大誤特誤了一場。蕭銑的祖父叫蕭巖，先是降於北周，後來又從隋朝跳槽到南陳。楊堅滅南陳後，把反覆的蕭巖殺掉。於是，蕭家就從貴族變成草根。蕭銑長大後，生計都有些困難，不得不去幫別人抄書來維持生活。

後來是他的堂姑改變了他的命運。他的堂姐就是他們蕭梁王朝最後一個皇帝蕭巋的女兒，而他的爺爺蕭巖則是蕭巋的親弟弟。他堂姑是楊廣的原配夫人。楊廣成為皇帝後，他自然就成了當朝皇親國戚。楊廣

看到他堂堂一個母族親戚的親戚，總不能一輩子去抄書混飯吃——這也太丟皇家的面子了，就讓他去當了羅川縣的縣令。蕭銑以為，他這輩子可以把這個皇親國戚當到死的那一天——對於他來說，還真是一件很幸福的事。

蕭銑在當了這個縣令之後，應該很珍惜這個來之不易的幸福生活，腦子裡沒有產生別的想法。但很多世事不是以個人意志為轉移的。蕭銑沒有什麼想法，但別人卻有想法了。

大業十三年，離他不遠的一批人突然冒出想法來。這群人的帶頭大哥是岳州校尉董景珍，還有幾個職業軍人雷世猛、鄭文秀、許玄徹、萬瓚、徐德基、郭華以及張繡。這幾個人看到全國各地到處都出了造反武裝，弄得轟轟烈烈、風風火火，岳州這裡還是一片歲月靜好，沒有一絲波瀾，豈不愧對了這個時代？於是，也宣布作亂，跟大隋硬碰硬到底。大家在一起熱血沸騰地宣布起事之後，就推選董景珍為老大。可是董景珍卻在這個時候變得謙虛，說：「我出身太過低微，讓我來當老大，一定不能服眾。」

大家一聽，在場的也就是你老兄級別最高、出身最好啊。你說你都不能服眾了，那我們就更不能服眾。反正按照老兄的這個出身論，我們誰也當不成老大。那我們剛開始就可以宣布解散了？

董景珍說：「我出身不高貴，蕭銑出身高貴啊。他是南梁王朝的後代，據說寬仁大度，很有梁武帝的遺風。而且每次天下大亂，總會有些暗示之類的事出現。大家都知道，隋朝都把冠帶稱為『起梁帶』，起梁就是梁朝崛起啊，是蕭氏中興的徵兆。現在推他為主，是應天順人之舉。」

大家一聽，覺得有道理，就派人去通知蕭銑。

蕭銑這時也看到大隋已經很亂，隨即有倒閉的可能，心情已經有些焦慮。他雖然沒有主動造反的想法，但接到這個通知之後，立刻覺得歷史的機會已經赴面而來，他必須抓住這個機會，馬上回信給董景珍：「我的先君侍奉隋朝，盡心盡職，沒有做過什麼過分的事，但隋朝最後竟吞併我們的國土、滅掉我們的宗祖。我每思至此，無不痛心疾首，發誓一定報仇雪恨。現在諸位有這個想法，決心讓梁朝再次中興，我哪敢不服從呢？」

這個人當了很多年的縣令，在當地還是有點號召力的，馬上就招募到幾千壯士，組建一支武裝，宣稱討伐賊寇——還不敢直接把矛頭對準他的堂姑夫楊廣。

當然，他宣稱討賊寇還是有理由的。因為現在就有一股從潁川來的「盜賊」在沈柳生的帶領下，大步向羅川而來。

蕭銑一看，大喜過望：真乃天助我也。他帶著那幾千人去跟沈柳生打了一仗，結果不利。

他馬上對大家說：「現在天下都在叛亂，說明隋朝已經衰落了。現在我告訴大家一個振奮人心的消息……」

大家一聽，淌滿汗水的臉上一片疑惑：都被別人打得抱頭鼠竄了，還有什麼振奮人心的消息。

蕭銑說：「現在巴陵那邊的豪傑已經起事，而且他們已經派人前來通知我，要奉我為老大。如果我們從其所請、號令江南，就可以中興梁祚。我們再以此來徵召沈柳生，他也會跟著歸順於我。」

大家一聽，這個計畫一旦實現，我們就都是開國功臣了，馬上就情緒激動，說為什麼不答應啊。現在當盜賊比當朝廷的軍隊好多了。老大，你就帶我們造反吧，帶我們去為大梁的復興而努力奮鬥吧。

於是，蕭銑就自稱梁公，改隋朝的服色旗幟都如以前梁朝的舊制，然後派人去跟沈柳生取得聯絡。沈柳生雖然打了勝仗，似乎軍事能力比這個梁朝後代要強一點，但這個人並沒有什麼遠大理想，帶著一支隊伍毫無目標地流竄，時時有朝不保夕的危機感，這時看到蕭銑這麼一說，驀然間也覺得奮鬥終於有了目標，心頭一片光明，就答應了蕭銑徵召，宣布歸順蕭銑。蕭銑馬上拿出大梁王朝的架子，任命沈柳生為車騎大將軍。蕭銑這個從歷史垃圾箱裡撿回的頭銜居然很有號召力，僅五天時間，「遠近歸附者至數萬人」。

蕭銑萬萬沒想到他事業的開局居然如此良好，馬上帶著這些部眾向巴陵前進。

董景珍聽說之後，派徐德基帶著一大隊人馬出來迎接。

只要雙方一見面，就是一幅勝利會師的喜慶畫風。

但結果並不如此。

在很多人都為此感到歡欣鼓舞的時候，沈柳生心裡卻打起鼓，覺得自己是外來戶，而且實力又遠不如別人——實力要是強過別人，他們就不必跑來這裡了，而是別人來投奔他們了，這次勝利會師之後，自己就得看別人的臉色辦事了。他很不甘心，就叫來幾個死黨，對他們說：「我們最先推舉梁公，理所當然是第一號勛臣。可是現在巴陵諸將，所帶的兵馬都很多。在這樣的亂世之中，是靠實力說話的。如果我進城，一定要居於他們之下。不如殺掉徐德基，扣押他們的首領，襲取巴陵，以後就是我們說了算。」

他本來就是土匪出身，手下的兄弟更沒有一個有能力的人，聽他這樣說，當然沒有什麼異議。於是，他趁機把徐德基殺掉。他砍了徐德基之後，這才去向蕭銑報告。

蕭銑大吃一驚，跳了起來，說：「現在剛好是要團結一致、同建大業的關鍵時刻，你們卻自相殘殺。我不能當你們的老大了。」說著，就直接走出軍門。

這次輪到沈柳生慌了，他敢殺掉徐德基，就是以為把蕭銑控制在手，然後透過蕭銑去控制巴陵城派，如果蕭銑一走、或者不當老大，巴陵派那些人惱火，出來滅他，那是易於反掌。這個人的智商真不是普通的低下。明明知道現在這個社會就是弱肉強食的社會，偏偏還要惹事，而且惹出的又是無可挽回的大禍事。他看到蕭銑要走，又沒有別的辦法了，只是在那裡跪著請罪，請老大無論如何不要走啊。

蕭銑當然也知道，如果他就這樣一走了之，連落腳之處都沒有。如果他裸奔前去投奔董景珍他們，結果他除了當木偶之外，完全沒有權力，如果不投奔董景珍，他就走投無路，因此還得利用這個沈柳生。他就站在那裡把沈柳生罵了一頓，然後就赦免了他。

接下來就是蕭銑帶著從羅川來的部屬，列隊入城。

完成入城儀式後，董景珍馬上就追究沈柳生被殺之事。

蕭銑可以原諒沈柳生，但董景珍以及巴陵派的幾個首腦能原諒嗎？董景珍對蕭銑說：「徐德基首倡大義，功勛卓著，居然被沈柳生無故殺害。如果放過沈柳生，老大以後將何以為政？而且沈柳生是個老牌土匪，一身匪氣，現在雖然加入義軍，但他的匪性已經難改。讓他跟我們共處一城，勢必會發生變亂。如果現在不殺他，以後就只剩下後悔了。從他殺徐德基的事上看，他是一個可以共事的人嗎？」

蕭銑實在不想殺掉沈柳生，但他現在真的不想沈柳生死去。沈柳生一死，他就沒有制衡董景珍的力量了。可是看董景生的態度，他是保不住沈柳生的性命了。他唯有在心裡恨這個沈柳生，你怎麼無腦到這個地步，在這樣的形勢下居然也敢殺徐德基？別人跟你本來就不是一家人，現在你這麼一刀，正好給別人把柄啊，而且這個把柄也太大了，誰也幫不了你。蕭銑沒有辦法，只好點點頭，同意殺掉沈柳生。

董景珍就把沈柳生抓起來，然後「斬之」。沈柳生這個土匪真的就是來找死的。

沈柳生死後，他的手下都全部散去。

殺了沈柳生，巴陵派那群人放心地把蕭銑推到老大的位子上，請他當了梁王，改年號為鳴鳳。

當蕭銑稱王時，並沒有引起很多人的關注，以為他就是一個破落的子弟，也沒當過什麼顯赫的大官、沒立過什麼讓人伸出大拇指的功勞、沒有什麼讓人眼睛一亮的才能，就是稱上帝也是枉然。沒想到，後來他居然在江南支撐了很久時間，成為江南最具規模的勢力。

2

現在楊廣的主要精力還是對付李密。

現在全國各地到處的造反武裝，亂得像一鍋粥，而且這鍋粥不是八寶粥，而是一鍋N寶粥了。但楊廣現在只能把主要精力放在李密身上。李密到現在仍然是眾多勢力中實力最雄厚、最引人注目的。他也曾經是所有勢力中最有機會成為本次動亂的終結者，但現在他仍然在洛陽周邊跑來跑去，跟隋兵打了很多沒有意義的仗，徹底喪失了搶占關中的大好機會。而且他自始至終都認為得關中者得天下，然而他硬是長期待在東都城，完全沒有作為。

李密之前跟隋兵打來打去，碰到的基本都是無能之輩，很多仗打得十分順手，因此他的心情還是很不錯的。可是他卻忘記了，現在他的對手已經變了。

現在他面對的是王世充。

王世充之前跟各個勢力的交手中，都取得了勝利，有幾個本來很厲害的老大，都被他消滅了。王世充決定對李密發起進攻。

十月二十五日，王世充夜渡洛水，在黑石紮營。第二天，王世充分兵守營，自己帶著精兵在洛水北岸列陣。

李密聞報後，當然不會做縮頭烏龜，馬上帶兵渡過洛水前去迎戰。對於李密而言，這絕對是一場沒有準備之戰。

他太看輕王世充了。

雙方交戰的結果，沒有準備的李密被打了大敗。而且他的死黨柴孝和也溺水而死。李密看到柴孝和有去無回，非常悲痛，當場痛哭不已。他看到敗勢已定，只好帶著精騎渡過洛水向南，其餘的部眾都向東逃到月城。

王世充看到李密帶的部隊都是精銳騎兵，跑得比風還快，自己怎麼也追不上，就帶兵去包圍月城。

王世充以為李密大敗而逃之後，一定會跑回老巢壓壓驚。

李密脫離險境之後，看到王世充帶著主力部隊去圍困月城，這意味著王世充的老巢很空虛，不由得大喜，王世充，我馬上就可以轉虧為盈了，便帶著這支精銳騎兵，一路狂奔，直赴黑石。

王世允大營裡的士兵看到李密的鐵騎隆重殺來，都嚇得魂飛魄散，急忙燃起烽火，向王世充報警，而且連續舉了六次。王世充沒想到李密居然來這一招，不由得大叫苦也，哪敢再圍月城？他氣急敗壞下地令全軍撤回，去救大本營。李密這一次大膽出擊，他衝向黑石，並不是以拿下黑石為終極目標，而是要把王世充的主力猛殺一陣，他看到王世充帶著主力狼狽而來，一路凌亂地奔跑著，便一聲令下，部隊通通掉轉馬頭，向王世充的主力部隊迎頭而去。

王世充又沒有料到這一招，被李密一陣迎頭痛擊，幾無還手之力。李密一頓猛殺，刀光閃閃之下，王世充的部下丟下了兩千多具屍體。王世充抱頭而回，躲進城裡。

3

在李密大破王世充時，李淵也已經完成了對長安攻堅的準備工作。

十月二十七日，李淵向各路兵馬下達了進攻的命令。他同時嚴令全軍：「毋得犯七廟及代王、宗室，違者夷三族！」

這次攻城之戰，十分激烈。李淵手下大將孫華中箭當場掛掉。

雙方你攻我守，一直打到十一月初九，軍頭雷永吉終於踩著同袍們的屍體，衝上城頭，殺出一條血路，其他士兵都大喊大叫著，跟著雷永吉殺上去。此時，長安城頭的士兵都已經比狗還累了，看到敵人已經奮勇殺上來，只好紛紛後退。

李淵的部隊於當天攻克長安。

這時，楊廣的孫子代王楊侑還在東宮。他聽說城池已經失守，敵人已經殺進城來，不由得大驚失色。他身邊的工作人員都四處逃散，只有侍讀姚思廉還站在他的身邊。

沒多久，殿外人聲嘈雜，一群李淵的士兵衝已經衝到殿外，正大步進入內殿。

姚思廉對著那群滿臉殺氣的士兵大喝：「唐公舉義兵、匡帝室，你們不得無禮！」

那群士兵像聽到口令一樣，猛然收住腳步，愕然「布於庭下」，不敢再上前一步。

李淵也是在這個時候趕到現場，他把楊侑請到大興殿，讓姚思廉扶著楊侑到順陽閣下安頓好之後，這才流淚跪拜而去。當然，誰都知道他這個淚水是擠出來的，是政治成分滿滿的眼淚。

李淵拜別楊侑之後，就回到長樂宮，發表了十二條約法，宣布把隋朝的那些殘酷的政令全部廢掉。當他釋出這個約法時，他心裡一定很感謝楊廣，多虧你發表了這些嚴苛的政令啊，為我推翻你提供了方便。

就在前一段時間，留守長安的衛文升等人，聽說李淵起兵後，十分憤怒，又沒有辦法對他怎麼樣，就派出人馬，跑到李淵的祖墳那裡，把李家的墳墓全部挖掉，並毀掉他家的五廟，出了一大口惡氣。

李淵打進長安城後，當然要追究一下挖掘祖墳的責任。這時，衛文升已經死了，李淵就抓住陰世師、骨儀等主要犯罪成員，開了宣判大會，歷數他們的各種罪名：比如貪婪苛酷，比如抗拒義師。然後判處他們死刑。李淵雖然心頭無比憤怒，但他還能強壓怒火，只殺了十多個核心分子，其他的都既往不咎。

殺完了這幫掘墓人，李淵還要殺一個人。

這個人就是李靖。

李靖本名叫李藥師，是雍州三原人。他也是個官N代，他的祖父李崇義曾當過殷州刺史，他的父親李詮，任過大隋的趙郡守。李靖長得很帥也很酷，史書的描述是「姿貌瑰偉」，還很年輕時，就有很大的抱負，常對他的親人說：「大丈夫若遇主逢時，必當立功立事，以取富貴。」這個人不但有一個郡守的父親，還有一個生猛的舅舅。他的舅舅就是楊堅時期的名將韓擒虎。韓擒虎有事無事時，也經常跟這個小外甥聊天，當然他們聊的都是論兵打仗的事。每次聊過之後，韓擒虎都「未嘗不稱善」，並對別人說：「可與論孫、吳之術者，唯斯人矣。」要知道韓擒虎身為當時有數名將，眼光是很高的，能讓他看你一眼，已經難得了。李靖開始進入仕途時，起點並不高，只當長安縣的功曹，之後當過駕部員外郎。由於生長在這樣的家庭，很容易接觸到高層那幾個大老。在這期間，他跟楊素以及吏部尚書牛弘都有交往。這兩個當朝大老跟他交談之後，對他都很佩服。楊素跟他深聊幾次之後，指著自己的座位對他說：「卿終當坐此。」當時，楊素可是一人之下萬人之上的權臣啊。

這麼多大隋大老對他如此看顧，他在大隋的前途可謂無限光明。沒想到，他還在努力向上爬的時候，大隋朝廷卻已經進入末日時代，天下亂成一團。李靖這時的政治眼光還是很老舊的，仍然覺得自己不能離開大隋朝廷，仍然把自己的希望綁在楊家的戰車上。

大業末年，李靖任馬邑郡丞——這是主管一郡武裝的要職。馬邑緊靠突厥邊境。李靖以為自己以後就可以在跟突厥的衝突中大展雄才，為朝廷立下大功，從而飛黃騰達。

他做足了心理準備。

剛好李淵是太原留守，他管理的地盤就包括馬邑在內。當時，全國各地的造反勢力到處都是，稍有點政治眼光的人都可以看得出，大隋已經處於風雨飄搖當中。李淵的兩隻眼睛也都盯著全國一盤棋，並沒有放在與突厥的對抗上。

李靖在馬邑那裡做好了一切準備，只要留守大人一聲令下，他就帶著部隊衝鋒陷陣，在戰場上建立奇功，讓自己的名字在歷史的頁面上脫穎而出。沒想到，李淵卻遲遲沒有動靜。李靖覺得有些不對勁，就進行詳細地觀察，發現李淵正在大規模地招兵買馬。李靖頭腦何等聰明，立刻猜出李淵的動機——這是在做造反的準備工作啊。他馬上丟下職務，裝扮成囚徒，準備跑到江都，向楊廣當面告密——而他這時居然沒有想到楊廣自己都已經被困得徒呼奈何。

他棄官潛逃後，李淵馬上知道他這個本家要做什麼了，心裡大怒，急忙派人去抓，但已經不知道他到何處了。

李靖好不容易來到長安。可是關中已經大亂，到處都是「盜賊」們的活動區域，他也沒有辦法再上路了，只好抱著頭在長安城裡發呆。他在長安發呆沒有幾天，李淵的大軍就包圍了長安，然後就打了進來，然後李淵就抓到了他。

李淵當然放不過李清，你去告密啊。哈哈，你以為你會變裝就能逃出老子的掌心?他下令把這個告密分子拉下去砍了。

李靖雖然很有些人脈，但那些人脈都是隋朝的大臣，跟李淵這些手下都沒有多少關聯，因此在李淵下令將他處死的時候，並沒有誰出來為李靖說一句話——相反的，心裡恨不得將他千刀萬剮的倒大有人在。五花大綁的李靖看到周圍都是一道道冰冷的目光，身上不斷地打著寒顫。他想起自己從小到大，全家人對他的期望，那些目光如炬的政壇大老們對他的評價，裝在自己心頭的遠大抱負，最後卻是這個下場……李靖真的心有不甘。他知道，世上真的沒有救世主，想要活命全靠自己。他突然扭頭大呼：「老大興義兵、為天下除害，以安萬民，奈何還沒有成功，就以私人恩怨而斬壯士？」

這時的李淵頭腦十分清醒，聽到李靖這麼一喊，覺得這個人很豪邁，李世民更覺得他是個人才，在旁對老爸「固請」，李淵就下令釋放了李靖。

李靖被釋放過之後，李世民就把他召到自己的幕府裡就業。

李淵舉事時，並沒有像瓦崗軍他們那樣，直接高舉反隋大旗，將造反事業進行到底，而是還把大隋的旗幟高高舉著，只宣稱是剷除昏君奸臣、擁立新國家領導者，屬於拔亂反正之舉——其實是舉著紅旗反紅旗，只是反得比瓦崗他們更藝術一點而已。他們宣布擁立的新領導者就是楊侑。楊侑這時才十三歲，什麼都不懂。這剛好是李淵所需要的。他也不管楊侑願不願意，直接把他帶到天興殿，要他坐到寶座上，完成就職儀式，讓他成為大隋的新皇帝，然後宣布改元義寧，遙尊楊廣為太上皇（一面高喊打倒楊廣的口號，一面又遙尊其為太上皇，這個冷笑話實在也太冷了）。

之後，李淵離開長樂宮進入長安。

李淵一進入長安，楊侑當然就得提拔他。當天，楊侑就宣布詔令，任命李淵為假黃鉞、使持節、大都督內外諸軍事、尚書令、大丞相，進封唐王。直接完成了權臣的操作。當年，司馬氏走到這一步時，是經過很多次操作的，而李淵就一步到位。他不得不一步到位，因為現在天下已經亂得不可開交，你沒有一個響亮的頭銜，就無法打開局面。大亂之際，全國眾多人民以及各種勢力，都在昏頭轉向，個個都找不到路。如果你還在那裡低調做事，誰會看得見你？誰願跟著你？所以，必須弄出個響亮的名頭、鮮明的旗幟，為自己的號召力加分，至少也可以嚇唬一下那些勢力。

楊侑還下令，以武殿為丞相府，每天在虔化門上班處理公事。

李淵的這個一步到位，馬上就得到了實效。由於楊廣被全國的「盜賊」堵在江都，實際已經處於孤島狀態，政令已經出不了揚州，關中地區已經長期處於「山高皇帝遠」的無朝廷狀態。他們對大隋朝廷已經失望，但又不敢公然造反，這時看到李淵在長安另立中央，雖然宣布楊廣靠邊站了，但仍然打著大隋的紅旗，於是便都紛紛打破沉默，跑來向李淵報導，請新的中央發放新的委任狀。

楊侑這時能做的，就是不斷地下詔書，而且這些詔書的主要內容就是加強鞏固李淵的權力。

他剛剛任命完那些前來討要新委任狀的大郡後，又下了一個詔令，內容就是：軍國機務，事無大小，文武設官，位無貴賤，憲章賞罰，咸歸相府。一句話，所有處理軍國大事的權力，都由李淵掌握。

李淵就開始置丞相府的官屬，任命裴寂為長史，劉文靜為司馬。李淵舉事以來，為了打造自己與楊廣截然不同的形象，對下屬的獎勵很大方。拿下長安後，為了激勵和團結大家，他已經將府庫中所有的東西都拿了出來，賞賜給有功人員，弄得國家財政已經到揭不開鍋的地步。

李淵不免著急，急忙問右光祿大夫劉世祿怎麼辦。

劉世祿認為，現在義師幾萬人都聚集在京師，弄得京師的柴草越來越貴，布帛的價格反而越來越下跌。丞相應該允許砍伐長安城中六街及苑中的大樹為柴，用來換取布帛，可以得到幾十萬匹布帛。要知道，當時賞賜的東西都是以布帛為主的。

李淵馬上採納了這個建議，真的解決了燃眉之急。

4

再說說東都方面的戰事。

王世充大敗而回之後，只好守在營壘高掛免戰牌。

楊侗沒有傳承楊廣暴虐的基因。他得知王世充打了敗仗之後，並沒有火冒三丈，派人去對王世充破口大罵、甚至當場撤換，而是派人去慰勞王世充：勝敗乃兵家常事啊。何況，地球人都知道，現在瓦崗的力量實在太雄厚，我們還是慢慢來，尋找戰機，再把他們打敗。

王世充雖然很奸滑、臉皮也很厚，但在這樣的情況下，他也覺得沒面子，又是慚愧又是恐懼，覺得自己如果不打個勝仗來，不但這個臉丟得乾淨，只怕楊廣怪罪下來，腦袋都得丟了。為了賺回面子、為了腦袋保險，他唯有去戰鬥。

於是，他又派人向李密約戰。

李密爽快地答應了。

十一月初九日，雙方帶出部隊夾石子河擺開陣勢。

李密列陣南北長十多里。

雙方吹響進攻號角時，瓦崗軍方面是翟讓首發。一場大戰之後，翟讓敗下陣來，往後敗走。王世充奮起直追。就在這時，王伯當和裴仁基率兵突出，從旁橫擊王世充的後路，李密也率主力猛打王世充的中路。王世充哪裡抵擋得住？又被打得大敗，向西而逃。

李密連續兩次大敗王世充，瓦崗軍的聲勢如日中天。

李密的聲望也如日中天。

就在李密的聲望如日中天時，瓦崗軍內部出現了狀況。

導火線是翟讓的司馬王儒信點出來的。大家知道，在翟讓和李密的合作中，翟讓一直保持謙讓的風格，把最高領導者的職務無條件轉讓給李密。他自從當了排行第二的領導人物之後，對李密也從來沒有過不爽，都是乖乖地貫徹執行李密制定的各項方針政策，聽李密的話，服從李密的指揮，合作得十分友好。但他手下的人卻不這樣想。他們認為，瓦崗的基本盤是翟讓老大打出來的，李密投奔過來時，幾乎是赤條條而來，如果不是老大主動讓位，他最多不過是老大的一個軍師。現在他越來越厲害，把老大當牛馬使喚了。如果不趁早分他的權，以後老大就沒有什麼權了。他們的代表人物就是王儒信。

王儒信直接去找翟讓，勸他先當大塚宰，總領眾務，奪取李密的權力。

翟讓當然不同意。

翟讓的哥哥翟弘看到王儒信的話無效，心裡也惱怒，跑過去對翟讓說：「皇帝就是應該由你來當的，為什麼要讓給別人？你要是不當，就讓我當。」

翟讓知道自己這個哥哥向來粗魯，所以也就不當一回事。

從這件事上看，翟讓還是很善良的，可是他卻沒有想到，如果這些話傳到李密那裡，李密能受得了嗎？而且他那個粗魯的哥哥能不把他的態度到處張揚嗎？

果然沒有幾天，王儒信和翟弘勸翟讓的話就傳到李密的耳朵裡了。

李密聽到這些話後，神經馬上繃緊。他本來是瓦崗軍的外來戶，憑著那顆腦袋瓜，得以反客為主，心裡一定底氣不足，時刻都會在意翟讓的言行。他雖然沒有看到翟讓有什麼反常的舉動，但他心裡一定是高度地保持著警惕性。現在看到這些人勸翟讓奪他的權，他的神經不緊繃才怪。當然，如果他只恨那幾個人，瓦崗軍的後果也不會很嚴重。可是他卻認為，問題的根源就在翟讓那裡，對翟讓就越來越討厭了。

李密當然沒有翟讓那樣天真，把他的討厭放在臉上。翟讓更沒有想到李密這時已經對他有了恨意，仍然大咧咧地當著他的老二。這個人雖然很大方地把權力轉讓給李密，對權力的欲望並不怎麼大，但他對錢財的欲望一直保持在很高的段位上。他知道總管崔世樞很有錢，也知道崔世樞是李密最親密的同袍之一，很早就跟隨李密，可是他不管，他只惦記著崔總管名下的財富。他太想把崔世樞的錢劃到自己的名下了。但他也知道，直接向崔世樞要錢，老崔一定不會同意。他一咬牙，還是使出看家本領——強盜，毫無理由地把崔總管抓起來，說你交出錢財，我就放你出去。崔世樞也是個愛財之人，他不愛財他就不會有多得讓翟讓眼紅的錢，哪肯輕易交出來。他只是不斷地懇求翟讓老大把他放出去，不要這麼直接了當地對待他。我可沒有犯什麼大罪啊。

翟讓當然不會放他。你沒有大罪？你那麼多財富就是罪。你如果捨不得交錢，我就捨得打你。

翟讓在考慮著究竟幫崔世樞加什麼刑才能讓他割愛交錢。他還沒有想到合適的加刑方法，賭癮就上來了。他馬上派人去通知他的賭友元帥記室邢義期前來——現在三缺一啊，你馬上過來。平時嗜賭如命的邢義期這次不知出於什麼原因，卻沒有過來陪翟讓玩了，讓翟讓繼續三缺一下去。

翟讓就惱火了，崔世樞寧願被打也不幫我送錢，你小子連賭博都不願陪我玩幾圈？你還把我當瓦崗軍的老二嗎？他派人強行把邢義期叫來，什麼也不說，直接打了邢義期八十大板，讓邢義期叫苦連天，更讓大家知道不陪老大賭博的後果就這麼嚴重。

翟讓處理的這兩個人，都是李密的親信。如果翟讓的腦袋稍有點轉彎，他絕對會想到這樣做的後果是很嚴重的。你想想無緣無故地把李密的親信拿來消遣，李密會怎麼想？李密會以為你只是想要錢那麼簡單嗎？李密只會認為，你這是衝著他來的。

翟讓連續兩次抓人，卻一個錢都沒有撈到，心裡更窩火。他又找到房彥藻，大聲對房彥藻說：「你前段時間攻破汝南，所獲巨多，可是你只給魏公（李密現在稱魏公），卻不分一點給我。你是知道的，魏公是我擁立的。天下的事啊，以後會發展到什麼情況，誰也不知道。」

翟讓這個人對權力真的沒有什麼野心，他說這番話，本意就是想威脅房玄藻幫他送點錢。

可是房玄藻能這麼去解讀他的話嗎？

房玄藻聽到這些話之後，立刻臉色發白地去找李密，把這件事的前後詳細地向李密匯報，然後跟左司馬鄭頲一起勸說李密：「翟讓不但貪得無厭，而且還說出無君的話來。老大宜早圖之。」

其實李密近來一直就想「圖之」了，只是沒有機會，也找不到很好的藉口。李密自幼精讀詩書，對權謀那一套，從小就十分精通，知道玩政變是不能直接了當的，是需要一個藉口的，哪怕這個藉口是做手腳出來的。現在看到翟讓不斷地做出這些突破底線的言行，當然更想馬上「圖之」。不過，他還是有個顧慮，說：「現在我們的局面還遠未安定下來，如果自相殘殺，別人會怎麼說呢？」

鄭頲說：「老大不要想得太多了。毒蛇螫手，壯士解腕。雖然丟了一條手臂，但根本還在啊。如果讓他先得志，老大就後悔莫及了。」

李密一聽，馬上就「從之。」

李密知道，翟讓的智商和他根本不在一個量級上，只要略施小計，翟讓就會乖乖上當。

他設了酒局，請翟讓等一干高層前來喝酒，兄弟們已經很久不在一起嗨了。

翟讓這時打死他也不會想到這場酒局就是在抄鴻門宴的作業，拿到請諫之後，就帶著他的哥哥翟弘以及司徒府長史摩侯一起，愉快地前來喝酒。

也如同往常一樣，李密與翟讓、翟弘、裴仁基、郝孝德幾個大老級別的一起坐著。單雄信等人則在邊上立侍。房玄藻和鄭頲則在一旁當服務生，來來往往，殷勤地服務著。

李密說：「今天我們幾個老朋友喝酒，不必留許多閒人在這裡圍觀吧？」

李密那些隨從聽到之後，馬上退了下去。

李密這麼做，其實是想讓翟讓的左右退下去。沒想到，李密的隨從已經退得一乾二淨了，翟讓的左右卻還站在那裡不動。看來他們只聽翟讓的吩咐。

李密一看，也沒有辦法了。

李密沒有辦法，但房玄藻卻有辦法。

房玄藻對李密說：「老大，今天天氣寒冷，的確是個喝酒的好時光，也應該讓司徒帶來的工作人員有酒喝吧？」

李密笑著說：「這就看司徒的安排了。」

翟讓沒想到這是計謀，看到李密都答應讓他的隨從喝酒了，他要是還不批准以後這些人還對他忠誠嗎？他就只好笑著說：「甚佳！」

李密更覺得「甚佳」，派人過來把司徒府上的工作人員帶下去，你們一定要好好招待客人，讓他們吃好喝好啊。

於是，現場除了一干大老之外，還有一個叫蔡建德的人。蔡建德是個肌肉發達的壯士，而且是拿著一把雪亮的大砍刀、滿臉橫肉地站在那裡。

翟讓沒有覺得不正常。他正等著李密下令開喝。

可是李密卻抓出一把弓，對翟讓說：「我剛得一把良弓，你試試看。」

翟讓接過弓，一把拉滿……

他正要出聲讚嘆，卻不知這就是李密事先定下的暗號。蔡建德看到翟讓拉弓，兩眼瞬間凶光大現，用力地舉起手中雪亮的大刀，砍向翟讓。翟讓倒在座位上，吼聲如牛。

蔡建德當然沒有停手，上前連揮幾下。大刀翻飛之下，翟讓、翟弘、摩侯、王儒信全部被砍死。這幾個人被砍死的那一瞬間，都還不清楚是怎麼回事。

徐世勣見機得早，馬上衝出。可是他才來到門邊，就被守候在那裡的保全一刀砍來，頸部受了傷。保全準備再補上一刀時，王伯當大聲喝叫不得再砍。

徐世勣這才沒有當場被砍死。單雄信看到這個情況後，立刻叩頭，懇求饒命。

李密本來也就只想殺掉那幾個首要分子，並沒有想把事情更擴大化，所以也放過單雄信。至於翟讓那些左右，他也沒有繼續開刀，他對他們說：「與君等同起義兵，本除暴亂。司徒專行暴虐，陵辱群僚，無覆上下；今所誅止其一家，諸君無預也。」

李密也知道徐世勣是個大人才，叫左右把徐世勣扶到帳幕下，親自為他敷上藥。

翟讓的部屬聽說老大被砍後，整個軍營都亂了，大家都捲起包袱準備逃難而去。

李密知道後，先是派單雄信前往翟讓的軍營裡，傳達他的最高指示，慰問他們，先把他們的情緒穩定下來。接著李密又獨自一人騎馬來到翟讓營中，做他們的說客，終於把他們又都穩住了。他把翟讓的部眾分成三個部分，分別由徐世勣、單雄信和王伯當統領。這三條好漢都是翟讓的死黨，翟讓的舊部當然會服從他們的指揮。於是，瓦崗軍內外的形勢也穩定了下來，沒有因此而鬧出亂子。翟讓雖然能讓出權力，但性格殘忍又貪財，摩侯性好猜忌，王儒信為人也是貪婪放縱，口碑向來不佳，所以他們死的時候，並沒有多少人為他流一滴眼淚。李密在下刀之後，說客也做得很不錯，基本上把大家籠絡在一起。可是，由於他毫無理由地設局砍死翟讓，使得大家也對他都有了猜疑和不安的情緒——怕哪天他又喊你去喝酒，然後蔡建德持刀站在邊上。畢竟他們的交情遠不如翟讓跟他的交情啊。翟讓甘願把大位讓給他，到頭來他都一刀砍下去，砍得翟讓都不知道自己是怎麼死的。

李密自以為剷除了翟讓，就解除了心腹之患，其實是製造了更大的心腹之患。

當然，王世充不這樣認為。王世充是玩陰的高手。他雖然兩次連續敗在李密的手下，但他對瓦崗軍的權力結構是有研究的。他認為，瓦崗本來是翟讓打造出來的，現在雖然讓位給李密，但兩人的關係一定沒有那麼穩固，兩人的合作一定會出現裂痕。只要李密和翟讓出現了裂痕，他的機會就會到來。他正在拍著那顆滿是陰謀詭計的腦袋，想著讓李密和翟讓出現裂痕的離間計。沒想到，他的妙計還沒有醞釀出來，李密就已經砍下了翟讓的腦袋。王世充知道後，馬上認為，李密用了最小的成本，解除了瓦崗軍分裂的危機，從此以後，瓦崗軍就會在李密的帶領下，團結一心地進攻，想要制伏就難上加難了。他一聲長嘆：「李密天資明決，為龍為蛇，固不可測也！」

連王世充都這樣哀嘆，其他人就更不用說了。一時之間，河南諸郡紛紛宣布歸附李密，只有滎陽太守楊慶、梁郡太守楊汪還在扛著大隋那面已經破敗不堪的大旗。這兩個人不得不繼續扛著這面旗幟，因為他們都姓楊。但李密很快就查到楊慶這個楊有些特別。原來楊慶的祖父叫楊元孫，早年喪父，不得不跟母親郭氏在舅舅家生活，後來，楊忠跟隨宇文泰起兵，楊元孫正在鄴城。他怕被北齊朝廷殺害，就改為郭姓。

李密決定從這個細節做文章。

李密派人送去一封信給楊慶，說：「你老兄的世系，本在山東，原是姓郭而非姓楊。古話說物傷其類，可是你跟他們根本不是一類啊。」

楊慶得到這封信後，不由得恐懼——你想想，他祖父曾經有過背叛楊氏的歷史，這個要是讓楊廣知道，楊廣能放過他嗎？他立刻宣布舉郡投降李密，而且乾脆一反到底，又改回郭姓，跟楊家徹底劃清界限。我們由此可以知道，現在很多人都已經看清形勢了——雖然鹿死誰手還無法下結論，但隋失其鹿已經是毫無懸念了。

5

轉眼就到了年末。

李淵雖然占領長安，西北很多郡縣都被他牢牢地控制在手，但那幾個造反勢力並沒有把他當一回事，尤其是薛舉勢力。這個人自恃勇武，又控制了西邊一大片的地皮，擁有一支人口眾多的武裝，到處憑著武力去搶占別人的地皮，誰靠近他他就打誰。現在唐弼的勢力跟他沾邊。唐弼也算是資深的「盜賊」老大了，早在大業十年就宣布作亂了。當時他就號稱有十萬大軍，直接立一個叫李弘芝的人為天子。但這幾年來，這傢伙也甘心安於現狀，守著當初的地盤，並沒有繼續向外擴張。薛舉一看，就知道這個人是一個沒有什麼志氣的人，要拿下不會費什麼力氣。於是，在當年十二月初七，薛舉派他的兒子薛仁果率兵去打唐弼。

開始時，唐弼還在汧源那裡擺開架勢，準備死守到底。

薛舉派了使者去見唐弼，對他一陣威逼利誘，就把他嚇成軟體動物，全身發虛，答應了薛舉的招降。他馬上把李弘芝殺掉，然後派人去向薛舉辦理了投降手續。

可是手續還沒有辦好，薛仁果卻乘唐弼放鬆戒備，發起了突然襲擊，一舉把他擊破，全部收編他的部眾。唐弼這時候才知道中計了，急忙逃出。他當然不敢再去向薛舉投降，只好跑到扶風向扶風太守竇璡投降。唐弼這幾年來，占據的地盤剛好是扶風屬地，竇璡對他恨得要死，這時看到他狂奔而來，不由得心裡大笑，你來得正好啊。二話不說，把唐弼的腦袋砍下。唐弼的勢力就此消失。

薛舉當然並不滿足於吃掉一個唐弼。他又把目光鎖定了長安。可是當他在心裡形成了這個計畫時，李淵已經拿下長安。他也知道李淵不好惹，便改變主意，向扶風出發。此時，他的隊伍已經十分龐大，號稱三十萬。他仍然把攻打扶風的任務交給他那個猛男兒子薛仁果。

6

你想想，竇璡這幾年來連個唐弼都收拾不了，面對薛仁果這個強者時，他能打得贏嗎？但他仍然堅持抵抗著。他現在仍然高舉著大隋的旗幟，盼望楊廣派兵前來救救他，但楊廣現在自己的活動空間都已經受限，哪能派兵前來救他？

楊廣可以不管他，但李淵得管。雖然竇璡目前還沒有歸順長安，但李淵不能讓薛舉把扶風拿下，那樣薛舉的勢力就更會大漲。薛舉現在的力量已經十分強大，他要是再壯大下去，麻煩就大了。千萬不能讓扶風再變成薛家的領土。

李淵派李世民帶兵去救扶風，還派姜謩、竇軌同時出散關，以安撫隴右，再派李孝恭帶兵出山南、張道源出山東，當然，做的基本都是武裝工作隊的工作，目的是安定民心。目前以李淵的實力，還不能四面出擊。因為薛舉的實力還是太大了，夠他去認真對付了。

十二月十七日，李世民的部隊來到前線，與薛仁果大戰。薛仁果被打了滿地找牙，抱頭而逃。李世民直追到隴坻，斬殺一萬餘人，這才返回。薛舉本來自以為西北這邊，他可以打遍天下無敵手，沒想到只能打遍那些三流角色無敵手而已，一碰到李世民就狠狠地吃了一頓敗仗。他對他的這個兒子是充滿期望的，向來把他當成本集團的第一高手。現在第一高手一碰到李世民，就敗得沒有商量，使得薛舉也「大懼」——而且懼到張皇失措、對前途也感到一片灰暗的地步。他突然開口問群臣：「自古天子有降事乎？」

這可是準備脫掉皇帝的制服，準備去辦投降手續的節奏了。

他的黃門侍郎褚亮看來還是讀了不少書，知道的歷史典故不少，馬上回答：「趙佗歸漢，劉禪仕晉，近世蕭琮，至今猶貴。轉禍為福，自古有之。」他一下就列舉出三個皇帝的投降先例，認為投降不但自古有之，而且皇帝投降之後，都能轉禍為福，平安吉祥。

薛舉還沒有回答，衛尉郝瑗搶上前，大聲說：「陛下怎麼能問這樣的事呢？褚亮之言更是狗屁不通。以前劉邦屢經大敗、劉備多次丟失老婆和孩子，最後都能成就大業。現在我們只是一戰不利，怎麼就做這種亡國的打算？太沒有志氣了吧。」

薛舉一聽，臉一紅，說：「哈哈，我只不過是拿這話來試試你們一下而已。」馬上大肆獎賞了郝瑗，讓他當自己的頭號謀主。

在薛舉與李淵已經面對面的情況下，周邊的勢力也不得不選邊站。平涼留守張隆、河池太守蕭瑀以及竇璡等反覆觀望之後，選擇了李淵，同時向李淵辦理了入夥手續。

薛舉堅定信心之後，也馬上振作，派兵去阻擊姜謩、竇軌。當時，李淵集團的精兵都在李世民手上，這兩個武工隊的戰鬥力並不強，一碰著薛舉的大軍，立刻潰敗下來。薛舉一看，呵呵，原來李淵的部隊也就是這個樣子。他繼續尋找李淵的部隊打。他很快就找到了李淵的另一支隊伍。這支隊伍由劉世讓帶領，主要任務就是去安撫召集唐弼的餘部。劉世讓正在開展收編工作，冷不防薛舉的大軍殺了過來，直接把他打得全軍覆沒，劉世讓本人也成了俘虜。

李淵另一支武工隊在李孝恭的帶領下，則進入了那個自稱為迦樓羅王的朱粲的地盤。朱粲於大業十一年就出來作亂，也可算是資深「盜賊」老大了。他也跟很多老大一樣，宣布作亂之後，手下也有號稱十萬之眾，但都容易滿足於現狀，覺得靠破壞、搶劫等就完全過上幸福的生活，因此也沒有什麼進取之心，一直在南山一帶開展燒殺擄掠工作，地盤沒有擴大多少，壞事倒做了不少，而戰鬥力卻越來越弱。李孝恭帶的部隊雖然不多，但看到朱粲這個情況後，果斷出手，把朱粲狠狠地打一頓，俘虜了一大批人。李孝恭手下的人都建議，把這些「盜賊」全殺了。但身為李淵姪子的李孝恭還是跟李淵學了不少東西，對大家說：「萬萬不可殺俘。如果我們殺了這些人，從此以後，別人就再也不肯投降我們了。我們一路上就會遇到最頑強的抵抗。」

當時，很多人加入「盜賊」並不是因為羨慕「盜賊」的生活品質好、幸福指數高，而是為生活所逼，不得不跟著這些人去拚命，拚命也只是為了活命。他們的心裡真的不願從事這個盜賊行業。這時看到李孝恭對「盜賊」們很寬大，也看到李淵的政策跟楊廣大不相同，關中一帶在李淵的治下，越來越平安，就都有了「從良」的心態，看到李孝恭的部隊出來，又如此對待俘虜，就都紛紛舉起白旗，請求李孝恭收編。「於是自金川出巴、蜀，檄書所至，降附者三十餘州」。由此可以看出，政治才是最強大的戰鬥力。

7

此時，在關中最鬱悶的應該是屈突通了。

這個人被楊廣安排在河東，就是讓他成為長安最有力的保障，沒想到，李淵這幾天來，縱橫關中，不斷地攻城掠池，不但拿下大片關中的地皮，而且連長安都一舉攻克，然後高調宣布廢掉楊廣，另立中央，對大隋而言，實在造成了非常嚴重的惡果。屈突通長期當楊廣手下得力的手下，最知道楊廣的性格。他一天到晚眼前老是楊廣暴怒狂跳的鏡頭。他堅信，如果他不光復長安，把這個李淵另立出來的中央打得稀巴爛，楊廣會把他收拾得十分悲慘。他也很想打到長安去，但卻被劉文靜死死地攔住，攔得他寸步難行。

屈突通眼看李淵的事業做得越來越強大了，心裡就更急了，他必須打破劉文靜這個障礙。於是，他又派桑顯和對劉文靜弄了夜襲。劉文靜雖然被襲，但並沒有驚慌，跟段志玄一起，率領大家苦戰一夜。當時，劉文靜部共有三個營柵，桑顯和已經攻下兩個，只有劉文靜坐鎮的這一營還沒有攻下。桑顯和率軍猛打，劉文靜率軍力拚，死傷了幾千人。桑顯和下令集中火力對準劉文靜本人射擊，把劉文靜射得很狼狽。劉文靜部的士氣已經直線下跌，明眼人一看，就知道其敗像已露。但就在這個時候，桑顯和不知哪根神經作怪，覺得自己的士兵已經打了一夜，現在也已經累了——反正敵人已經差不多垮了，先吃飯再把他們打死吧。於是，他發出了停戰的命令，宣布先開飯再戰鬥。於是，桑顯和的部隊都馬上停止進攻，集中在那裡就地開飯。

已經渾身冷汗的劉文靜想不到桑顯和居然在這個關鍵時刻停止進攻，不由得大喜，立刻帶著大家重新加固工事，又把桑顯和的進攻擋住。正好這時，桑顯和接到報告：「敵人有一支游擊部隊突然在南山出現，從背後向我們的進攻。」

桑顯和大吃一驚，這時候才知道這餐飯真的吃得太誤戰機了。

劉文靜也看到友軍背擊敵軍，便率三柵之兵吶喊而出，對桑顯和來個前後夾擊，把桑顯和打得大敗，而且「盡俘其眾」，只有桑顯和一條好漢逃出。

屈突通的力量就更單薄了。

更單薄了的屈突通就更加沒有辦法只有焦慮了。

連屈突通手下的人都覺得屈突通已經無能為力了，勸他投降算了，現在關中地區的這些郡縣個個都已經投降了。

屈突通聽了這些話，淚水滲出，一下就鋪滿了他那疲憊不堪的臉，說：「我跟隨過兩任皇帝，他們對我都很不錯。拿著大隋的高薪，而在其困難的時候背叛大隋，我不能這樣做啊。」

他說過這話之後，大家就再也沒有看到他的臉上有過笑容，倒是經常看到他把手橫在脖子下自言自語：「要為國家受一刀。」

通常他說過這話之後，就跑到士兵們面前，情感豐富地勸勉大家為朝廷盡忠、為國家死戰。他每次都說得痛哭流涕，讓在場的人都很感動。

李淵知道屈突通也是條漢子，覺得最好的辦法就是讓他投降。剛好屈突通的家人都在長安，全部被李淵控制。李淵就派屈家的家僮去傳達他的話，勸降屈突通。

屈突通板著那張臉，沒有聽完家僮的話，就把這個倒楣的人斬了。屈突通對堅守河東也已經失望，就決定向東轉移到洛陽去。他讓桑顯和固守潼關，自己帶著部隊向東而去。

屈突通前腳才離開，站在潼關城頭都還看到他那在冷風中飄揚的旗幟，桑顯和就把潼關獻給了劉文靜。

劉文靜大喜，他看到屈突通並沒有跑遠，馬上就派竇琮和桑顯和去追擊。

屈突通沒有想到桑顯和居然會背叛他，更沒有想到桑顯和背叛得這麼快捷，直到追兵大喊大叫地離自己不遠時，他才加速狂奔，但已經來不及了。屈突通跑到稠桑時，終於被劉文靜的部隊追上。

屈突通只好停下腳步，擺開陣勢，做出迎戰的姿態。

竇琮派屈突通的兒子屈突壽前去勸降。

屈突通不但沒有被說動，反而指著兒子大罵：「你這個賊，來這裡做什麼？以前我和你是父與子，現在我和你是敵人。」說著，他下令身邊的人向屈突壽射擊。

桑顯和這時也出現在陣前，對著屈突通的部隊大叫：「兄弟們，現在京師已經失守。你們都是關中人，還能到哪裡去呢？」

屈突通手下的將士本來就已經心頭栗碌，不知如何是好，聽到桑顯和這麼一說，頓時覺得大有道理：是啊，我們是關中人，離開了關中，我們就背井離鄉流離失所了。

他們不願背井離鄉，也不願流離失所，更不願為楊廣這樣的暴君去拚命。於是，他們都自動丟下了手中的兵器。

一片乒乒乓乓的鐵器落地之聲中，屈突通終於知道大勢已去。

屈突通翻身下馬，面向東南跪拜，放聲大哭，說：「臣力屈至此，非敢負國，天地神祇實知之。」他說完之後，就乖乖地待在那裡，成為劉文靜的俘虜。

劉文靜把屈突通送往長安。

屈突通在此之前，絕對是個死硬忠實的大隋粉絲，鐵定了心與李淵對抗到底，可是見到李淵後，態度卻軟了下來。

李淵向來寬大。雖然屈突通之前勒兵河東，曾經是李淵最大的威脅，但此人幾朝元老，聲望非常高，完全可以利用他。於是，當屈突通被帶到李淵面前時，李淵只是對他說：「為何相見得這麼晚？」

屈突通哭著說：「我未能盡忠，所以才到了這個地步，讓本朝蒙羞，太愧對代王了。」

李淵並沒有生氣，反而表揚了他：「這是隋朝的忠臣啊。」當場下令釋放了屈突通，而且還任命他為兵部尚書，封蔣國公，把他分配到李世民的帳下，當行軍元帥長史，從此成為李世民的手下。

李淵收編了屈突通之後，就幫屈突通安排了一個任務：到河東城下勸堯君素投降。

堯君素原本是楊廣的心腹，在楊廣還是晉王的時候就跟在楊廣的身邊了，在楊廣即位後不斷得到提拔。楊廣離開關中時，把他安排到屈突通的手下，協助屈突通坐鎮河東。屈突通準備東進時，就把留守河東的重任交給了堯君素。

李淵之前就已經派呂紹宗和韋義節等人圍攻河東，但到現在沒有取得一點進展。

所以，李淵就叫屈突通出馬，你是他的上級，他會聽你的。

屈突通只好苦笑著來到城下，呼喚堯君素。

堯君素在城頭與屈突通舉行了會見。堯君素當然知道屈突通的來意，因此兩人根本不用什麼開場白，而是相對著流下悲不自勝的淚水。兩人抹了幾把眼淚之後，屈突通說：「我的部隊已經失敗了，現在唐王義旗指處，無不響應。事勢已經到了如此地步，你還是早歸降的好。」

堯君素收起淚水，板起臉說：「老兄身為國家大臣，被皇上委以關中大任，還把代王託付給你，奈何負國投降？你自己投降也就算了，現在還有面子前來當說客，勸我投降？老兄所乘之馬，就是代王所賜，你居然還有臉騎著牠。」

屈突通一聲長嘆，說：「我是力盡了才來的！」

堯君素說：「我力氣還沒有盡，何用你多言。」

屈突通滿臉通紅而退。

8

東都還被李密圍著，城裡的糧食越來越緊張了，米價已經大漲，一斗米的價值已到三千錢。城裡已經有大量人民餓死。

王世充手下也有很多士兵開小差，逃到李密那裡。

李密問這些逃兵：「現在王世充每天都在做什麼？」

答：「近來只見他大量徵兵以及犒勞將士，但不知他要做什麼。」

李密一聽，略一思忖，不由得暗呼僥倖不已，對裴仁基說：「差點中了王世充的暗算。」

裴仁基說：「他怎麼暗算？」

李密說：「我們已經很長時間沒有對他開展軍事行動了。他現在的糧草已經告急，卻求戰不得，因此他就招募士兵、犒賞將士，準備乘夜來襲倉城。我們應該立即做好準備。」

這時，剛好是十二月二十四日，月黑風高，非常宜於夜襲活動。

李密趕快分派郝孝德、王伯當、孟讓等人勒兵分別屯駐在倉城的兩邊，只等王世充的夜襲大隊摸黑前來。

當天夜裡三鼓，王世充的部隊果然來了。王世充對這次夜襲盤算已經很久，他覺得他會成功的。沒想到，就在他準備成功時，硬是被李密識破了。於是，他的夜襲隊就摸黑進入了敵人的埋伏圈。他們首先與王伯當的部隊相遇，雙方在夜間打一仗。夜襲隊的戰鬥力果然很強悍，王伯當抵擋住，只好退下來。

王世充雖然勝了一場，但他應該想到對方已經有了準備。可是他仍然不願放棄這次行動。於是，夜襲隊繼續前進，抵達城下，紛紛爬上城頭。

負責城頭守衛的是瓦崗軍的總管魯儒。他看到敵人果然前來，便帶領大家在城頭迎敵。王伯當看到王世充攻城，背後門戶大開，知道這傢伙太想搶糧食了，已經想得不計後果了。於是收集兵卒，向王世充的部隊衝殺過去。黑夜之中，王世充的夜襲隊不知道對方究竟來了多少，只聽到四面殺聲大起，城頭的抵抗又十分頑強，馬上理解到敵人真的做足了準備，現在上當的不是敵人，而是他們。於是士氣馬上跌落下來，被王伯當殺得大敗。王伯當在黑夜之中，斬殺了王世充手下的驍將費青奴。

王世充敗逃回去，清點一下人馬，直接損失一千多人。

王世充只好苦著臉，鬱悶不已。楊侑知道後，又派人前來對他慰勞一番。楊侑現在沒有別的辦法，只有不斷地慰勞——打勝了慰勞，打輸了也慰勞。王世充知道，現在慰勞已經無濟於事。他只好向楊侑訴苦，說現在手上的部隊太短缺了，而且戰士們都已經太累了，根本不能再戰鬥了。

楊侑便又幫他增派了七萬部隊。

9

轉眼又過了一年。

這一年的上半年都在還使用著大隋的日曆，但由於李淵就在這年五月即位，改元武德，所以歷史上就把這年稱為武德元年——歷史學家們有時也是不講武德的。

當然，在這年的正月，李淵還在楊侗面前稱臣。楊侑則繼續為李淵作鋪陳。在這個新氣象的時候，楊侑下詔，允許唐王佩劍上殿，贊拜不名——行禮時不必通報姓名，使得李淵的權臣形象更加強勢。

就在這個正月初一，東都前線又打了一個大仗。

王世充得到七萬兵員的補充後，馬上就對李密發起軍事行動。

李密這幾天來，不管是在白天對抗，還是在夜間戰鬥，他都取得勝利，心裡對王世充似乎已經不那麼認真了。他更沒有想到，王世充會在很短的時間內得到七萬大軍的補充。當王世充的大軍隆重地出現在洛北、向他瘋狂殺來時，他這時候才知道自己的情報工作做得太馬虎了，連死對頭突然增加了這麼多兵力都不知道。於是，他只好敗下陣來。

王世充終於贏了一次。

他決心再接再厲，繼續奪取勝利。

正月十五日，王世充雄心勃勃地向各路部隊下令：製造浮橋，渡過洛水，進攻李密。

這些部隊取得了一次難得的勝利，這時都信心滿滿，覺得瓦崗軍也不過如此，因此接到命令後，都抓緊時間趕工做浮橋。但由於工作面不一樣，各路部隊架橋的進度不一樣，那些先把橋做好的部隊已經等不及了，也不等王世充一聲令下，直接就向李密軍開戰。衝在最前面的是虎賁郎將王辯。

王辯的確很生猛，他率隊衝到李密的營柵前，沒幾下就突破了營柵的外柵。

李密大營的部隊看到敵人這次來得如此生龍活虎，都不由得嚇呆了，個個不知如何是好，連李密也沒有發出什麼最高指示。通常到了這個時候，只要王辯衝進去，營柵裡的兵就只有被虐成狗了。

但就是在這時，王世充不知腦子裡中了什麼毒，突然下令停止進攻。上次桑顯和勝利在望時，叫停進攻，理由是先吃飯。現在王世充連這個理由都沒有，硬是在李密大營「將潰」的時候鳴角收兵。李密一看，王世充啊，你在這個時候犯錯，那是大錯特錯了。他馬上號召敢死隊，對王世充來個反攻倒算，把王世充打得大敗。王世充各路部隊爭著擁上浮橋，命好的就能跑到橋的北面，大多則都被擠下河裡，成為魚蝦的速食。王辯也在撤回的時候被打死。而王世充也是僅能自保。

王世充拚命脫離險境之後，回頭一看，各路部隊都已經潰散，洛水表面浮滿了部下們的屍體，目測至少有一萬具屍體以上。

王世充不敢入東都。他以前總是埋怨手裡的兵力太少，所以打不過敵人。現在楊侗一口氣幫他新增了整整七萬兵力，他仍然打成這個樣子。他還有臉進入東都嗎?而且楊侗會不生氣嗎?

他帶著殘兵敗將，向北投奔河陽。

這時剛好是春寒料峭，到了夜間，疾風寒雨襲來，戰士們都被淋得渾身溼透，一路上又凍死了萬餘人。

王世充渾身疲憊地進了河陽。他也有些絕望了。他真的想不通，這次為什麼敗得這麼慘？其實這個責任還真得由他來扛。因為他沒有估算到各路架橋的進度是不會一致的，所以事先沒有交待大家都要等橋修好後再統一行動。當他看到王辯他們已經衝出去時，以為完蛋了，根本沒有了解前方的情況，就急忙下令停止進攻，把一張好牌打得稀巴爛。他本來對李密就有些心理障礙了，現在看到連這樣的仗都打輸了，他就只有絕望了。再說楊侗還能幫他增兵嗎？不砍他腦袋已經萬幸了。他自己把自己綁起來，跑到監獄裡蹲著，向楊侗請罪。

楊侗當然不能替王世充治罪。因為現在他手下也就只有王世充這個人才了。他老爸把東都丟給他，卻沒有丟給他幾個打仗的能手，這個王世充還是後來派來的。他最後的希望都寄託在王世充的身上——即使王世充一直打敗仗。楊侗又派人過去，大聲宣布赦免王世充的戰敗之罪，把他召還東都。王世充滿臉羞憤地回到東都之後，楊侗還賜給他很多金帛和美女，替他壓壓驚。

王世充平靜之後，便出來收集亡散之卒，又得一萬多人。但他這時膽子已經嚴重縮水，只帶著這支部隊屯於含嘉城，不敢再出來向李密挑戰了。

李密這幾次大勝，其實都是勝得十分驚險，尤其是這一次，勝得連他都覺得有點想不通。他乘勝進據金墉城，修復其門堞和房子，然後住在城內。這時他的聲勢就更加浩大了，戰鼓之聲，可以傳到東都，每天都有人前來投奔他。他的隊伍已經發展到三十多萬，布陣於北邙，陣地的南邊直逼長春門。

東都城內已經感覺到他銳利的寒氣。

段達和韋津忍無可忍，率兵出來跟李密對抗。可是當他們開城出來，才看李密的軍陣時，段達就嚇得臉色發白，率先掉頭就跑。

在這個時候逃跑，結果可想而之。

李密看到敵人才出來，就有一半又逃回去了，不由得冷冷一笑，下令追擊。由於段達已經逃跑，只有韋津一個人頂著。李密的大軍全部赴上，東都的隋軍立刻全部潰敗，韋津也成為戰死將軍。

周邊的幾個城池偃師、柏谷及河陽等城的守軍看到東都接連打了這個麼多場敗仗，幾乎是每戰必敗——即使在完全可以取勝的情況下，到頭仍然轉勝為敗，覺得大隋真的氣數已盡了，都率領部下投降了李密。

李密的事業又進入了一個新的高潮。

於是，竇建德、朱粲、孟海公、徐圓朗等人都派人前來拜見李密，勸他稱帝。

裴仁基等人也上表請正位號。

李密本來就比誰都想當皇帝，但這時他卻對大家說：「東都未平，不可議此。」看起來很有霍去病的氣概，其實正好說明了這個人的短視：為了一個東都，丟掉了一個江山。如果他不為東都所困，一開始就搶占關中，此時天下形勢必將是另一番模樣。

楊密繼續在東都跟隋軍硬碰硬。他雖然沒有硬碰硬出什麼成就來，但對歷史的大局卻影響深遠。如果沒有他這支目前全國最強實力橫在河南，把楊廣死死壓在東南動彈不得，隋兵主力無法進圖關中，李淵父子就不可能毫無顧忌在關中打造自己的基本盤，然後不斷地壯大自己的力量，毫無干擾地布好自己的局。

李淵出太原向關中時，曾派人去跟李密取得聯絡，表達過同盟的良好意願，雖然後來沒有簽訂正式的盟約，但文字往來中，李淵在信裡都稱李密為老大，把李密的馬屁拍得很舒服，因此李密一直把李淵當成友軍，任李淵在關中鬧騰，他不但不管，還盡力為李淵擋住東面之敵。而李淵一開始就把形勢看得很清楚，他知道當時李密的力量最為雄厚，如果跟他結成仇家，那就只有死路一條了。他這才主動跟李密做好外交，在消解了一個強大對手的同時，又讓李密擋住東南地區的隋軍，還完美地牽制了東都的隋軍，可謂一箭多雕。李密向來自恃腦袋瓜天下無敵，卻在關鍵時刻上了李淵的大當。假如當時他頭腦清醒，看穿李淵的意圖，不接受李淵的語言的麻醉，果斷放棄東都，不顧一切地向關中前進，則歷史可能朝另一個方向大步前進——那時，李淵正被大雨天氣和宋老生他們擋得寸步難行。然而，因為李密太過自信，也太放不下東都，以致這些可能成為歷史事實的情節，現在只能成為假設了。

到了這個時候，即使李密在東都百戰百勝，聲勢達到歷史新高，他可以對東都和王世充造成惶惶不可終日的壓力，也壓迫得「千古一帝」的楊廣動彈不得、比一方割據的諸侯還鬱悶，但對李淵已經無可奈何。

李淵也收起他的低姿態，宣布自己是大隋王朝的權臣。既然是大隋王朝的權臣，對大隋東都的安危是有責任的。楊廣已經無力負起這個責任，但李淵必須負起這個責任，表示他是一個負責任的權臣。

正月二十二日，李淵命令李建成為左元帥、李世民為右元帥，率領各路兵馬十多萬向東出發，救援東都。

這時的東都，糧食已經嚴重缺乏。太府卿元文都實在找不到糧食，一陣抓耳撓腮之後，只好又搬出老一套：把官帽拿出來擺攤。他發表了新規，守城不食公糧者進散官二品。說白了就是你只要免吃免喝到城頭站崗放哨，就可以當個二品散官——當然，敵人要爬上城頭，你也是需要拚命的。但二品官也太誘人了，對那些商人尤其有巨大的誘惑力。不用幾天，朝堂馬上就站滿了手持象牙笏板的人。

李密仍然陶醉於他目前的聲勢，活在一片輝煌的事業顛峰之中。他對李淵並不在意，沒有對李淵派出的大軍作出什麼反應，繼續堅持「圍困東都、四面發展」的策略，自己率主力圍攻東都，派房玄藻等人出黎陽，分道招慰各州縣。

他在這時仍然記得自己是個政治家，不是那些只知打打打的「盜賊」老大，還必須玩點政治手段，籠絡一下人心。他任命楊汪為宋州總管之後，還親自給楊汪寫了一封信：「昔在雍丘，曾相追捕，射鉤斬袂，不敢庶幾。」你雖然曾經全力追殺過我，但古人都能夠射鉤斬袂，不計前嫌，我也不會比古人差。

楊汪接書之後也是十分高興，派使者過來，跟李密加強聯絡。

房玄藻也致信竇建德，請他來拜見李密。之前，竇建德曾為李密寫過勸進表，照理說他得到房玄藻的邀請，一定就會爽快地狂奔而來，跟李老大舉行一場高規格的見面會，經過親切友好而愉快地交談後，發表個聯合宣告那是題中應有之意。沒想到，竇建德也向李淵學習，接到房玄藻的信後，馬上回信，信中的言辭非常謙卑，把禮貌用語全部用盡，然後推託說，現在羅藝已經南下，他還必須守住北邊。北邊的敵人還很強大，不能有一絲一毫的馬虎，至於拜見李老大，以後有的是時間。

房玄藻沒有辦法，又不好用強，只好返回。他回到衛州時，卻被一群「盜賊」襲擊。這個武裝集團的老大叫王德仁，長期盤踞在林慮山裡，而且人數有幾萬之眾。這個人目光短淺，只顧做自己的「盜賊」，沒有像其他勢力那樣有眼光，在破壞、搶劫的時候，還看一下全國形勢，找個靠山來投奔，他卻只做自己的專業「盜賊」，只要看到利益，不管是誰，都先搶先殺再說，即使是威震黃淮的瓦崗軍，他也一視同仁。這時看到房玄藻過境，看樣子還是有點好處的，哪能錯過？於是，帶著部隊殺上去。房玄藻兵力不多，又以為在瓦崗軍的勢力範圍內，根本沒有防備。於是，王德仁一襲得手，不但搶完房玄藻的物資，連房玄藻的腦袋也砍了，然後一聲唿哨，跑得無影無蹤，讓李密很鬱悶。

直到五月，李密才派出他手下的王牌徐世勣出馬，去討伐王德仁。王德仁本來就是一個既沒有理想也沒有能力的傢伙，跟徐世勣一碰面，就被打得滿地找牙。他這時候才知道，他這樣的土匪不是每個集團都可以去惹的。他知道如果繼續對抗下去，他就會被徐世勣打得不剩渣。土匪首領們的政治眼光雖然都跟老鼠的目光差不多，但他們都是百分之百的機會主義者，在亂世中的生存能力都很強。他知道現在李密對他已經很憤怒，即使他投降過去，他那顆首領的腦袋仍然不保。於是，他決定向李淵投降。李淵大喜，馬上任命他為鄴城太守。這讓李密更加生氣。

第八章 眾叛親離，司馬德戡密謀政變；楊廣授首，宇文化及終結隋祚

1

本來在這個時候，最應該鬱悶的是楊廣。可是這傢伙天生就像缺乏鬱悶這條神經一樣，仍然抓緊時間又玩又耍。這時，他從外地回到江都，馬上又開啟瘋玩模式。江都的宮中有一百多間房屋，每間都非常豪華，裡面全部住著美女。

當很多有識之士為大隋江山已經變成殘山剩水而無計可施之時，楊廣大人卻在為如何讓這些美女都人盡其才而苦惱不已。一百多個美女，怎麼使用才不浪費人才啊。

他經過一陣苦思之後，得出一個辦法，每天讓一房美女當主人，主持所有的工作，當天，他就在那個翻身作主的美女房間度過。他覺得這是他這輩子做得最公平的事。

接替王世充當江都郡丞的趙世楷也接過王世充的辦事風格，到處搜刮美食，保證滿足楊廣每天的味蕾

需求，讓楊廣很開心。每天楊廣都和蕭皇后帶著幾個他最為寵愛的美女吃喝玩樂，而且也跟當初陳叔寶一樣，每場宴會的規模都辦得十分盛大。他從早到晚杯不離口，參加宴會的一千多美女，也必須一醉方休。他曾經是打滅南陳的總指揮，他對陳叔寶的所作所為，知道得比誰都清楚。可是，當他當上皇帝時，不但沒有汲取陳叔寶的教訓，反而全盤照收陳後主的這些非物質文化遺產，做得比陳後主更加有聲有色，更青出於藍。

當年陳叔寶在國家處於危亡邊緣時仍然不能自省，楊廣也一樣如此。

不過楊廣終究不是傻子，他現在也只能在江都這裡苟且偷安。眼看駕著龍舟到處遊玩的道路已經被封死，他也知道天下已經大亂，而且亂到他現在不知如何收拾的地步了。他有時候也有點不安。每次上朝，他面對的，都是群臣鬱鬱寡歡、毫無生氣的面孔，心裡也有點陰影。有時散朝之後，這些陰影還沒有消失。於是，他就帶著這些陰影，頭戴幅巾、身穿短衣，策杖步遊，走遍行宮的樓臺館舍。而且就這麼走著，一直走到晚上才停下腳步，兩眼不斷地觀賞著四周的景色，似乎這些景色永遠看不夠。他想靠這些美景來麻醉他的神經、驅散那塊心理陰影。可是這個陰影容易驅散嗎？即使這個陰影暫時消失了，全國的形勢能因此而大好嗎？瓦崗軍們能自我解散回家種田當大隋的良民嗎？

他一天想得最多的仍然是玩耍。他腦子裡的知識很多，比如很有學問，也深度掌握著占卜方面的知識——當然這是他自己的說法，反正他面試過的親信，都是宇文述、虞世基、宇文化及之流。他還有個愛好，就是鍾情於江南風物，好為吳語。有一次，他飲過夜宴之後，突然抬起那顆頭，仰觀天象，看了一陣之後，神色凝重地用吳語對蕭皇后說：「外間大有人圖儂，然儂不失為長城公，卿不失為沈后，且共樂飲耳！」這番話，已經真切地透出了他的亡國之憂。只是這個憂卻仍然不足以讓他改其樂，他仍然妄想著，如果大隋真的亡國了，他還可以像陳叔寶一樣封個「公」侯，而蕭后也還可以享受沈后那樣的待遇。有了這個想法，他又得到了非常大的安慰，又可以放開大懷、笑容滿面地「且共樂飲」了，當場把一大杯美酒倒進大嘴裡，喝得爛醉如泥、不省人事。

有一次，他拿著一面鏡子，照看了一下自己那鮮活的面容，轉頭對蕭皇后說：「好頭頸，誰當斫之。」這麼一顆大好頭顱，不知以後是誰砍下來？

蕭皇后一聽，不由得大驚，你怎麼說這樣的話來？腦子沒有燒壞吧？

楊廣卻笑著說：「我腦子冷靜得很。哈哈，貴賤苦樂，向來循環更替，又有什麼好傷感的？」

這些言行，充分說明楊廣到了這個時候，已經知道他的大勢真的不妙了，並已經做了亡國的心理準備。很多亡國之君到了這時，都還想盡辦法努力去挽回局面。可是楊廣把進取心丟得一乾二淨，根本沒有再做最後掙扎之想。他自己意淫出來的千古一帝的形象終於自我坍塌。

他也知道中原已經不可收拾，於是徹底封鎖了北歸的想法，決定把丹陽定為新的首都，以保江南。他這時顯得很民主，把這個議題交給大臣們討論。

虞世基繼續保持他的風格，看到楊廣才提出定都的議題，立刻表示堅決擁護皇上的英明決策。很多人看到虞世基都表態了，便都跟著大聲說，這個決策太英明了。只有右侯衛大將軍李才認為不可，我們的首都在長安，我們的宗廟在長安，怎麼能定都丹陽呢？丹陽是什麼地方？歷史上有哪個皇帝把丹陽定為首都過？

他接著把虞世基也狠狠地責罵了一頓。

虞世基是什麼人？哪容得了李才的責罵，當場發飆。兩人就在朝堂上面紅耳赤地爭吵。最後，李才氣得拂袖出殿而去。

李才怒氣勃勃出門之後，李桐客又說：「江東地勢低窪，氣候潮溼，環境惡劣，地域狹小，生產能力低下，對內要奉養朝廷，對外還要供奉三軍，只怕老百姓承受不起，最後也要造反。」

楊廣還沒有說話，御史就已經出來，說李桐客誹謗朝政，應該治罪。其他人看到御史對李桐客借題發揮，知道現在是選邊站的時候了，馬上出來對楊廣說：「陛下，江東之民望幸已久，陛下過江，撫而臨之，這是大禹的作為啊。」有受過教育的人就是不同，一下就把定都丹陽、苟安江東的事跟大禹掛上鉤，使楊廣瞬間覺得臉上都是偉大光榮正確的神態。他這幾年來，在圍剿「盜賊」時，向來沒有什麼果斷的決策，但做基礎建設，卻保持著只爭朝夕的工作作風。他馬上下令修建丹陽宮，準備把首都遷過去。

大家用腳趾頭去想都能覺得楊廣實在是太奇葩了。現在都什麼時候了？還去修建宮殿？全國大部分地區都已經不掌握在他手中，他現在全靠著那個岌岌可危的東都牽制著李密的大軍、阻擋著關中的李淵，這才得以在江都苟延殘喘，否則幾路「盜賊」大軍早就齊齊赴向東南，把他一網打盡。即使是這樣，他現在已經被逼到牆角了，手裡已經沒有什麼資源，居然還要去做基礎設施建設。

這時，他已經困難到什麼地步？

後勤部的負責人向他報告：江都已經糧盡。

他本來組建的敢死隊——驍果，基本都是關中人，跟他在江都已經很久了，現在又看到那鍋粥越來越稀了，而楊廣卻毫無西歸之意，他們的心裡也感到絕望了。

他們絕望之後，很多人就商量著，既然皇上不願回去，那我們就自己走吧，反正還在這裡混，也沒有飯吃了。最後，他們推舉郎將竇賢為老大，拔營而去。

楊廣知道後，急忙派騎兵去追，斬殺了竇賢。可還是禁而不止，每天都有人逃亡，使得果驍隊員越來越少。

楊廣聽說之後，也忍不住愁容滿面。如果這些人都跑光了，只怕最後連虞世基都會不見蹤影，丟下他一個人在這裡，他該怎麼辦？

這個人在建築方面很捨得下本錢，玩耍時也很有創意，可是面對這些事時，卻一籌莫展，想不出半點解決的辦法來。

2

楊廣的另一個軍中親信虎賁郎將司馬德戡這時也坐不住了。他向來深受楊廣的器重，讓他帶著驍果駐紮在東城。他看到驍果們不斷地離開，自己怎麼也忍不住，而楊廣也為此越來越著急，心裡也充滿了危機感，便對另外兩個同事元禮和裴虔通說：「現在驍果個個都想逃亡，就是開刀都禁不了。如果我們把這件事向皇上報告，恐怕會被皇上殺頭；如果不瞞報，等所有的驍果都逃光，我們一樣逃不了滅族的下場。你們說說，我們現在該怎麼辦？近來聽說關內已經淪陷，李孝常在華陰反叛，皇上已經關了他的兩個弟弟，正準備殺掉。我們這些人的家人都在西邊啊，只怕到時也會受到連累。」

兩人一聽，連一直深受皇上寵信的司馬德戡都這樣了，他們這些人就更危如累卵了，心裡大懼，忙道：「我們該怎麼辦？」

司馬德戡說：「驍果們都逃亡了，我們不如跟他們一起跑路。」

兩人當然都同意。驍果是目前江都最精銳的部隊。從這裡到關中，要走很遠的路，而路上的各路武裝多如牛毛，如果跟驍果一起走，那就安全得多了。三人達成共識之後，迅速分頭行動，四處聯絡，很快就有元敏等人加入跑路的犯罪集團。沒幾天，這個犯罪集團的人員越來越多，他們的膽子也越來越大，有時乾脆在很多人面前公開討論逃跑的細節，個個談得無所顧忌。

後來，有個宮女聽到他們大聲地發表著這些言論，就跑過去對蕭皇后說：「皇后娘娘，外面似乎個個都想造反呢。」

蕭皇后說：「妳就去向皇上報告吧。」

宮女一聽，覺得這也是大功一件，就邁著輕快的腳步去向楊廣報告。

楊廣一聽大怒，說你一個宮女怎麼可以說這些事？當場就把這個多嘴的宮女斬首。

不久，又一個宮女向蕭皇后報告了一樣的事。

蕭皇后一聲長嘆，說：「天下事一朝至此，無可救者，何用言之，徒令帝憂耳！」於是，再也沒有誰說這些事了——甚至連外面發生什麼情況，也沒有人敢講了。

那群人就做得更加放心大膽了。這個犯罪集團中的一個核心分子趙行樞跟宇文智及關係不錯，也想把他拉下水，就去做他的說客。

宇文智及和他的哥哥雖然也很得楊廣的寵信，但兄弟倆曾被狠狠地處罰過，對楊廣向來懷恨在心。他聽到趙行樞的話後，心頭大喜，說你們做得太對了。

司馬德戡認為前期工作已經準備得差不多了，再這樣下去會夜長夢多，就對大家說：「三月月圓的那天，我們集體出發。」

宇文智及說：「兄弟，這個計畫還是很凶險的。皇上雖然無道得令人髮指，可是他畢竟是皇上，威令還行啊。如果大家就這樣逃跑，結果也會像竇賢一樣，白白送死而已。」

大家一聽，又都是一愣，總不成就在這裡等死吧？集體逃亡都開始了這麼多天，要是皇上知道，我們一樣都得死啊。這些人的頭腦的確很簡單，商量了這麼久，天天在討論，居然沒有誰想到這一點。他們只能兩眼直直地望著宇文智及，那我們該怎麼辦？

宇文智及當然知道該怎麼辦。

他對大家說：「逃亡其實等同於造反。既然是造反，何必這麼偷偷摸摸、像遊戲一樣？捲著包袱悄悄地逃，跟那些偷雞摸狗之徒有什麼區別？現在天下大亂，英雄並起，大隋已走到盡頭。我們這裡，同心叛逃的有數萬人，這可是一支強大的力量啊。何不利用這個力量，做一番大事，此帝王之業也。」從他說的這番話看，他對此是有過長時間的思考過的。

司馬德戡等人一聽，猛然間充滿想像，雖是同一個事物，從另一個角度去看，會得出截然不同的結論。逃亡只是被動地跑路，作亂才能穩穩地掌握著主動權。

他們一致同意了宇文智及的建議。

趙行樞和薛世良認為，他們這些人的智商程度有點低，無法做成大事，還是請宇文兄弟當帶頭大哥吧。

司馬德戡他們都是一群武夫，而膽子又小，毫無大局觀念，以前仗著楊廣的寵信，長年花天酒地，做的都是仗勢欺人的事，心裡完全沒有什麼抱負，此時突然面臨絕境，腦子中唯一想到的只有「逃亡」這一招了。現在突然被宇文智及帶節奏，要從事政變活動，誰也沒有擔當的觀念，只好把這個帶頭大哥的位置免費贈送宇文兄弟了。

宇文智及之前已經想好了方案，這時便做好分派。這個人也不是擔當大事的人。一切安排妥當之後，說：「還是讓我哥哥來當老大吧。」

大家當然同意。

宇文智及對哥哥的底細比誰都清楚。這個哥哥雖然跟他一樣，凶殘陰險，敢胡作非為，是長安有名的「輕薄公子」，其實他智商並不高、性格十分怯懦，之所以敢不循法度，是因為有那個權勢熏天的老爸宇文述罩著，後來被楊廣處罰，嚇得面無人色，到現在都還在怕。如果你提前跟他商量這件事，他不但嚇得全身癱軟，說不定還會告密。因此，當宇文智及在心中策劃這一大事時，把他也瞞得死死的，沒讓他看出一點跡象來。現在大計已定，作亂的人已經整裝待發，宇文化及再怎麼怯懦膽小，也不敢阻止，更不會去告密了——他現在連告密的機會都已經喪失了。

宇文智及進去面見宇文化及，把這個決定告訴了宇文化及。宇文化及一聽，果然在那裡用力地深呼吸，狠狠地控制了一下全身開關，這才沒有釀成大小便失禁事故。宇文智及看到哥哥的臉已經白得有點慘無人道了，大片的汗水從髮際線那裡批次而下，沿那張肌肉不停抖動的臉滾滾而下，最後通通湧進那根粗大的脖子裡。他堅信，現在宇文化及裡面的幾層衣服已經溼透，如果脫下來，一定能擰出半盆鹽水。但他什麼也不說。他知道哥哥雖然膽小，智商也不怎麼高，但面對這樣的形勢，這個奸詐的哥哥還是會做出有利的選擇的。

他在那裡靜靜地等著。

宇文化及讓汗水滾了一會之後，腦袋終於清醒了下來，馬上理解到，形勢已經如此，不從已經不可能。

宇文化及最後舉起寬大的袖子，把臉上的汗水重重地抹掉之後，面向宇文智及。

宇文智及還在盯著宇文化及的臉，只看到那張被汗水洗過的臉，正慢慢地恢復血色，知道哥哥已經作出了抉擇。

宇文化及清了清嗓門，說：「只有這樣了。」

於是，按計畫行動。

實際去實行的當然那些驍果統領。

司馬德戡派許弘仁、張愷去備身府。備身府就是於楊廣的警衛團，備身也就是所謂的宮廷禁衛兵。兩人來到備身府之後，馬上找來他們認識的人，對他們說：「告訴你們一個事。皇上聽說驍果要造反，他已經泡製了很多毒酒，準備在宴會時，給大家喝，把大家都毒死，然後跟南方的人留在這裡。你們看看，該怎麼辦。」

驍果們本來就已經極度焦慮，老早就天天西北望長安，恨不得立刻插翅離開江南，現在聽到這些話，個個都怕得要命。他們怕了之後，就到處串連，想辦法離開楊廣、離開江南。

警衛團已經人心惶惶。

司馬德戡他們看到局勢已經按他們編好的指令碼進行，達到了預期的效果，便決定行動。

武德元年（或者說是大業十四年）三月十日，司馬德戡以驍果首長的名義，召集驍果各級軍官開了會，向他們宣布了自己的陰謀。

那些軍官經過這一段時間的洗腦，早已達成共識，馬上大聲說：「唯將軍命！」

司馬德戡說：「那就開始行動吧。」

司馬德戡下達命令之後，江都突然颳起大風，而且颳得天昏地暗，讓人直有世界末日來臨之感。

在這樣的天氣之下，楊廣當然沒有做出什麼動作來，但司馬德戡卻冒著狂風來到皇家的馬廄裡，他們偷出御馬，而且還磨好了武器。

到了傍晚，元禮、裴虎通還像往常一樣值班。他們的任務是負責大殿內的動靜；唐奉義則負責關閉城門。唐奉義和裴虎通做好了約定，各門都不上鎖，便於晚上行動。
他們作亂的時間定在三更。
司馬德戡早已在城東那裡動員了幾萬人。他們按時在三更舉火，跟城外的人相應。
大火一舉，江都城瞬間就沸騰。
楊廣也被驚醒了過來，他看到大火舉起，又耳聞外面喧囂之聲大起，急忙問是何事？
裴虎通在側，答：「草坊失火，大家都進來撲滅。」
楊廣一聽，覺得很對，只在心裡埋怨幾句，便安然而臥，想著明天該玩點什麼才開心。
宇文智及和孟秉也在城外集結了一千多人，他們劫持了候衛虎賁馮普樂，然後布兵分守各個巷道。楊廣最為喜愛的孫子楊倓這時才十五歲，聽到外面的動靜實在太大，大得有點反常，覺得有點不妙了。他急忙乘夜摸黑穿過芳林門邊的水閘入宮，到玄武門時，假稱：「我突然中風，馬上就要死了，請讓我去向皇上當面告別。」
裴虔通當然不相信他的話，中風了還能跑來跑去？我們雖然沒有中過風，但我們也看過中風的人啊。他們不但沒有放他進去，反而把他關起來。
天還沒有亮，司馬德戡把兵馬交給裴虔通，以便換掉各保全。
裴虔通帶著數百騎兵來到成象殿。
值班的衛兵警惕性還是很高的，突然見一群騎兵來到，就大聲叫喊：「有賊。」

裴虔通一看此路不通，就又返回，關閉其他宮門，只打開東門，把殿內的宿衛都驅趕出門。正值半夜，這些宿衛一時摸不著頭緒，看到的又是值班的裴大人，便都乖乖地放下武器，向門外走去。

右屯衛將軍獨孤盛看到這麼多人排著隊出宮門，覺得太反常了，找到裴虔通問：「這些人是哪裡來的？是不是有點反常了？」裴虔通也懶得撒謊了，直接說：「情況已經這樣，不關將軍什麼事，請將軍不要亂來。」

獨孤盛馬上清楚怎麼回事了，指著裴虔通大罵：「你這個老賊，原來是要謀反。」

他還來不及披上軍鎧甲，就帶著身邊十多個人上前跟裴虔通的士兵拚命，結果當然是血濺當場、身首異處。

到了這時，楊廣已經到了十分危急的地步，但仍然有人忠於他。獨孤開遠得知事變發生之後，就帶著殿內幾百士兵來到玄武門，拍著宮門大叫：「陛下，現在我們武器完備，足以破賊。如果陛下能親臨指揮，人情自定。否則，大禍立至。」

他大喊大叫之後，門內卻毫無反應。

那些士兵一看，皇上都這樣了，我們為什麼還去為他拚命？於是，都自動散開，只留獨孤開遠一個在那裡，傻傻地望著緊閉的宮門。他望著森嚴鐵門，真想不通，天下竟然會有這樣的皇帝。

他還在那裡想不通，叛亂的士兵們已經衝到現場，把他抓起來。後來又覺得這個人有一顆忠心，也算是一條好漢了，就「義而釋之」。

楊廣雖然不把別人的性命當命，但自己非常怕死。他對自身的安全還是很在意的。為了保證身邊的警衛人員死忠於他，他專門挑選了幾百個肌肉發達、虎背熊腰的武士當玄武門的衛士，稱之為「給使」，給他們的待遇十分豐厚。豐厚到什麼地步？把宮女都賜給他們。

他以為有了這些「給使」的保衛，誰也無法發起宮廷政變。

可是他太自信了。

宇文化及他們老早就有了針對的方案。他們成功地收買了楊廣十分親信的司宮魏氏。魏氏雖然是個女流，但她也跟楊廣身邊所有的親信一樣，都是見錢眼開之徒。她收受了宇文兄弟的經費，馬上就配合了他們的行動。她以前在宮中很得楊廣的信任，經常傳達楊廣的最高指示。這時她就利用這個對那些給使傳達了一個假聖旨，命令他們都出宮去玩。這些給使常年在這裡把守，早就無聊得臉都變形了，這時得到這個命令，個個喜出望外，一下就全跑了出去。於是玄武門就成為不設防之地。

司馬德戡引兵來到玄武門，放心大膽地衝了進去。

直到這時，楊廣才發覺事情已經大為不妙了。他一陣慌亂之後，什麼辦法也沒有，最後只急得易服而逃。

裴虔通和元禮帶兵推撞左門。魏氏繼續發揮內應作用，為他們開了門。

於是，亂兵們又衝入永巷，到處大聲叫喊：「陛下安在？」

他們大喊大叫了很久，終於有個美女出來，指了指楊廣躲藏之處。

校尉令狐行達拔出大刀，衝了進去。

楊廣果然就躲在窗後，他看到令狐行達已經大步而來，便大聲說：「你想殺朕？」這一次，他沒有用吳語的「儂」而是強調了「朕」。

狐令行達說：「不敢。我們只想請陛下西還而已。」於是，上前扶起已經有些癱軟的楊廣下來。

楊廣最先見到的造反派頭目就是裴虔通。裴虔通之前也是深受楊廣的信任，這才把看殿的重任交給他，哪想到最後卻是他帶著士兵前來抓捕他。他望著眼前這個曾經的親信，說：「你不是我的舊部嗎？我們之間究竟有什麼深仇大恨，讓你非得做謀反的事？」

裴虔通說：「臣不敢反。只是將士們人心思歸，想奉陛下還京而已。」

楊廣聽了這些話，那顆緊繃的心這才稍稍放鬆一下，說：「我正打算回去，只是長江上游的運糧船未到。現在你們回去吧。」

裴虔通能回去嗎？他帶著士兵立在那裡，牢牢地盯住楊廣。

忙了大半夜，控制了楊廣，政變活動算是大功告成。

天終於亮了，天氣仍然陰冷，但狂風已經不再。

雖然在這個已經載入史冊的夜間，都是司馬德戡以及裴虔通等人在忙碌，但勝利的果實卻必須交給宇文化及。

孟秉帶著一群威武雄壯的甲士來到宇文化及的府上，迎接他過去接收勝利果實。

宇文化及這一夜也不好過。他雖然什麼事也沒有參與，只是在家中負責等待，但他仍然驚嚇受怕，不敢入眠，怕後果嚴重。直到孟秉前來迎接他，他仍然控制不住自己的驚慌，而且驚慌得「戰慄不能言」。

他腦子一片淩亂地騎在馬上，有人過來參見，他也只是低著腦袋嘟囔著兩個字：「罪過！」

司馬德戡見他來到殿前，就把他迎進去。到了朝堂之後，司馬德戡就稱他為「丞相」。

裴虔通對楊廣說：「現在百官都在朝堂，陛下必須親自去慰問他們啊。」然後把隨從的馬牽來，逼楊廣騎上去。

楊廣這時仍然耍大牌，說這個馬鞍籠頭太過破舊，不符合皇帝乘騎的標準，再換馬。

裴虔通雖然很生氣，但仍然幫楊廣換了一匹馬。楊廣這才騎了上去。

裴虔通手持大刀，牽著楊廣的坐騎出了宮門。

叛軍們看到皇帝已經控制在手，他們已經取得了決定性的勝利，都歡聲雷動，他們終於不用擔心沒有性命了，可以放心地回關中老家了。老家才是真正的家啊。

楊廣之前一直都把自己當成古往今來最偉大的人物，向來不把百姓的感受甚至生命當一回事，此時看到人們歡呼的場面，不知他心裡又作何感想？如果讓他去演講，他一定能講出一大套「得民心者得天下」的理論來，但他卻從沒有把民心當一回事過，他只在意他自己的心理感受，全國的資源都得為他的心情舒暢而浪費，全國的子民也都得為他服務。

眼看就要到殿前了，楊廣正要下馬進殿……

宇文化及遠遠看到，突然指著楊廣大聲叫道：「哪還用把他帶出來？趕快拉回去做掉算了。」

楊廣一聽，心頭一抖。這幾天來，他多次在心頭預演過亡國的結局。每一次，他都認為，最後他被敵人打得山窮水盡、面縛出降、宣布大隋倒閉摘牌之後，勝利的一方，就會走過場地把他責罵一頓，然後封他為某某公——最不堪的會在這個爵號上做手腳，用上幾個帶有侮辱性的字眼，然後讓他繼續過著腐敗的生活，一如陳叔寶那樣。在他的這些預料裡，他從來就沒有想到過，讓他走到最後關頭的居然是宇文化及兄弟，而且實際執行的居然是驍果！宇文氏父子是他一直以來最為親信的寵臣——絕對不是之一啊，他還在當晉王時，就已經寵信宇文述，這個寵信一直堅挺地貫穿著他的一生。而驍果也是他最為信任的部隊，是他新手建立的禁衛軍。他給宇文父子巨大的利益，讓他們長期在一人之下萬人之上的位置為所欲為，即使全國人民都已經對宇文氏父子恨之如骨，而他仍然不改其樂。他對驍果的待遇也是其他部隊想都不敢想的——連宮女都賜給他們解決生理問題了。結果，那些天天喊著打倒他的造反武裝還沒有對他怎麼樣，這兩個他最寵信的犯罪集團卻先聯合，直接把他打倒了。

這是什麼世道啊！

他無法理解這個世道，那是因為這個世道就是他弄出來的。

楊廣看到宇文化及那雙略帶驚恐又夾雜著陰險狠毒凶殘的目光，知道自己現在真的難免了，想成為「某某公」的夢想終於破滅。

他突然想起虞世基來。宇文述死後，虞世基就接替了宇文述的空缺，成為楊廣心目中頭號親信。虞世基的奸滑程度跟宇文述處於同個程度，但他的智商和學問又遠遠高於宇文述。宇文述只是當他的身邊工作人員，行政能力並不高，而虞世基還幫他管理朝政，讓他可以玩得沒有後顧之憂。他覺得他在江都這幾天日子，能玩得如此盡興，全靠虞世基。之前一碰到什麼困難，他第一時間就會想到聰明而奸滑的虞世基。這已經成為他的一種慣性。現在他又不自禁地想到了虞世基。

楊廣問了一聲：「世基何在？」

站在他旁邊的馬文興冷冰冰地回答：「已梟首矣！」

這話一鑽於楊廣的心頭，他全身瞬間發冷。

這個春天，真的太冷了！

楊廣的嘴皮一陣哆嗦，那顆腦袋也低垂了下來。

終於，他被帶回寢殿。

這是當時全世界最豪華的主臥室之一——西京和東都的那兩個寢室也許比這個還要豪華。他站在這間主臥裡，看了一眼帶他進來的人——以前跟他進來的都是明眸皓齒、肌膚勝雪的美女，而現在卻是裴虔通和司馬德戡幾個滿臉橫肉的男人，而且他們的手裡都拿著雪亮的大刀。前後的審美反差真是太過強烈了。

楊廣一聲長嘆之後，對這幾個以前怕他怕得要命的人說：「我何罪至此？」這個人跟很多壞事做絕的皇帝一樣，至死都不會認為自己有罪。

馬文舉冷冷一笑，說：「陛下韋棄宗廟，巡遊得無休無止。而且還外勤征討、內極奢淫，使得全國的壯丁都死於刀箭之下、女人都填於溝壑之中，導致盜賊蜂起。另外，陛下還專任奸佞，飾非而拒諫，致使局面壞到這個地步，何謂無罪？」

楊廣說：「我實負百姓。至於你們這些人，我都讓你們榮祿兼極，個個大富大貴，為什麼還這樣對我？今天之事，誰是主謀？」從他這話來看，他是知道他這輩子都在胡作非為，是不把老百姓當人看的，是負了天下老百姓的。

司馬德戡大聲回答：「溥天同怨，何止一人。」整個天下都每個人都恨你入骨，謀主何止一人。楊廣一聽，當場無語。他萬萬沒想到這個平時完全沒有口才的驍果這時居然能用這麼簡潔的話把他駁得無話可說。

這時，宇文化及又叫封德彝前來，歷數楊廣的罪惡。封德彝其實也是個人才，當年深得楊素的器重，楊素對他的期望值也很高。大家知道，楊素這個傢伙向來心高氣傲，從來不把人放在眼裡，如果封德彝沒有很強的能力，能得他另眼相看嗎？如果是在一個很好的皇帝的治下，他憑著自己的本事，個人事業也許真的可以達到楊素對他的預期。可是在楊廣把持下的這個世道，他能憑本事升遷嗎？他很快就知道按常規出牌是不行的，必須把人品丟掉，才能很好地活下去。於是他投靠了虞世基，成為虞世基的頭號智囊，為虞世基出謀劃策，教虞世基如何更討得楊廣的歡心，從而掌握更大的權力。這幾年下來，他的身上已經沒有「人品」二字可言了。

宇文化及的確很陰，在這個時候，偏偏派這個楊廣和虞世基都寵信的傢伙前來向楊廣宣布罪狀，讓楊廣在最後時刻還被狠狠地打一場臉。

楊廣一定知道宇文化及的意思，因此看到封德彝時，就對封德彝說：「你堂堂士人，怎麼也做這種大逆不道的事？」

封德彝畢竟是讀書人出身，聽到楊廣的話，臉不由得一紅，然後低著頭夾著尾巴退了出去。

楊廣向來很少有愛心，但他很愛自己的小兒子楊杲。楊杲這時才十二歲，比他那幾個當京師留守的姪子還小，所以楊廣就把他也帶在身邊。楊杲雖然是楊廣的兒子，但卻硬是沒有傳承楊廣那些暴虐無比的基因。他很聰明，而且很帥氣，年紀還很小，就能誦讀楊廣寫的那些詞賦。最讓人覺得他可愛的還是「性至孝」，如果看到楊廣不吃飯，他也會終日不食。雖然他不是蕭后的兒子，但他對蕭后也像對待自己的母親一樣。有一次蕭后需要使用針灸，他就請先在他的身上試一試。要是蕭后不同意，他就對蕭后說：「妳老人家每次生病，所服之藥，我都曾有幸嘗之。現在妳要行針，我也應該為妳先試。」他一邊說著，一邊就哭了。蕭后也很心疼他，怕他難受，就宣布不用針灸，而對他更加疼愛了。

是啊，這樣的孩子誰不疼愛呢？

這時，楊杲正好也在現場。他看到這麼多人拿刀逼著他的父皇，便緊緊地靠著楊廣、抓著他的衣服，慟哭不已。裴虔通覺得煩了，把他一把扯過來，然後手起刀落。一個可愛的孩子就此死於非命。他根本不知道他為什麼死去。他是那麼可愛，可是在這個世道上，他的可愛無用，沒有誰被他的可愛感動。

當血光在楊廣面前暴濺、他那聰明至孝而非常可愛的兒子屍橫當地時，楊廣知道這一刀馬上就要砍在自己的身上了。

他這時倒也冷靜，對那幾個正要舉刀砍來的人說：「天子死自有法，何得加以鋒刃。取鴆酒來。」楊廣當上皇帝後，美酒美女已經成為他每天的標配，尤其是近期，他幾乎每天都要喝得不省人事。很多人都不會想到，他最後要求喝的居然是鴆酒。這是報應還是天注定？他這幾天來，也怕哪天遭遇不測，已經準備了一瓶毒藥，每天帶在身邊，還曾對他最寵愛的美女說：「若至，汝曹當先飲，然後我飲。」可是半夜裡突然亂得毫無徵兆，左右都已經散去，他想找那瓶藥，卻怎麼也找不到。

楊廣只好要求叛黨幫他去找藥。但這幾個人哪有那個耐心？既然天子不能加以鋒刃，那我們就不用刀吧。我們可以把你絞死。

楊廣一聽，知道也只有如此了。他解開自己的練巾交給令狐行達。

令狐行達接過練巾，把楊廣絞死在江都的行宮中。

他們放過了蕭后。蕭后看來已有心理準備，她沒有表現什麼不一樣的情緒來，只是在這群人離開之後，帶著幾個宮人，撤下漆床板，做成小棺材，把楊廣和楊杲裝進去，停柩於西院的流珠堂。

楊廣一死，其實已經可以宣布大隋沒有什麼事了。

歷史上大多數專家對楊廣的評價都是負面的。

隋書對他下的結論：《書》曰：「天作孽，猶可違，自作孽，不可逭。」《傳》曰：「吉凶由人，祅不妄作。」又曰：「兵猶火也，不戢將自焚。」觀隋室之存亡，斯言信而有徵矣。

當然，近代以來，有些歷史學家也在為他翻案，說他修了長城、還修了運河，實在是功不可沒，說他為了千年大業，不惜身背滾滾罵名。說他巡遊並不是為了玩耍，而是為了親自到工地去，督促各級官僚貫徹落實他的這些造福千秋萬代事業的決策，從而證明他是一個被誤解了的具有雄才大略的皇帝。如果你從現實中去解讀這樣的說法，它能成立嗎？楊廣絕對是個建設狂人，他修建了大量的宮城，在中國歷史各個朝代中，隋祚只比秦朝稍長一點，可以說是一個非常短的朝代，但隋朝修建的宮殿數量和規模絕對是最多最大的，而且在短短三十多年時間，修了兩座都城。耗費之大，實在令人咋舌。他們在修建都城之後，又挖了大運河。他挖大運河其實只有三個目的，一個是可以加強東都與幾個地方的交通運輸，保證東都物資供應，二是方便把南方的物資送到涿州，為攻打遼東提供物質保障，三就是為了方便自己駕龍舟南北巡遊。我們來看看這三個目標，東都的交通的確是得到了保證，也的確充實了洛陽周邊幾個糧倉，好像達到了備戰備荒的目標。可是當遍地饑民如蟻的時候，楊廣朝廷並沒有開倉放賑，讓老百姓能活下去，終最釀成了全國性的動亂。如果他不把全國的糧食集中儲存在這些大倉之中，讓老百姓的家裡還有些散糧，也許亂子還沒有這麼大。結果，這些走投無路的老百姓都成了「盜賊」的中堅力量，而且越剿越多。最後李密們還攻下了這些大倉，徹底收買了民心。備戰備荒的物資儲備結果全部資助了這些「盜賊」，這樣的雄才大略，實在也太諷刺了。至於伐遼東，更是整個楊廣帝王生涯中無數個敗筆中最大的敗筆，更加與雄才大略四個字毫不沾邊。只有他乘著龍舟巡遊南北的目的順利達成。但這又怎麼跟雄才大略這四個字掛上勾呢？其實，他只不過是吃了開皇之治的老本，而在老本吃光之後，仍不收手，最後透支了國力和民力。老百姓忍無可忍之後，終於暴發了。這個「雄才大略」的皇帝，在西征吐谷渾回來，損兵折將，狼狽不堪，在三次遼東之戰時，更是敗得大國顏面盡失，滯留江都時，對全國形勢一無所知，被壓得無法動彈……凡此種種，實在難以讓人把他的名字與「雄才大略」這四個拚接在一起。當然，那些專家完全可以說，後來的歷史證明，大運河後來對中國經濟的發展的確發揮了重要的作用。只是實際的歷史問題還是應該回到實際的歷史場景裡去考量，他的這些做法，對於當時的全國老百姓而言，是一場巨大的災難。如果忽略這些令人髮指的災難去頌揚他的功績，我想，當時全國的老百姓地下有知，是堅決不會同意的——因為這些值得翻案專家們頌揚的功績，都是當時全國老百姓的民脂民膏甚至犧牲生命換來的。你撕開這個功績的外衣，看到的將是一堆又一堆的老百姓賤如草芥的白骨。如果用這種選擇性失明的考量方法去審視歷史，還可以在很多殘暴之君的身上找到其耀眼的閃光點來。

另外說他巡遊是為了督促地方官貫徹落實朝廷制定的政策方針，那就更扯淡了。如果你信不過地方官，必須督促，需要近十萬人一起出動、舳艫千里、浩浩蕩蕩嗎？何不輕車簡從，甚至派出督查小組到各地巡視，則完全可以到督察的目的。

他很聰明這是真的。

但他很殘暴，還很昏庸，更是真的。

這個歷史早有定論、但近世又有爭議的皇帝就這樣被絞殺在江都豪華的寢宮裡。

3

宇文化及他們殺掉楊廣之後，就理解到「國不可一日無君」，如果他們不馬上擁立一個新皇帝，那麼他們就必須承認李淵擁立的那個傀儡皇帝楊侑，以後他們還得接受李淵的統治。他們當然不會做這個蠢事。他們想到的第一個繼任人就是楊秀。楊秀是楊廣的弟弟。楊廣雖然已經把楊秀徹底廢掉，但對他仍然保持著戒心，每次巡遊，都把他帶著，到目的地之後，就把他關在驍果營中。所以，宇文化及第一個想到的就是他。

可是宇文化及剛剛提出這個動議，大家就都表示堅決反對。他們的理由很簡單，楊秀是楊堅兒子中少有的膽氣豪壯又武藝高強的人，當年朝廷百官對他也都很尊敬，讓這樣的人來當皇帝，以後還有我們什麼事嗎？

宇文化及一聽，這個真的立不得。既然他這麼難管，那就把他做掉算了。於是，把楊秀以及他的七個兒子一起殺掉。至此，楊堅的五個兒子全部掛掉，而且個個死於非命。一個曾展開開皇之治的開國皇帝，五個兒子沒有一個得以壽終正寢，這在中國歷史上實屬罕見。由此可見楊堅自己在處理兒子之間的事上，還是很糟糕的。這個糟糕的主因是他自己太過多疑，開始時想培養幾個兒子掌握各方大權，以便在他掛掉之後，拱衛中央，保證他建立的大隋四平八穩，沒想到結果他的疑心病越來越嚴重，嚴重到對自己的兒子都不放心。於是，一個個兒子就在他的嚴重懷疑之下，先後失勢（當然楊廣除外），楊俊在他還活著時，就中毒身亡；楊勇和楊諒則被楊廣剪除；楊廣則是自作自受，被手下做掉，楊秀又被宇文化及誅滅。楊堅對自己的兒子不放心，楊廣一樣如此。楊廣一直懷疑他的另一個兒子楊暕，老是怕這個兒子會對自己政變。當裴虔通他們帶著亂兵殺進玄武門時，楊廣最先懷疑的不是別人，而是他親生的兒子楊暕。他聽到凌亂的腳步聲後，就對蕭皇后說：「得非阿孩邪？」一個本來智商非常高的人，在權力場上歷練成多疑人士之後，智商也被虐到不可思議地步。楊暕被他的老爸嚴密監控，已經很久沒有跟老爸見面了。當宇文化及的殺手來到他的府上時，他還以為是他老爸派人來殺他，他還對殺手們說：「請皇上放過孩兒吧，孩兒沒有做過什麼對不起國家的事。」那幾個殺手也懶得向他解釋，把他拉到街上，當著很多人的面「斬之」。他至死都不知道殺他的人為誰。父子之間，至死也沒有消除隔閡——因為這個隔閡是由堅硬的權力之牆建構而成，即使父子親情，也難擊破。

一部皇家史，滿紙荒唐言。

宇文化及的智商不高，膽子不大，但作起惡來，手段向來大氣磅礴，既然殺了楊廣，又殺了楊秀，那些宗室還留著做什麼？他又舉起屠刀。於是，隋朝宗室、外戚，無論少長，都排頭砍去。只有秦王楊浩，因為向來跟宇文智及交好，被宇文智及保護了下來。

接著，宇文化及又抓到虞世基、裴蘊、來護兒等人。

這三個傢伙，本來都是大隋的菁英，都是經歷過大風大浪的人，應變能力非常強。但在楊廣的手下，也變得智商不高、神經麻木、腦筋處於當機狀態。

大家知道，司馬德戡他們準備謀劃作亂時，基本上處於半公開狀態，連很多宮女都知道，這些人哪能不知？只是他們知道，楊廣這幾年來被虞世基那報喜不報憂的方式糊弄得神經已經麻木，你要是向他如實報告這些情況，他就會龍顏大怒，拿你是問。因此誰也不敢出聲。司馬德戡宣布行動的那一天，陽江長張惠紹就獲悉這一切，急忙去向裴蘊報告。

裴蘊絕對是個聰明人，那雙眼睛目光如炬，而且行政能力非常強，當年就深得楊堅的器重，只是成為楊廣下屬之後，也向虞世基學習，修正人品，把聰明才智都花到拍馬屁、逢迎聖意這些事上，成為一個標準的奸臣。他平時雖然也像虞世基那樣，報喜不報憂，但當他聽到這件事時，知道如果再報喜下去，皇帝和他們這幫人都得通通完蛋，因此馬上就跟張惠紹制定出一套應急方案：矯詔調動江都城外的部隊逮捕宇文化及等人，擊破城門援救楊廣。可以說，如果當時他的這個謀畫成功實施，楊廣還是可以扳回局面的。

可是，他還去向虞世基報告。因為他深知楊廣的性格，你矯詔成功之後，他就會忘記你的功勞，而會記住你曾經矯詔過，於是，他的麻煩結束了、你的麻煩就大了。因此他必須把這個責任推到虞世基那裡，到時責任也由虞世基分擔一點。沒想到，虞世基卻認為，哪會出現這樣的事？你們太敏感了，不可輕舉妄動。於是來個「抑而不許」。

時機稍縱即逝。

不過半天，司馬德戡就已經發難。

裴蘊得知之後，只有一聲長嘆了：「謀及播郎（虞世基小字），竟誤人事。」他這時候才知道，跟虞世基這樣的人謀事，只有誤事，然後就只有在那裡等別人處理了。

虞世基的人品已經修煉得差到最底線，但他的兒子和兄弟卻還是不錯的。當政變發生後，虞世基有個親戚叫虞伋，對虞世基之子虞熙說：「事情已經到了這個地步，我帶你一起到南江去吧。一起死真的沒有什麼用啊。」

虞熙說：「棄父背君，還有什麼臉活著？謝謝你的關照，就此永別。」

在虞世基全家被抓的時候，虞世基的哥哥大書法家虞世南抱著這個奸臣弟弟對宇文化及說，讓我代替他去死吧。

宇文化及堅決不同意。

於是，裴蘊和虞世基這兩個楊廣後期最親信的大臣，就這樣完蛋。這兩個傢伙，本來都有治世之才，尤其是裴蘊，早年當地方官時，政聲好得一塌糊塗，可是下決心跟定楊廣之後，就重新建立價值觀，再造人設，把自己打造成一個標準的奸臣。兩人發揮自己的聰明才智，摸準楊廣的愛好，時刻逢迎馬拍，深得楊廣的歡心，得以長期處於權力核心，生活過得幸福美滿。他們以為，他們終於找到了一個好門路，找到了一個在官場上永不倒下的良方。萬萬沒有想到，最後會釀成這樣的結局。如果他們碰到的不是楊廣，而是某個英主，他們一定會是史上很有作為的能臣。楊廣造就了他們的悲劇，他們也加速了楊廣滅亡。

楊廣一朝的權力核心中，除了這兩個人之外，還有那個西域專家裴矩。照道理而言，宇文化及他們也會把這傢伙砍掉。可是有一件事救了他。這件事就是去年在驍果嚷嚷要回關中的時候，他就預測到時局不妙了，而且隱隱然覺得這些驍果以後會出來作亂，於是他就向楊廣提出厚遇驍果、分配給他們婦女，所以這些驍果對他很感激。驍果們很講氣，當他們看到裴矩被抓的時候，就集體大喊：「非裴黃門之罪。」

裴矩看到這個場面，知道自己有救了。當宇文化及來到時，他急忙跑到馬前叩拜。宇文化及雖然陰毒凶險，但他也知道，這次起事，靠的都是這些頭腦簡單、肌肉發達的驍果，如果得罪他們，他以後基本上就不用活了，因此就宣布放過裴矩。另外一個強者蘇威。蘇威在楊堅朝中，是權力頂尖上的人士，深得楊堅的信任，曾經權傾朝進野，但後期也被懷疑，權力不斷地削弱。楊廣不管去哪裡，都會帶著他，有什麼疑難的事，還在問他，但已經不讓他再染指權力了。所以他多年來，已經跟朝政無關，也跟很多人沒有恩怨了。於是，宇文化及也不再為難他。蘇威是幾朝元老，聲望素重。而宇文化及一群人的地位都不怎麼高，如果不是這次政變，他們在蘇威面前只是一群滿臉堆笑的奴才。當蘇威來見宇文化及時，一群人都向他行禮，對他非常是尊重。

到了這個時候，一切已經由宇文化及說了算。

當然，現在還有很多事要走過程。大家排隊把宇文化及迎到朝堂，向他表示祝賀。突然有人發現，所有的人都到了，給事郎許善心卻沒有來。於是，他的姪子許弘仁騎了匹快馬去向找他，對他說：「皇上突然駕崩，現在是宇文將軍攝政，全體朝臣都已經集合。你也是聰明人，應該知道，天道人事自有其相互替代的規律。這些事都跟你無關，何必這麼糾結、對楊氏如此流連不捨？」

許善心大怒，不說什麼，也不起身跟姪子出發。許弘仁只好灑淚而出。

宇文化及派人到許善心的府上，把他抓到朝堂，然後把他放了。這對於陰險凶殘的宇文化及而言，已經算是格外開恩了。可是許善心並不領情，被釋放之後，並沒有按照規矩完成朝廷禮數便昂然而出。宇文化及強壓的怒火立刻暴發，指著許善心大喝：「你這傢伙如此不知好歹。」派人再把他抓起來，當場殺掉。

當許善心的靈柩送到家裡時，他那個已經九十二歲的老母親，跌跌撞撞地來到靈柩前，臉皮肉抖了幾下，抻出顫顫巍巍的手，摸著兒子的靈柩說：「能死國難，吾有子矣。」她的臉上沒有一滴老淚。之後，她回到自己的房間，臥在床上，不再進食，十天之後終於死去。

當然這位壽星之死對宇文化及並沒有造成什麼心理上的影響。他這時已經大權在握，可以為所欲為了。他宣布，現在他的職務是大丞相、總百揆。他必須比李淵的職務更高。然後以皇后的命令，立楊浩為帝。楊浩是楊俊的兒子。其他楊家的宗室都已經被殺，他靠著跟宇文智及的關係得以活下來。現在楊家在江都沒有人了，宇文化及就乾脆讓他來扛招牌。他當了皇帝之後，只能住在別宮，每天的工作就是在宇文化及他們起草的詔書上畫押簽字。而且宇文化及還派兵監守他，讓他完全沒有自由。

4

長安那邊的李淵也是在這個時候再進一步，先是接受楊侑轉移給他十個郡的封地，然後也加了總百揆。

楊侑接著還給李淵一個特權：唐國可以設定丞相以下的屬官，並加九錫。

誰都知道，楊侑的這一系列行動，都是李淵在操作。但這些詔令下來之後，他又公開對別人說：「這都是那些拍馬屁的人想玩我。我現在大政在手，而自加寵錫，那不是在鬧笑話是什麼？這些魏晉的習慣，其實都是一些虛禮，糊弄人而已。魏晉的那些人，雖然權勢熏天，但他們的作為，還趕不上春秋時代的霸主，可是追求的聲名卻想超過禹、湯、文王三王。我就常常恥笑他們，現在我怎麼又去效法呢？」

通常到這個時候，都有幾個馬屁精應聲而出：「老大，歷代所行，焉可廢之？」

李淵正需要有人這麼說，沒有這個拍馬環節的出現，哪能顯得他的英明？他馬上答：「堯、舜、禹、湯，各因其時，以不同的方式登上王位，但不管如何，他們都以其至誠上應天意、下順民情，沒聽說夏朝、商朝末年一定得學學唐虞的禪讓。我看這件事皇帝一定不肯做。如果他不肯做，我自己尊崇自己又假意推讓，那不是把笑話做了又做，一直做第N集了？」於是，他只把丞相府改為相國府，那些九錫之類的都打包退回。

如此一來，這個神奇的土地上，不但有數不清的「盜賊」在鬧，還有兩個總百揆在遙遙對峙。這兩個總百揆這時都進入忙碌時期。

東南的總百揆宇文化及在忙著鞏固剛剛到手的大權。他成為總百揆之前，地位並不怎麼高，自己根本沒有完成拉幫結派的工作，而且也不是事變的策劃人物，完全是被動拉下水的。現在突然身居高位，當然得整理一下隊伍。那群作亂的主力，也都是被逼出來的，之前也都是幫別人打下手，向來沒有發言權過，他們只想回到關中去，其他的訴求基本上都沒有，因此也都不是做高官的料。宇文化及除了讓宇文智及為左僕射外，還讓裴矩當老三——裴矩雖然也逢迎楊廣，做了很多別人看不順眼的事，但他的確有才，是這群人中經驗最豐富的大老。然後讓左武衛將軍陳稜為江都太守，總管留守事宜。

做好了權力構架之後，就得宣布離開江都、返回關中了。

因為驍果們打死都要回關中，所以宇文化及必須順應這個呼聲。他任命陳稜為江都留守，再高調宣布內外戒嚴，然後下令朝廷返回長安。出發的時候，皇后六宮仍然按老規矩為御營，營房前另外搭帳，宇文化及就在這個大帳裡辦公，儀仗和侍衛人數，全比照皇帝的標準。

驍果們已經歸心似箭，他們接到命令之後，馬上採取行動，發揚土匪精神，搶奪江都人的船，取道彭城由水路向西而行。

驍果們個個都喜氣洋洋。

但折衝郎將沈光卻一點也不高興。宇文化及膽子很小，怕別人對他做出不利的動作。他看到沈光肌肉發達，戰鬥能力很高，就讓他在御營內統領給使營。行至顯福宮，虎賁郎將麥孟才、虎牙郎錢傑找到沈光，對他說：「我們這些人向來受先帝之恩，現在居然低頭為仇人做事，被他驅使，還有什麼臉做人？我們一定得想辦法殺掉他，縱然失敗也死而無憾。」

沈光也流淚說：「這正是我的想法。大家都一起努力吧。」

於是，孟才迅速聯絡了一批同黨，各率部下，準備行動。他們清點了一下人數，居然也有幾千人。幾個人心頭大喜，商定好清晨起床後突然向宇文化及發難。

他們的策畫沒有錯，但保密做得有點糟糕，消息被走漏了出去。宇文化及在夜裡居然也聽到消息，他連夜跟幾個心腹走到御營外面，派人通知司馬德戡，讓他帶兵去誅殺麥孟才等人。

沈光聽到營裡突然發出喧囂之聲，立刻知道事情不妙了。他馬上帶著自己一群親信衝進宇文化及的大帳裡。只見大帳中已經空空如也，宇文化及的蹤影都看不到，只看到那個郎元敏。他列舉了郎元敏的幾條罪狀之後，殺了他。這時，司馬德戡已經領兵殺了過來，把沈光一行人重重圍住，最後殺掉了沈光。沈光手下幾百士兵都跟著沈光一起拚命，沒有一個人投降。

這一次，對於宇文化及而言，真是變生肘腋，而且毫無徵兆，全靠對方保密的疏失，否則他真的死無葬身之地。

宇文化及雖然差點被別人政變，但他仍然控制十餘萬軍隊，而且這些軍隊都是楊廣親自組建的最為精銳的部隊。他繼續帶著他這支大軍向西而去。他這時雖然擁立了一個皇帝，但那個皇帝卻被關在尚書省裡、由五十個武裝人員看守、過著囚徒般的生活，還規定百官不得朝拜，他自己則「據有六宮，奉養一如煬帝」，把楊廣的幸福生活全面繼承下來。而且在帳中還南面而坐——完全是皇帝的作派。

他雖然把皇帝的架勢擺足，但能力實在太有限。當他南面而坐，面向百官主持朝政、聽取別人匯報時，不管別人怎麼說，他只是默然不語、或者只是嘿嘿地傻笑應對。等下朝之後，他才把這些上報文件拿過來，交給唐奉義、牛方裕、薛世良、張愷等人商量著處理。

來到彭城之後，水路已經不通，這群人便繼續發揚土匪精神，開展一場搶劫活動，又搶到民車民牛兩千多輛，專門運載宮人和珍寶。至於那些武器等等軍用物資，則全由士兵們負在身上。揹著這些鐵傢伙走一兩個時辰，也許還沒有事，可是連續負重行軍幾天，士兵們就受不了。大家都叫苦叫累不迭，我們這些當兵的，比挑夫還累啊。背這麼多鐵器行軍，只怕還沒有到長安，我們都先累死了。

司馬德戡聽到士兵們的埋怨，知道大家意見又大了。只要這個意見再大下去，就會暴發。他暗地裡對趙行樞說：「老兄把宇文化及奉為老大，真是害人不淺啊。要整治這個亂世，必須是德才兼備的英雄豪傑，宇文化及既無才能還人品有問題，他自己就是一個標準的小人，身邊又是一堆小人在團團圍著他。大事一定會壞在他的手裡，我們怎麼辦？」

趙行樞很輕鬆地說：「局勢仍然掌握在我們的手上，把他廢掉，又何難哉？」

從他這句話上看，他對宇文化及是很看不上眼。他看宇文化及不上眼，是有他的理由的，一來現在十餘萬大軍的主力就是驍果，而驍果營目前就掌握在他們的手裡，也就是說兵權由他們控制；二來宇文化及智商並不高，還不得人心，要處理這樣的人，那不是小菜一碟。

但他忘記了一條，宇文化及膽子小，又陰險凶殘。膽子小的人，疑心就重，警惕性就高，防備就嚴密，上一次他差點被解決，現在他對自身安全的防範就更加嚴密了。宇文化及的智商雖然不高，但他並不弱智，而且他也在權力高層混了很長一段時間，知道他之所以有今日，全靠司馬德戡和驍果的力量，自己目前也只是個空殼公司，因此對司馬德戡一直「心忌之」。他先賜司馬德戡為溫國公，加光祿大夫。之後，他就一直想著方法，要把驍果從司馬德戡的手中剝離出來。如果還讓司馬德戡掌握驍果，他就永遠睡不了覺。幾天之後，宇文化及就做了人事安排，加司馬德戡為禮部尚書。大家一看就清楚，這是很直白的明升暗降手段——一個外表粗獷的職業軍人，當什麼禮部尚書？這分明就是強奪他手裡的兵權。

司馬德戡再怎麼笨，心裡也很憤怒。他第一時間就理解到，自己跟宇文化及的衝突很快就會不可調和，必須做好準備。於是，他把所有的賞賜全部送給宇文智及。宇文智及是宇文兄弟中智商最高的，也是前次政變的實際策劃人物，但也跟他哥哥一樣，非常愛財，一看到錢財，智商就跟著下降。他看到司馬德戡主動送他錢財，就很乾脆地答應為司馬德戡說話。於是，司馬德戡又拿到一個任務：負責殿後。殿後是需要手裡有兵的。於是，這個新上任的禮部尚書又可以統領一萬多人的隊伍了。

現在他決定用這一萬人作亂。他召集趙行樞、李本、尹正卿、宇文導師等人進行密謀。大家一致贊同打倒宇文化及這個流氓，然後由司馬德戡為老大，帶大家繼續回關中。

這些人畢竟還不是作亂的老手——如果是作亂的老手，他們在密謀串聯回關中時，就不會那麼張揚了，張揚到連楊廣的宮女們都知道的地步，如果楊廣不那麼奇葩，他們早就已經身首異處了。由於楊廣的奇葩，他們僥倖成功了。他們成功後，並沒有總結他們成功的主要原因在哪裡，只是天真地認為，他們真的很有才。他們居然沒有理解到，成功的政變，基本都是唯快不破，時間一拉長，洩密的機率就越大，成功的機率也就越低。如果他們密商之後，立刻率後軍向宇文化及突襲，宇文化及一定難逃一劫。可是他們在謀定之後，又派人去跟孟海公聯絡，請他當他們的外援。這一來一往，是要花時間的。再加上孟海公並不是一個乾脆的人，接到通知後，又猶豫不決，很久都不給他們答覆。

就在孟海公猶豫的時候，消息洩漏了出去。

那個被宇文化及害死叔叔的許弘仁最先知道了這件事。他馬上跑去向宇文化及告了密。

宇文化及一聽，不由得大吃一驚，他們果然要算計老子。他馬上把自己另外一個弟弟宇文士及叫來，如此這般地交待了一番。

宇文士及馬上帶著自己的部屬，說近來天天行軍太枯燥了，今天帶著兄弟們出去打打獵，改善一下生活。

本來，身為政變者，在自己行動之前，就應該密切地監控著對方的一舉一動，看到他們在這個時候把部隊帶出，就必須有所警惕。可是司馬德戡他們卻毫無反應。

宇文士及帶著士兵們出來後，很快就來到司馬德戡後軍的營地。

到了這個時候，司馬德戡仍然完全沒有警惕性。他聽說宇文士及來了，還一臉微笑地出來迎接。宇文士及本來還在想著如何突襲才能成功，沒想到這個人居然蠢到這個地步，自己滿臉微笑地前來自投羅網，司馬德戡啊，你的服務態度實在是太優秀了。

他一言不發，手一揮，幾個武士上前，就把司馬德戡一舉抓獲。

司馬德戡這時候才知道，自己真的太天真了。總以為宇文化及蠢，原來自己比宇文化及還蠢。把敵人看得蠢的人，往往比敵人更蠢。

司馬德戡被帶到宇文化及面前。

宇文化及指著他罵道：「我跟你本來同心協力平定海內，實在是冒著萬死之險。現在事情剛剛成功，正想和你一起共享富貴，可是你居然又突起異心，做起謀反的事來。」

司馬德戡知道自己落入這個無賴之徒的手裡，已經毫無僥倖可言，說：「我們殺掉昏君，是因為受不了他的荒淫暴虐。你做老大之後，竟比昏君有過之而無不及。我圖謀舉事，一是迫於人心，二也是迫不得已。」

宇文化及冷冷一笑，哈哈，你以為老子就這麼容易被你解決嗎?老子決定讓你享受昏君同等待遇。

他下令把司馬德戡吊死，然後殺了政變集團的十九個核心成員。那個被司馬德戡引為外援的孟海公聽說司馬德戡他們已經被解決，不由得大懼，帶著部眾扛著酒肉前來迎接宇文化及。

5

宇文化及雖然輕鬆解決了司馬德戡的政變，但在面對李密時，卻沒有辦法。

李密聽說宇文化及率眾從江都而來，就搶占了鞏洛，擋住宇文化及的去路。宇文化及雖然囂張，但也知道要在李密面前衝關撞卡並不容易，因此就引兵東郡。

東郡通守王軌看到宇文化及來到，就舉城投降，終於讓走投無路的宇文化及有了一處安身之地。

宇文化及離開江南後，吳興太守沈法興乘著江南空虛，覺得機會來了，便宣稱宇文化及弒君叛逆，必須討伐，因此起兵向江都出發。他一邊出發一邊招兵買馬，到烏程時，就徵到了六萬精兵。他帶著這六萬人連續拿下餘杭、毗陵、丹陽，長江以南的十幾個郡。拿下這些地皮之後，他的野心就暴露出來了——並沒有再去追宇文化及、完成討逆大業，而是在江南打造自己的地盤，自稱大總管，承制置百官。於是，江南的一個勢力又乘勢而生。

當然，現在南方的重要勢力仍然是蕭銑。這個人被一幫巴陵豪傑推舉成為荊州一帶的老大，自己並沒有經過什麼打拚，但藉助著「大梁」的旗號，勢力發展得很快。他看到勢力已經有了一定規模，就宣布登基當皇帝，置百官，一切按照南梁的規制，封董景珍等幾個實力派的大老為王。這時，這個集團還是很有進取心的，派他們的宋王楊道生向南郡發起進攻。南郡這時仍然舉著大隋的旗幟，但已經無法得到大隋朝廷的堅強帶領，實際已經處於孤軍作戰、人心惶惶的境地，被宋道生一進攻，淪陷得很乾脆。

於是，蕭銑宣布把首都遷到江陵，任岑文字為中書侍郎，專門負責重要文件的起草。這個集團此時還是很清醒的，知道長江以北群雄割據，情況比較複雜，那些對手都是身經百戰的老江湖，要去跟他們搶地盤，實在是太難了。因此他們採取了向南發展的策略，派張繡帶兵向嶺南進軍。張繡進軍之後，旋即遭到張鎮國和王仁壽阻擊。這兩個男人此時仍然高舉著大隋的偉大旗幟，以為自己努力作戰，就可以得到楊廣的高度讚賞，可以升官發財。沒想到，他們才一出陣，就得到一個讓他們崩潰的消息：他們偉大的皇帝楊廣已經被一群小人殺掉了。大隋朝廷已經被宇文化及裹挾著往北逃去，跟一群流民沒有什麼差別。他們盡忠的對象都沒有了，還努力作戰個屁，於是都放下武器，向張繡投降。這兩個人一投降，嶺南很多人都知道大隋已經處於倒閉清算的歷史時期了。他們剛聽到這個消息時，不由得都發呆了：不是說皇上很生猛嗎？北服突厥、西擊吐谷渾、跨海打流球、出使南洋、還東征高麗，更要命的是，才短短幾十年，就修建了全世界最大的兩座首都？開鑿了大運河，人類奇蹟一個接著一個地創造出來，神州大地進入了史無前例的盛世……，這些令人血脈賁張的宏大敘事的宣傳都還歷歷在目，怎麼一下就拉倒了？而且時間太短，連個過渡期都沒有，突然得讓人轉不過彎來，簡直無法讓人接受。但你再怎麼轉不過彎，歷史已經強硬地進入了轉捩點。你不接受也得接受。

歷史就是這麼無情，就是這麼不以人的意志為轉移。

嶺南的那些強者在短暫的發呆之後，馬上就理解到不能再發呆下去了，他們得在這個時候選擇立場，決定選邊站的姿態。結果，欽州刺史寧長真宣布歸順蕭銑，漢陽太守馮盎則以蒼梧、高涼、珠崖、番禺之地附於林士弘。

蕭銑和林士弘突然發現對方同時把手伸進嶺南，便都加快了競爭的力度。林士弘派人到交趾，勸交趾太守丘和跟他，丘和不同意。蕭銑看到林士弘來軟的不成功，就叫寧長真去打交趾。丘和看到寧長真的部隊出現在海上，就有點怕了，想開門投降算了。

就在這時，又一個強者冒了出來。他就是高士廉。

高士廉本來是渤海人，他的爺爺叫高岳。高岳是高歡的族弟，曾經是權傾北齊的「四貴」之一。當然，從北齊到現在，政權都更新了幾次，高士廉來到這個世界時，他們已經不是皇家的貴族了。他還年輕時，就很有器量，對文史典籍多有涉略，其人品和才華，都深得當時士大夫們的讚許。但他時刻都記得自己是北齊宗室的身分。這樣的身分是不宜廣泛結交各路名士的。於是他到終南山那裡隱居，閉門謝客。可是隱居沒有多久，他就又出來做事了——不工作就沒有飯吃，隱士也是要吃飯的，大業五年，他出任治禮郎。這時他那個北齊宗室的身分雖然已經沒有為他帶來什麼好處，但他還有一個很厲害的妹夫。他的妹夫就是突厥專家長孫晟。有這樣的後臺，他在仕途上應該比別人更能走捷徑。可是他才一腳踏進仕途沒幾天，一直很活躍的長孫晟就掛掉了。高士廉只好把自己的妹妹接回家中，並撫養了他的外甥長孫無忌以及外甥女長孫氏。他很快發現李世民太有才了，就將這個外甥女嫁給了李世民。

當時，他的職務並不高，也不是官場的熱點人物，照理說不會出現什麼大的風險。可是他跟那個斛斯政交往比較密切——斛斯政當時是楊廣的紅人，他大概以為可以靠斛斯政的提攜，走上官場的快車道。沒想到，斛斯政不久就出了大事。身為斛斯政朋友圈中的人物，高士廉當然受到了牽連，被貶為朱鳶縣的主簿。很多人看到朱鳶兩個字，以為這個地方應該不錯。其實這個縣是在很邊遠的南方以南——現越南海興省境內。當時，嶺南氣候炎熱，北方人實在難以承受，是傳說中的「瘴癘之地」，他不能把老母帶過去，於是就將妻子鮮于氏留下，奉養母親。他又想到自己離開後，妹妹沒有依靠，就賣掉大宅，再購置了一處小宅安頓他的妹妹，並把剩下的錢分給母親和妹妹。

高士廉來到貶所時，天下已經亂得不成樣子，朝廷的文件已經無法再傳到邊遠之地。交趾太守丘和覺得高士廉是個人才，就提拔他當了司法書佐，對他很信任。這個人雖然被楊廣貶到南方之南，但他仍然對大隋抱有希望，很想得到朝廷的關照，因此就勸丘和不要投降寧長真。他對丘和說：「寧長真的部隊雖然人數眾多，但他懸軍遠至，哪能持久？我們城中的部隊足以當之，奈何做這種望風而降之舉？最後受制於人。」

丘和一聽，覺得很有道理，就讓他當了司馬，主管軍事。高士廉馬上帶著部隊去迎戰，把寧長真打得大敗，「盡俘其眾」。寧長真僅以身免。

丘和看到高士廉取得這麼巨大的勝利，大喜過望，正要舉行一次熱烈而隆重的慶功大會。沒想到，有幾個從江都逃過出的驍果居然逃到交趾，求丘和給口飯吃。

丘和他們這時候才知道，他們的皇上楊廣已經被別人殺了，現在全國一盤棋全亂了，隋家天下基本上完蛋了。

丘和和高士廉這時候才知道這個大捷對他們真的毫無意義了。他們想來想去，決定向蕭銑投降，宣布以後交趾之地都是新大梁神聖不可侵犯的領土。

蕭銑很高興，他的地皮越來越多了。

不過，始安郡的郡丞李襲志仍然不服。李襲志也是個大隋的忠臣。他在未得到朝廷命令的情況下，居然散其家財，召募了三千多人，保衛郡城。

蕭銑、林士弘兩個勢力先後派兵前來攻打，但都被他擊退。跟那個丘和一樣，就在他取得幾場保衛戰的勝利後，楊廣被弒的消息傳到始安。這個人比丘和有忠心多了，他得知這個消息之後，馬上在那裡為楊廣舉行一場追悼會，帶著一群手下痛哭三天。有人乘機對他說：「老大出身中州貴族，長期在這裡當政，大家對老大都是心服口服。現在隋室無主，海內大亂，各路英雄互不服氣，都在搶天下。老大何不也豎起一個招牌，號令嶺表，成為趙佗並不是一件難事啊。」

他馬上大吼：「老子世代忠良。現在江都雖覆，但宗廟還在。趙佗是個狂妄的人，豈足效法？」把這些勸進的人大罵一頓之後，下令把他們帶出去斬首。後來旁邊的人說情，他這才放過那幾個多嘴者。

這個人守著一個孤城，一直守了兩年，直到彈盡糧絕之後才被蕭銑的勢力攻下，他也成為蕭銑的俘虜。蕭銑這時倒還大氣，並沒有為難他，讓他當工部尚書，檢校桂州總管。蕭銑拿下安始郡後，東自九江，西抵三峽，南盡交趾，北距漢川，都劃入他的版圖，成為全勢力中幅員最遼闊的勢力。他最鼎盛時期，擁兵四十萬。

6

當南方這些勢力逐步形成的時候，李淵在西北的政權也得到了鞏固。

李淵有個內兄叫竇抗，也很得楊廣的器重，當時正受楊廣的派遣，在長城一帶巡視。當他聽說李淵已經平定關中，勢力發展迅速時，馬上利用手中的權力，帶著靈武、鹽川等幾個郡歸順了李淵，讓李淵的力量加厚了很多。

當然，關中的民族成分跟地形一樣，向來很複雜。在很多勢力看清形勢、向李淵靠攏的時候，仍然有些老大出來對抗李淵。比如稽胡的老大。稽胡在南北朝時，也曾活躍了一段時間，但由於力量向來薄弱，也沒有產生過生猛的老大，除了經常冷不防出來做點讓朝廷有點頭痛的麻煩外，還真翻不出什麼大的浪花來，也向來不被人們關注。這時，他們看到富平有點空虛，便一聲唿哨衝了出來，把富平狠狠地搶了一票。

李淵派王師仁帶兵過去，把他們打得一路潰散。可是王師仁才剛剛宣布勝利班師，稽胡五萬人又出現在宜春。

竇軌向李淵請求出戰。這個人上次跟薛舉對陣，被打得大敗，覺得很丟臉，很想打個勝仗把面子賺回來。他覺得這是個機會——稽胡雖然很囂張，這次出來的人口也多，但他們懂個屁兵法，在他們這些帶兵將領面前，完全是不堪一擊的。

李淵同意由他領兵出戰。

竇軌率兵來到黃欽山時，就跟吵吵嚷嚷的胡稽兵相遇。他本來就很看不起這些毫無章法的胡兵，這時仍然沒有重視眼前的敵人。但稽胡兵此時正處於高處。他們雖然不懂什麼叫孫子兵法，但他們的腦袋裝的也不都是水。他們迅速發現了自己已經占據了地利，便利用地形，向竇軌的部隊又是放火又是射箭。竇軌的部隊被逼得連連後退。

竇軌一看，再這樣下去，這仗還用打嗎？他大怒之下，找到十四個帶頭退下來的部將，全部砍頭，然後提拔中小校代領他們的職務，整軍復戰。他自己帶著一百多騎兵在後軍，瞪著血紅的眼睛對大家喝道：「聞鼓聲有不進者，我們就從後面殺死他。」這個寒意十足的命令傳下去之後，他馬上下令擊鼓。將士們只有冒死衝鋒了。

稽胡兵看到敵人又衝過來，覺得敵人真蠢，便又向他們放箭。可是敵人還是硬著頭皮更蠢地衝上來，而且衝得更加生猛了。他們雖然加緊放箭，敵人一排接著一排地被射倒，但後面的又衝上前，渾然一副不怕死的勁頭。稽胡兵突然發現，自己的箭不夠用了。竇軌的部隊終於衝到敵人的陣前。他們經歷一番生死衝鋒，個個殺氣破表，狀若發瘋，直砍得稽胡兵人仰馬翻，大獲全勝，俘虜男女二萬多人。

當然，對於現在李淵勢力而言，稽胡之類的邊患，實在是小意思而已。他最主要的關注點仍然是東都。

四月，李建成的部隊已經到達東都，屯於芳花苑。

李建成雖然高舉著救援東都的大旗前來，但東都的楊侗並不輕易上當。他沒有打開城門，放李建成進來。

李建成也知道東都城牆緊固，並不好進攻，便派人拿著信進去，解釋說是在救援你們的，請你們放心。

結果連一個標點符號的回音都沒有。

楊侗完全沒有反應，但李密的神經卻被觸動了。他一直把李淵當成自己的盟友，對李淵奪取關中也沒有發表過什麼看法，現在看到李淵居然派主力部隊殺到東都，而且是舉著救援東都的旗號而來的——這分明是在向瓦崗軍宣戰。

他大怒之下，派出部隊向李建成發起了一場軍事行動。

雙方才一接觸，最後都各自退開。

我想，雙方之所以一觸即離，是雙方的主將在這個時候，都想到了雙方大戰的結果。他們要是紅著眼血拚下去，得利的只有東都城裡的隋軍。等他們打得你死我活的時候，王世充那個機會主義者只要輕輕一出手，就可以像捉兩隻奄奄一息的小雞一樣容易。所以，他們只有各自忍住，使得事態不再擴大。

當時，雖然東都的高層對李建成不理不睬，但城裡的很多人對東都的前途已經失望。他們經過觀察和考量，知道楊侗不久就會失敗，如果東都失守之後，只有兩條路可走，一條就是歸於李密，另一條就是歸於李淵。他們比較二李，認為李密現在的聲勢雖然浩大，但瓦崗軍所表現出來的器量實在還差一點，再從個人而言，李密個人的格局明顯比不過李淵。現在看到李建成想退走，怕東都陷入李密之手，那可真的不妙。於是，就偷偷派人出來，請李建成別走，他們可以當內應。

李建成一聽，這可是好機會。

但李世民卻不同意，說：「我們現在新定關中，根本還很不穩定。如果拿下了東都，就必須面對李密的進攻。到時，我們縱然集關中之兵全力跟李密對抗，只怕也不是他的對手。何況，現在西部薛舉的力量還十分強大，老傢伙時時刻刻都在對著長安虎視眈眈，我們能抽出多少兵力前來對付李密？不如先不理東都，讓東都繼續擋住李密，我們好好經營關中，等一切準備好了，再東出爭奪天下。」

李建成一聽，大有道理，就謝絕了那些內應的請求，決定領兵回關中，免得在這裡還跟李密發生流血衝突。

李建成在部署撤退時，李世民說：「城中的敵人看到我們撤退，必定會出來追擊。」於是，他在三王陵一帶設下三道埋伏圈。

段達果然帶著一萬多人前來追擊，然後就一腳踏進了李世民的埋伏圈，被打了昏頭轉向，急忙拚命殺出。李世民下令追擊，一直追到城下，前後斬首四千多級，然後才囂張地全部撤回去。

李世民擔心薛舉的確沒有白擔心。

薛舉果然目光炯炯地盯著長安，而且還在盤算著聯合突厥之力，兩下夾擊李淵。這個主意當然是他手下頭號謀士提出來的。郝瑗對李淵的強大有著充分的了解，他認為只有跟梁師都以及突厥的力量都聯合，才有把握打敗李淵，光靠他們的力量還是不夠的。

薛舉吃過李世民的虧，知道郝軍師說的有理。

當時，由於全國大亂，邊境郡縣老大們為了自保，很多人不得不投靠突厥。五原通守張長遜看到自己已經處於突厥的包圍之下，手下無兵又無外援，萬般無奈只好「舉郡突厥」。突厥人任他為割利特勤。這個人雖然歸附了突厥，但他的心依然是中國心。他現在就在突厥莫賀咄設可汗的地盤上。莫賀咄設是啟民可汗的另一個兒子，他的勢力就在五原之北。薛舉要聯絡的突厥勢力就是莫賀咄設。他派人去跟莫賀咄設取得聯絡，說現在長安空虛，很好進攻。我們聯手把李淵消滅掉，我拿城池，美女和財富歸你。

啟民可汗對中原王朝十分敬仰，到死都想改換中原服飾，只是楊廣一頭熱，堅決不同意。他的這個兒子卻沒有他那個政治覺悟，聽到薛舉使者的那番話，不由得眼睛大亮：長安是中原王朝有首都啊，美女、財富那可是什麼都有。他馬上答應了薛舉的要求。

與此同時，李淵也知道了這個消息。李淵在起兵之時，就已經把突厥當作頭號防範對象：未成功之前，千萬不能把突厥惹翻。他趕忙派宇文歆拿著一堆錢財去見莫賀咄設，對他陳說利害，請他不要聽薛舉的話，輕啟兵端。然後還請他派張長遜入朝，把五原之地歸於中原。

莫賀咄設看到金光閃閃的東西，臉上馬上笑容可掬，又爽快地答應了李淵的要求。

於是，武都、宕渠、五原郡都歸於李淵。李淵隨即任命張長遜為五原太守。

張長遜的腦袋還是很靈光的。他最知道突厥人的特點——只看利益，不講究人品，知道莫賀咄設看在李淵那一堆金子面前，輕鬆地答應了李淵的要求，但這傢伙仍然跟薛舉在暗中互動。於是，他又製作了一份假詔書，發給莫賀咄設，說你跟薛舉的一舉一動，我們都知道得很詳細具體，請你不要玩這種兩面派。這個吃相真的太難看了。

莫賀咄設一看，臉也有點紅了，就拒絕了薛舉和梁師都關於聯手進攻長安的動議，不再跟他們有來往，使得李淵解除了來自突厥的威脅，度過了一個難關。現在你知道了吧？外交也是戰鬥力。

李淵覺得做點這樣的外交還是很不錯的。於是又派人去動員王君廓。王君廓本來也是土匪出身，手下有幾千人，跟另兩個同行韋寶、鄧豹一起駐紮在虞鄉。李淵怕他們又投靠李密，就派人去做他們的說客，勸他們跟他一起。

與此同時，李密也在爭取他們，也派人去收買他們。

結果，韋寶和鄧豹覺得歸順李淵更可靠，而王君廓卻認為李密的力量更雄厚，投靠李密更有前途。但王君廓卻沒有把自己的想法說出來，而是假裝答應了兩個人的主張。那兩個人哪能從王君廓那陰險的笑容中看出他的想法？都歡天喜地地去迎接收編了。王君廓要的就是這個效果，他趁著兩人沒有防備的時候，突然襲擊，把兩人都砍死。這兩個傢伙做夢也沒有想到，他們曾經在這個地方，共同開展破壞、搶劫事業，平日裡在酒桌上推杯換盞、稱兄道弟，現在王老大居然向他們痛下殺手，把他們砍死都沒商量。人性之惡，竟至於此。

王君廓就帶著三股力量去投奔李密。

當他滿臉堆笑地向李密點頭鞠躬、眼裡流著誰都可以看得出的邀功目光對著李密時，李密的臉上卻不動聲色，之後對他也是愛理不理，把他當成可有可無的人。他這時候才知道，投奔李密真的投錯了方向。他一氣之下，土匪人品再次發作，既然你不待見我，我只有反覆無常了。於是，他又主動派人去跟李淵取得聯絡，向李淵承認錯誤、痛改前非、重新做人。只要李老大不計前嫌，他願重新回到革命的懷抱。

李淵當然大喜，表示絕對既往不咎——反正那兩個土匪之前跟他並沒有什麼交往，他們一死，什麼價值都已經歸零。王君廓馬上率眾出降李淵。李淵授他為上柱國、假河內太守。雖然這個太守前還有個「假」字，但好歹也是個太守，雖然手中沒有多大的權力，但大可挑釁一下李密。

楊廣雖然已經死去多日，但當時交通基本靠吼、送信基本靠走，謠言雖然傳播得很快，但大道消息卻傳得很慢。直到這時，楊廣被砍頭的重大消息才正式傳到長安。

用汗毛都可以想像得出李淵在獲知這個消息後內心的狂喜程度，但他卻沒有把這個狂喜的心情掛到臉上，而是在眾人面前放聲慟哭——要是真正地熱愛偉大的隋煬帝，你提拔他為太上皇做什麼？你羅列他那麼多罪狀做什麼？你搶占他的首都什麼？政治動物的虛偽，有時真沒有什麼專業可言。但再沒有專業能力，他們仍然去表演，反正你不信有人信。

他一邊哭一邊說：「吾北面事人，失道不能救，敢忘哀乎！」

楊侑聽說老爸已經死了，更是心灰意冷，什麼事也不想管了。

而李淵也覺得楊廣已經死了，大隋這塊招牌也已經臭了，再高舉下去，除了產生負面作用外，不會有什麼正面意義。於是決定把這塊臭布扯掉。

五月十四日，當了幾個月傀儡的楊侑終於宣布把皇帝之位移交給李淵。於是，中國歷史上的隋朝就此謝幕。

隋朝只比秦朝稍長一點。秦朝三世而斬，隋朝也不遑多讓。秦朝的皇帝是建築狂魔，隋朝的兩位皇帝比秦始皇更瘋狂。秦朝修阿房宮，隋朝兩個皇帝進行接力賽——修了兩個首都；秦朝大建長城，隋朝挖開大運河。這兩個專案都以人類歷史上的奇蹟存在。然而，他們也奇蹟般地亡了國。

隋朝固然是在楊廣的手中江河日下、直接斷送的，其實，早在楊堅時代就應該種下禍根了。楊堅雖然很精明，但他多疑成性，誰都不相信，不但清除很多功臣，就連自己的兒子都不能倖免。導致他還沒有死掉，亂子就已經埋下。他雖然生活簡樸，但在基礎建設上，卻捨得大手筆。我想，如果他還活著，大運河以及那些京師之外的宮殿，他一樣造得不比楊廣遜色。這種不顧民力國力之舉，遲早會釀成全國動亂。另外，有人說如果不是楊廣，而是楊勇，大隋一定會成為一個長命的王朝。但我看也未必。楊勇雖然沒有楊廣那樣凶殘（或者還沒有暴露出來），但他跟楊廣一樣，都是窮奢極欲，當年在獨孤皇后的嚴密監控之下，他都還敢那麼奢侈，他當權之後能收斂嗎？而且，他當太子時，手下的那班人馬，也都不是什麼好人，身邊也有幾個正直之臣，但都不得不選邊站。他當政之後，是否比楊廣做得更好，只有天知道了。

李淵於五月十日在太極殿登基，建國號為唐，改年號為武德。

一個更為絢爛的時代就此展開。

盛世未竟的隋朝——天威不再的崩世史詩：

帝王無道、將帥失策、民心離散、盜賊橫行……解構大隋王朝由內而外崩壞的關鍵轉折點

作　　者：譚自安
發 行 人：黃振庭
出 版 者：複刻文化事業有限公司
發 行 者：崧燁文化事業有限公司
E-mail：sonbookservice@gmail.com
粉 絲 頁：https://www.facebook.com/sonbookss/
網　　址：https://sonbook.net/
地　　址：台北市中正區重慶南路一段 61 號 8 樓
8F., No.61, Sec. 1, Chongqing S. Rd., Zhongzheng Dist., Taipei City 100, Taiwan

電　　話：(02)2370-3310
傳　　真：(02)2388-1990
印　　刷：京峯數位服務有限公司
律師顧問：廣華律師事務所 張珮琦律師

定　　價：499 元
發行日期：2025 年 07 月第一版
◎本書以 POD 印製

國家圖書館出版品預行編目資料

盛世未竟的隋朝——天威不再的崩世史詩：帝王無道、將帥失策、民心離散、盜賊橫行……解構大隋王朝由內而外崩壞的關鍵轉折點 / 譚自安 著 . -- 第一版 . -- 臺北市 : 複刻文化事業有限公司 , 2025.07
面；　公分
POD 版
ISBN 978-626-428-174-4(平裝)
1.CST: 隋史 2.CST: 通俗史話
623.7　　　　114008980

電子書購買

爽讀 APP

臉書